Breaking the Dreams
Das Kino des Lars von Trier

Dank

an alle, die mir geholfen haben, dieses Buch doch noch so fertigzustellen, wie ich es mir gewünscht habe. Vor allen anderen danke ich meinen »persönlichen« Lektoren Udo Bremer und Manfred Etten für ihre Genauigkeit, ihre guten Anregungen und Verbesserungsvorschläge, Peter Schepelern in Kopenhagen und Marion Müller in Bergen für ihre kollegiale und freundschaftliche Hilfe, Hans Peter Kochenrath für Anregungen und Unterstützung, Robert Fischer für wichtige Ratschläge, Peter Aalbæk Jensen und den Mitarbeitern von »Zentropa« für ihre Hilfsbereitschaft (besonders Christine Eckstrand und Mette Nelund), Inger und Henning Bendtsen, den Mitarbeitern von »Pandora«, NEF2 und Philippe Bober für Foto- und Materialhilfe sowie Lars von Trier für seine Kooperationsbereitschaft und Janna für ihre große Geduld mit mir.
Achim Forst, Mainz, September 1998

Achim Forst

Breaking the Dreams
Das Kino des Lars von Trier

SCHÜREN

Die Deutsche Bibliothek – CIP-Einheitsaufnahme

Forst, Achim:
Breaking the dreams : das Kino des Lars von Trier / Achim Forst. -
Marburg : Schüren, 1998
  (Arte-Edition)
  ISBN 3-89472-309-2

Schüren Presseverlag
Deutschhausstraße 31 • 35037 Marburg
www.schueren-verlag.de
© Schüren 1998
Alle Rechte vorbehalten
Covergestaltung: Rolf Zöllig
Coverfotos: Zentropa; Rolf Konow/Zentropa
Erschienen in Zusammenarbeit mit ARTE Deutschland TV GmbH
Druck: Clausen & Bosse, Leck
Printed in Germany
ISBN 3-89472-309-2

Inhalt

Wahrhaftigkeit gibt's nur im Kino

Lars von Trier persönlich

Lars von Trier dürfte der zur Zeit unbekannteste unter den bekannten europäischen Regisseuren sein. Erst 1996, nach seinem Erfolg mit BREAKING THE WAVES, konnte ein größeres Publikum mit seinem Namen etwas anfangen. Die ungewöhnlichen Kinofilme, die ihm seinen Ruf als einer der interessantesten europäischen Autorenfilmer eingebracht hatten – nur drei in sieben Jahren, nach 1991 sechs Jahre keiner mehr –, kannten nur Kritiker und Cineasten in den großen Städten, in denen die Filme im Kino gelaufen waren, und aufmerksame Zuschauer der Fernsehspätprogramme.

Außerdem hatte Lars von Trier während der vergangenen 14 Jahre seiner Karriere die Bedürfnisse der Medien nach persönlichen Storys und Einblicken in seine Arbeit immer wieder geweckt, aber nur selten befriedigt. Das brachte ihm das Image eines genialischen Einzelgängers und einer Regie-Diva ein. Ein weiterer Grund dafür, daß Lars von Trier noch immer kein wirklich bekannter Regisseur ist, liegt in seiner künstlerischen Unberechenbarkeit, das heißt, in der stilistischen Vielseitigkeit, mit der er in einer schwer zu beschreibenden, persönlichen Handschrift sehr unterschiedliche, unverwechselbare Filme hervorbrachte.

Um diesen ›Lars von Trier-Touch‹ und vieles mehr soll es in den folgenden Kapiteln gehen. Im Mittelpunkt wird das Kino des Lars von Trier stehen: seine Filme, nicht sein Privatleben. Die Entdeckungsreise durch Triers Werk wird ebenso wie seine Filme nicht gleichmäßig, sondern uneinheitlich und sprunghaft verlaufen. Zuerst, wenn es es um die Filme geht, die viele Leser noch nie gesehen haben, werde ich viel beschreiben und dabei auf kleine, scheinbar unwichtige Einzelheiten aufmerksam machen. Doch die Details, die analysiert werden, sind Elemente, ohne die man die Filme Lars von Triers nicht verstehen kann. Später, in den Kapiteln über den ›neuen‹ Lars von Trier der 90er Jahre, der sich in seinen Filmen immer mehr der realen Welt öffnet, wird das Buch auch formal seiner Entwicklung folgen. Ich werde Verbindungen aufzeigen und mit Assoziationen und Rückgriffen darstellen, wie und warum Lars von Trier den hermetischen künstlerischen Kosmos seiner früheren Filme verlassen hat.

Wie der Titel »Breaking the Dreams« andeutet, wird es in diesem Buch auch um Emotionen gehen, um Träume und Ängste, die Trier privat beschäftigen. Deshalb hier knapp vorweg: der Regisseur persönlich. Lars von Trier, so fragmentarisch und aus ›naher Distanz‹, wie ich ihn erlebt habe.

Die erste kurze Begegnung mit Lars von Trier hatte ich 1984 in Mannheim, als er mit seinem Debütspielfilm THE ELEMENT OF CRIME den *Josef-von-Sternberg-Preis* für den formal innovativsten Film des Festivals bekam. Statt sich wie die anderen Debütanten um die Promotion seines Films zu kümmern, unternahm Trier einen Ausflug ins benachbarte Heidelberg. Nach seinem Festivalpreis in Cannes für die beste technische Gestaltung konnte Lars von Trier es sich leisten, Deutschland nur als Tourist zu erkunden. Seine Obsessionen und widersprüchlichen Vorstellungen von diesem Land zeigte er einige Jahre später in den Filmen EPIDEMIC und EUROPA.

Als THE ELEMENT OF CRIME in den deutschen Kinos gestartet wurde, entschloß sich Trier, auf einer Verleihtournee doch ein bißchen Werbung für seinen Film zu machen. Ein ruhiger, sanfter Mann, der sich gleichzeitig schüchtern und selbstbewußt präsentiert. So lernte ich Lars von Trier 1985 bei einem Interview in Berlin kennen. Auf die Frage, warum er so abgrundtief pessimistische und düstere Geschichten über Deutschland und Europa erzählt, reagiert er zuerst nur mit einem feinen ironischen Lächeln. Und erzählte gleich darauf mit einem gewissen Stolz von seinem noch viel sperrigeren neuen Filmprojekt, der Geschichte einer Epidemie, der nach und nach immer mehr Menschen, schließlich auch die Protagonisten, zum Opfer fallen.

Fünf Jahre später in Kopenhagen: Ein junger Mann in Uniform steht mit fahrigem Blick an der geöffneten Tür eines Zuges. Auf der Nase trägt er eine runde Intellektuellen-Brille, auf dem Kopf ein weißes, verknotetes Taschentuch. Eine hilflose und sympathische Figur – ein Getriebener, der auf der Flucht ist vor irgend jemandem, vor irgend etwas. Er fixiert einen Punkt in der Ferne, blickt kurz hinunter ins Dunkel neben den Schienen, dann springt er. Für den Schauspieler Jean-Marc Barr ist der Sprung auf die alte Matratze auf dem Studioboden nur eine unproblematische Einstellung am Ende einer anstrengenden Drehzeit. Aber er muß vier-, fünf Mal springen, bis der Regisseur zufrieden ist: das Öffnen der Tür, der Blick nach vorn, der Sprung. Wie springt man realistisch aus einem fahrenden Zug? In der großen Halle herrscht Dunkelheit. Der große, grüne Waggon, der sie beherrscht, ist nur von innen beleuchtet. Er steht auf riesigen Stahlfedern, die mit einem Holzhebel in schaukelnde Fahrbewegungen versetzt werden. Die Atmosphäre in der Studiohalle ist von der konzentrierten Arbeit des Teams geprägt, aber auch von der monochrom-grauen Ärmlichkeit der Kulisse. Sie vermittelt etwas von der Stimmung, die der spätere Film ausstrahlen wird. In einer dunklen Ecke der Halle sitzen Lars von Trier und Henning Bendtsen, einer der letzten großen Kameramänner des Schwarzweißfilms. Auf einem Videobildschirm überwachen sie den Ausschnitt und die Aufnahme. – Beobachtungen im Jahr 1990, als ich auf Einladung des deutschen Co-Produzenten auf dem Gelände des traditionsreichen ›Nordisk‹-Filmstudios die Dreharbeiten von EUROPA besuche. Mit EPIDEMIC, seinem kleinen bösen Film über eine tödliche Seuche, hatte sich Trier die Gunst der dänischen Kritik wieder verscherzt, die ihn bei seinem Erfolgsdebüt THE ELEMENT OF CRIME noch so bejubelt hatte. »Trier am Ende«

Lars von Trier mit Henning Bendtsen

schrieben einige von ihnen. Lars von Trier, der mir das selbst erzählt, hat diese Behandlung offenbar tief verletzt, er ist mißtrauisch. Deshalb hat er mich nur allein in sein Haus eingeladen; wie alle anderen dänischen Journalisten hat die Kollegin von der großen Tageszeitung, die ich am Set kennengelernt habe, keinen Interviewtermin bekommen.

Lars von Trier lebt in seinem Geburtshaus in einer ruhigen Wohnsiedlung in Lyngby, einem Stadtteil am Rande Kopenhagens. Er hat sich viel Zeit genommen und empfängt mich freundlich, mit einer zurückhaltenden Höflichkeit. Nachdem er mir in der Küche etwas zu trinken angeboten hat, setzen wir uns ins Wohnzimmer. Ruhig und nachdenklich beantwortet Lars von Trier meine Fragen; von Exzentrik oder der Launenhaftigkeit einer Regie-Primadonna gibt es keine Spur. Ich erlebe stattdessen physisch den extremen Kontrast zwischen seinem fast konservativ bürgerlichen, skandinavisch aufgeklärten Lebensstil und den neblig-mythischen, mit gewalttätigen Emotionen aufgeladenen Bilderwelten seiner Filme.

Am Ende unseres langen Gesprächs erzählt Lars von Trier von seinem nächsten Projekt, das nicht weniger gewagt sei als EPIDEMIC: die Geschichte einer geistig beschränkten Frau, die den Wunsch ihres querschnittsgelähmten Mannes erfüllt, mit anderen Männern zu schlafen und ihm davon zu erzählen. Dazu lächelt er wieder ein bißchen stolz und hintergründig, und wir beide wissen warum: weil sich kein internationaler Partner und Co-Produzent um ein solches Drehbuch reißen wird. Dann verabschiedet er mich freundlich, zeigt mir den Weg zur naheliegenden S-Bahnstation und wünscht eine gute Heimreise nach Deutschland – in das Land, das ihn weiterhin ebenso tief beunruhigt wie fasziniert.

Fast sieben Jahre später, im Januar 1997, stehe ich wieder vor dem Einfamilienhaus in Lyngby, diesmal nicht allein, sondern mit einem Kamerateam. Den Film, von dem er damals erzählte, hat Lars von Trier inzwischen gedreht – nach fast sechs Jahren Wartezeit und Geldsuche. Er heißt BREAKING THE WAVES und wurde in Cannes mit dem Großen Preis der Jury ausgezeichnet. Einige Kollegen meinen, daß die Goldene Palme nur deshalb an einen anderen Film ging, weil Lars von Trier wegen seiner Reisephobie nicht zum Festival kam und schon auf der Fähre nach Puttgarden wieder umkehrte.

Ich bin in Kopenhagen, um ein Fernsehportrait über Lars von Trier zu drehen. Mit einem Interview konnte ich dabei nicht rechnen. Denn seit über einem Jahr hat Trier jede Anfrage dieser Art zurückgewiesen, auch meine. Im letzten Moment – die Interviewtermine mit seinen Schauspielern und Mitarbeitern sind schon ausgemacht – sagt Lars von Trier doch noch zu. Das Gespräch wird auf seinen Wunsch sogar mein erster Drehtermin sein.

Bei unserer Begegnung widerspricht Trier wieder einmal dem Image, das er sich national und international durch einige Provokationen und Unverschämtheiten in den Medien erworben hat: ein kapriziöser und arroganter Regisseur

Lars von Trier und Achim Forst bei ihrem Treffen im August 1998

mit Starallüren zu sein, der seine Obsessionen und Ängste wie ein Markenzeichen und gleichzeitig wie einen Schutzschirm vor sich her trägt. Tatsächlich erweist sich Trier wie schon bei meinem ersten Besuch als ein angenehmer Gesprächspartner mit außergewöhnlicher Geduld bei unseren technischen Problemen und von einer sanften Höflichkeit, mit der er drei Monate später auch meinen Kollegen Kraft Wetzel empfangen wird. Seine gute Stimmung hängt auch damit zusammen, daß er seit einiger Zeit wieder in einer glücklichen Beziehung lebt. Erst bei diesem Besuch in Dänemark erfahre ich von Peter Schepelern, einem dänischen Filmdozenten und Autor eines Trier-Buches, daß Lars von Trier noch vor einigen Jahren verheiratet war und auch ein Kind aus dieser Ehe hat.[1]

Ich wußte das nicht, weil mich persönliche und private Details seines Lebens nie besonders interessiert hatten – außer seinem Geburtsjahr 1956, ein Jahr nach meinem. Das war nicht nur einfühlende Rücksichtnahme auf die Wünsche Lars von Triers, der hinter aller Selbstdarstellung Einzelheiten seines Privatlebens immer für sich behalten hat und gegen entsprechende Übergriffe der Presse mit seinen Mitteln heftig ankämpfte.[2] Nein, der wahre Grund, das sind die Filme Lars von Triers selbst: In ihnen redet der Regisseur so schamlos offen und gleichzeitig so raffiniert ästhetisierend über sich und seine Sehnsüchte und Träume, daß ein Stochern im Biographischen völlig überflüssig erscheint. Natürlich könnte man Vorlieben und Phobien Triers mit Motiven und Charakteren seiner Filme vergleichen und dadurch viele der Beurteilungen dieses Buches untermauern. Man kann aber auch – und das war meine Entscheidung – dem Wunsch des Regisseurs folgen und seine Filme für sich stehen und sprechen lassen.

Ich schließe mich deshalb dem Brief an, den Lars von Trier an die internationalen Verleiher von BREAKING THE WAVES schrieb, als diese vergeblich auf seine Hilfe bei der Promotion des Films warteten. Freundlich, aber bestimmt entschuldigte er sich für sein selbst auferlegtes Schweigen. Es tue ihm leid, seine Freunde und Fans enttäuschen zu müssen, denn er habe selbst früher immer nach Äußerungen und Statements seiner filmischen Vorbilder gegiert.[3] Doch er habe nach und nach einen Widerwillen gegen seine eigenen Worte entwickelt, weil er sich in seinen Interviews immer öfter wiederholte habe. Und so beendet er seinen ›offenen Brief‹:

»Ich bin sicher: Wenn ich jemals etwas von Wahrheitswert geschaffen habe, dann ist es auf einer Filmrolle zu finden, nirgendwo sonst. Die Leute können von meinen Filmen denken, was sie wollen ... auch von der Bedeutungslosigkeit meiner Person und dieser Entscheidung im besonderen ... von der tiefen Überheblichkeit oder dem Kalkül von Ergüssen wie den obigen ... Für mich war wichtig, eine Art Erklärung zu schreiben, darüber hinaus habe ich nichts zu sagen.« Lars von Trier, Virum, 29. August 1996.

---

1   Bei unserer nächsten Begegnung in Lyngby, einem Interview für das Arte-Filmforum »Im Laboratorium des Dr. von Trier«, Ende August 1998 ist Lars von Trier wieder verheiratet und Vater von 10 Monate alten Zwillingssöhnen.
2   In seinen ironischen Werbeclips für die Boulevardzeitung EXTRA BLADET (s. Kapitel »Die Geschäfte des Lars von Trier«).
3   »Ich war immer der Meinung, daß die Person hinter dem Werk von Interesse ist. Ich habe immer an den Worten meiner Idole gehangen, um dadurch, wenn schon nicht einen Schlüssel für ihr Werk zu finden, sie wenigstens so lange und tief wie möglich zu berühren. Auch als Regisseur habe ich diese Dienstleistung der ›ergänzenden Worte‹ immer als natürliche Pflicht angesehen.«

Dieses Buch folgt in seinen Kapiteln chronologisch dem Werk Lars von Triers und stellt jeden Film mit einer einleitenden Inhaltsangabe vor. Deren unterschiedlicher Umfang weist aber schon darauf hin, daß die Kapitel nicht standardisiert, sondern so unterschiedlich geschrieben und gestaltet wurden wie die Filme, um die es darin geht. Dabei habe ich weder ein Höchstmaß an ›Wissenschaftlichkeit‹ (in Sprache und Systematik) noch eine maximale ›Leserfreundlichkeit‹ zu erreichen versucht. Aber ich wollte so schreiben, daß der Text auch nach filmwissenschaftlichen Maßstäben der Bedeutung, dem Stil und dem Stellenwert der Filme soweit wie möglich gerecht wird und trotzdem verständlich und ›lesbar‹ bleibt.

In den Kapiteln über die Filme der 80er Jahre, die (bis auf THE ELEMENT OF CRIME) wahrscheinlich den meisten Lesern unbekannt sind, bin ich oft dem jeweiligen Handlungsverlauf gefolgt, um die Verbindungen von strukturellen und erzählerischen Elementen zu zeigen. Zu diesen Filmen gibt es deshalb nur kurze einleitende Inhaltsangaben. Bei den neueren Werken habe ich mich dagegen auf beispielhafte Szenenanalysen und Beschreibungen beschränkt, dafür aber den Credits im Anhang genauere Inhaltsangaben vorangestellt, vor allem bei GEISTER II und DIE IDIOTEN.

Achim Forst, Mainz, im Juni 1998

Nachtgedanken
Premiere mit NOCTURNE

Der Kopf eines Mannes, der aus dem Dunkel eines Zimmers bewegungslos seitlich in die Kamera blickt. Neben seinem Kopf das leuchtend weiße Rechteck eines Fensters. Zu hören sind nur leise Vogelstimmen. 32 Sekunden lang verändert sich nichts. Dann schwillt, zuerst unmerklich, ein grelles Synthesizersignal an, während aus der weißen Fläche das Gitter des Fensters sichtbar wird. Zehn Sekunden später setzt das Signal aus, und eine maskierte Gestalt, die wie ein Skiläufer aussieht, bricht in Zeitlupe mit einem Hammer durch das laut zersplitternde Fenster, während der Mann, die linke Hand erhoben, sich zum Fenster dreht. Gleichzeitig beginnt ein langsames, sich wiederholendes Synthesizermotiv wie aus einem Actionfilm. Aus der Bewegung heraus, mit der die Gestalt auf den Mann zuläuft, wird auf eine schwarze Fläche geschnitten. Nach 59 Sekunden ist die Einstellung zu Ende.

Das waren die ersten rätselhaften, verstörenden Bilder, mit denen Lars von Trier international auf sich aufmerksam machte. Sie eröffnen seinen Kurzfilm NOCTURNE, den er als Student der dänischen Filmschule drehte und mit dem er 1981 in München auf dem Festival der Filmhochschulen einen Preis gewann.

Es geht um eine Frau, die nicht schlafen kann. Sie wälzt sich auf ihrem Bett. Schließlich ruft sie eine andere Frau an. Als der Morgen graut, verläßt die Frau mit einem Koffer in der Hand ihre Wohnung. Dabei stellt die Wiederaufnahme des Synthesizermotivs die Verbindung zur Anfangsszene her. Am Schluß blickt die Frau in den Himmel, über den riesige Vogelschwärme ziehen.

Was Kameramann Tom Elling in diesem Kurzfilm zeigt, wird uns in allen seinen Filmen für Lars von Trier wieder begegnen: Kranfahrten mit Perspektiven, wie wir sie vielleicht aus eigenen Alpträumen kennen, wenn Gegenstände und Personen in visuelle Konstellationen geraten, die bei Tag, bei wachem Bewußtsein und in der Perspektive eines realen Beobachters nicht existieren. Zum Beispiel die Makroaufnahme eines abperlenden Wassertropfens, die gelb leuchtende Glühbirne in dem roten Zimmer oder die Großaufnahme des Ventilators, der weiße Stofftücher wegbläst, die wie in Zeitlupe zu Boden schweben. Dabei ist die Kamera fast dauernd in Bewegung: Sie gleitet in Nah- oder Großaufnahmen über die Oberflächen von Dingen und Personen, schwebt hinauf in den Raum über der Szene und zeigt ihre Elemente in surrealen, verzerrten Proportionen. Und wenn die Kamera einmal still steht und einzelne Gegenstände aufnimmt, entwickeln diese durch das sich verändernde Licht ein Eigenleben. Wie die Lampe, die von der erschöpften, schlaflosen Frau am Anfang an- und ausgeschaltet wird. Der Magie der Bilder und der suggestiven Atmosphäre, die sie in der Montage mit den beiden flüsternden und sprechenden Frauenstimmen erzeugen, kann man sich kaum entziehen.

Schon in diesem kurzen Studentenfilm liegt einer der Schlüssel für das Verständnis der Filme Lars von Triers, vor allem seines Ziels, »mit ästhetischen Mitteln ein Höchstmaß an Wirkung zu erzielen« (Peter Schepelern). Die Einstellungen sind, einzeln betrachtet, nur mehr oder weniger stimmungsvolle Miniaturen oder Tableaus, zusammen aber bilden sie ein dichtes Geflecht von Bedeutungen, einen Raum, der rational und emotional festgelegt ist. Dabei erscheint der Plot – die Frau, die nicht einschlafen kann – nur als Anlaß für die parallel, mit ästhetischen Mitteln erzählte Geschichte der Gefühle, die sie in dieser Nacht erlebt.

In seinem Buch über Lars von Trier[1] berichtet Peter Schepelern, daß Trier, sein Kameramann Tom Elling und der Cutter Tómas Gislason sich damals mit den Erkenntnissen des ›eye scanning‹ beschäftigten und diese in ihren Arbeiten umzusetzen versuchten: Sie wollten die visuelle Wahrnehmung des Zuschauers, das Lesen der Bilder, durch Kameraeinstellung, Kamerabewegungen und Schnitt steuern.[2] NOCTURNE zeigt eindrucksvoll, daß und wie sie diese Maxime filmisch umgesetzt haben. Lars von Trier setzt äußerst raffiniert völlig disparate Objekte ästhetisch zwingend zueinander in Beziehung. Dieser visuell-akustische Diskurs, die kinematographische Narration, funktioniert auch, wenn man kein einziges Wort des Dialogs der beiden Frauen im Film versteht. Ihre Stimmen – die einzelnen Sätze, Worte und vor allem die langen Gesprächspausen – produzieren eine beklemmende, magische Atmosphäre, die wie eine Folie wirkt, auf der die statuarischen, rätselhaften Bilder erst ihre traumhafte Wirkung entfalten können. Wir Zuschauer werden in diesem ›Nachtstück‹ dabei auf raffinierte Weise zu ›Mit-Leidenden‹ gemacht. Obwohl wir die Szene nicht in subjektiver Kamera durch die Augen der Protagonistin sehen, empfinden wir durch die Ausstrahlung der matten, gedämpften Bilder, die langen Perioden im Montagerhythmus und den Soundtrack geradezu physisch die innere Unruhe ihrer ›Nachtgedanken‹, ihre Angst und Unzufriedenheit, die im spärlichen Dialog nicht einmal angedeutet werden.

Man könnte von NOCTURNE aus den Weg vieler Gegenstände und Elemente durch die Filme Lars von Triers verfolgen. Eines aber drängt sich auf, weil von Trier es in seinem nächsten Film sogar als umfassendes, umrahmendes Motiv verwendete: die Vögel und ihre Stimmen. In der Anfangseinstellung von NOCTURNE hört man nur ganze leise von irgendwoher Vogelgezwitscher. Im letzten Bild jedoch werden die lauten Vogelschwärme vor dem hellen Hintergrund des Himmels zu einer deutlichen Metapher eines Aufbruchs. Trier stellt hier den maximalen visuellen Kontrast zu den düsteren bedrückenden Innen-

---

1   Peter Schepelern: Lars von Triers Elementer (s. Bibliographie).
2   Zusammen perfektionierten sie die Inszenierung der Blicke noch bei drei weiteren Filmen: BILDER DER BEFREIUNG, THE ELEMENT OF CRIME und MEDEA.

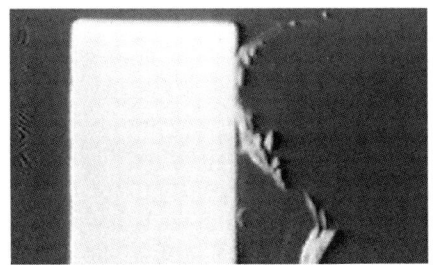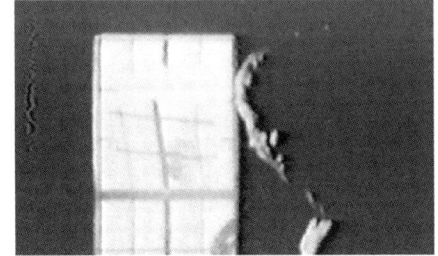

räumen her, in denen sich der Film abgespielt hat. Die Vögel begleiten die Protagonistin, die ihre Nachtgedanken und ihre Vergangenheit hinter sich gelassen hat, in den neuen Tag.

Vor NOCTURNE hatte Lars von Trier schon zwei Kurzfilme gedreht. DER ORCHIDEENGÄRTNER – mit einem ironischen Off-Kommentar des Gärtners, der durch sein Gewächshaus führt – entstand schon 1976, als von Trier noch Literatur an der Universität in Kopenhagen studierte. MENTHE LA BIEN HEUREUSE, eine Studie nach dem Roman »Die Geschichte der O.«, drehte er drei Jahre später zu Beginn seines Filmstudiums an der ›Dankse Filmskole‹.[1]

Lars von Trier war damals ein Einzelgänger und Einzelkämpfer, der sich durch seine Interessen und Leidenschaften deutlich von seinen Mitstudenten absetzte. Die Ende der 60er Jahre entstandene »Schule des dänischen Neorealismus«[2], vertreten durch Filmemacher wie Christian Braad Thomsen, Jorgen Leth, Franz Ernst und Sven und Lene Gronlykke, mit ihrer sozialrealistischen Orientierung lehnte Lars von Trier strikt ab. Auch die psychologisch-realistischen Filme des älteren Henning Carlsen interessierten ihn nicht, ebenso wenig wie der bekannte schwedische Regisseur Bo Widerberg. In Opposition zum mythisch-psychologischen Übervater Ingmar Bergman hatte Widerberg immer wieder versucht, sein gesellschaftspolitisches Engagement und die Neuerungen der ›Nouvelle vague‹ mit romantischen und melodramatischen Elementen zu verbinden, und war schließlich beim handwerklich soliden Mainstream-Kino gelandet (JOE HILL, 1971).

Mit all dem wollte der eigenwillige Filmstudent Trier nichts zu tun haben. Stattdessen schaute er sich in der dänischen Kinemathek immer wieder die Filme des Russen Andrej Tarkowskij und des verstorbenen Carl Theodor Dreyer an. Für die meisten seiner Altersgenossen und wohl auch für viele seiner Lehrer war Dreyer, der Pionier der dänischen Kinematographie nur noch eine legendäre Figur der Filmgeschichte. Seine Meisterwerke LA PASSION DE JEAN D'ARC (1928), VAMPYR (1932) und TAG DER RACHE (1943), vierzig

---

1   Diese beide Kurzfilme konnte ich nicht sehen. Nach Auskunft von Peter Schepelern gibt sie Trier nicht zur Vorführung frei, weil er sie nicht als (würdige) Bestandteile seines Gesamtwerkes ansieht.
2   Agnès Varda in: CINEMA 65, Nr.97, Paris, Juni 1965. S. 16. Nach: Ulrich Gregor, Geschichte des Films nach 1960, Bd. 3. S. 207

 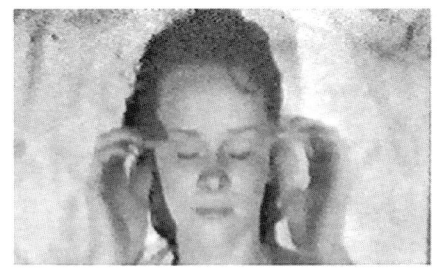

bis fünfzig Jahre zuvor gedreht, waren auch für die Filmschüler lediglich Objekte musealer Bewunderung. Lars von Trier aber versenkte sich mit Besessenheit in die Werke der von ihm bewunderten Regisseure. Der französische Dozent Maurice Drouzy, Autor einer bedeutenden Carl-Dreyer-Biographie, dessen Seminare er damals besuchte, erzählt, daß Trier seinen Kommilitonen die Filme des Meisters genauestens erklären konnte, weil er sich an jede Einzelheit erinnerte. Lars von Trier sagt, daß er neben Dreyer besonders Tarkowskij bewundert habe, dessen Film DER SPIEGEL er 15 oder 20 Mal gesehen habe.[1] Seine Bewunderung war mehr als eine ästhetische oder snobistische Schwärmerei: Trier war entschlossen, seine intensiven Erlebnisse mit den Werken der Meister in seinen eigenen Filmen umzusetzen. In NOCTURNE probierte er zum ersten Mal konsequent einen eigenen, besonderen Umgang mit Licht, Sprache, Ton und Perspektiven aus. Der Kurzfilm war aber nur eine Vorstudie für den mittellangen Spielfilm BILDER DER BEFREIUNG, mit dem er zwei Jahre später sein Filmstudium beendete.

1   Im Interview mit mir in Kopenhagen im Januar 1997.

Widerstandsfilm mit Widersprüchen

BILDER DER BEFREIUNG

Kopenhagen 1945. Esther, Geliebte, dieser schreckliche Krieg, der uns zusammengeführt hat, ist nun wieder zwischen uns getreten. Es ist furchtbar zu schreiben, daß wir uns nie mehr sehen werden, aber es muß sein. Vergiß nicht: Eine Tat, die man aus Liebe begangen hat, steht über Gut und Bösem. Für immer, Dein Leo.

Über monochrom-rotbraun eingefärbten Dokumentaraufnahmen – offenbar von einer Massenversammlung am Ende des Zweiten Weltkriegs in Dänemark – spricht eine Stimme auf deutsch diese Sätze. Es ist die Stimme eines deutschen Soldaten, der seiner dänischen Geliebten einen Abschiedsbrief geschrieben hat.

So beginnt BILDER DER BEFREIUNG (Befrielsesbilleder), und so könnten auch viele andere Filme über den Zweiten Weltkrieg und die deutsche Okkupation beginnen: historisch, zeitgeschichtlich, poetisch und ein bißchen romantisch. Indem er für seinen Abschlußfilm ein historisches Thema aus der ›Domäne‹ des von ihm ungeliebten, politisch engagierten skandinavischen Kinos auswählte, beging Lars von Trier schon eine versteckte Provokation. Vielleicht wollte er sich damit auch selbst herausfordern und beweisen, daß man aus dem Stoff einer realistischen Widerstandsgeschichte etwas ganz anderes als ein traditionelles Drama machen kann. Darin steckt schon jene merkwürdige Ironie, die sich im Detail auch hinter den düsteren Bildern und Stimmungen des Films verbirgt. Gleichzeitig führt er hier so unverstellt und ungebrochen durch Genre-Zitate und -Bezüge wie in keinem seiner späteren Filme die kinematographischen Mittel und kleinen filmischen ›Tricks‹ vor, die er bei den Großen – Dreyer, Tarkowskij, aber auch bei Bergman – gelernt hat.

Es lohnt sich also, besonders genau hinzusehen bei diesem Gesellenstück von Lars von Trier. Und hinzuhören: Unter den dokumentarischen Bildern und im Kontrast zur folgenden Titelsequenz nur spürbar und fast unhörbar, mischen sich zur Stimme des Soldaten die dumpfen, leisen Töne einer elektronischen Orgel, die sich in chromatischem Abstand zu Disharmonien reiben und dabei gleichzeitig Bedrohung, Feierlichkeit und eine Art sakrale Stimmung ausstrahlen.

Unmittelbar danach folgen mit den Filmtiteln hellblau eingefärbte Bilder von zwitschernden Singvögeln. Eine Erklärung dafür gibt es nicht. So weisen die O-Töne einer friedlichen Waldatmosphäre und der Blick (von unten) auf die einzelnen Vögel nur voraus auf Leos und Esthers letzten Spaziergang und die anschließende Hinrichtung in einem vogellosen Wald. Die Vogelaufnahmen werden unterbrochen durch das erste Bild Leos, eine Großaufnahme mit Ranfahrt auf seine Augen. Er befindet sich offensichtlich an einem ganz ande-

18

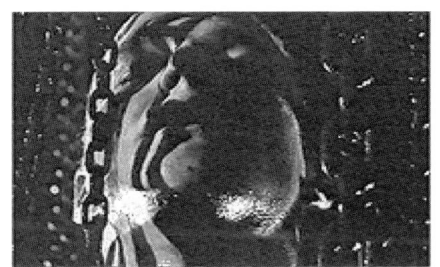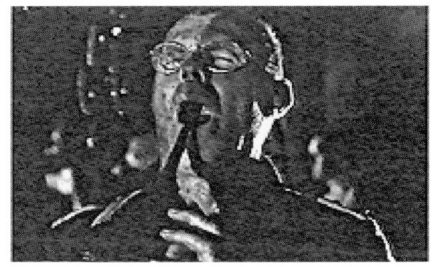

ren Ort, in einer unwirklich rotbraun beleuchteten Unterwelt. Das rechte Glas seiner Brille ist kaputt, er blickt verstört nach vorne in die Kamera: ein Gezeichneter. Dazu hören wir noch die frühlingshaften Vogelstimmen, die aber dann von schwerem Atmen, Stöhnen und dem Geräusch plätschernden Wassers verdrängt werden. Der Kontrast der beiden ineinandergeschobenen Situationen wird visuell verstärkt durch die Opposition der blauen Waldbilder zu dem infernalischen Nazi-Folterkeller, in den wir nun eingeführt werden. In ihm herrscht fast das gleiche gelb-braune Licht, in dem Kameramann Tom Elling auch den nächsten Film Lars von Triers, THE ELEMENT OF CRIME, photographieren wird.

BILDER DER BEFREIUNG gleicht strukturell einem Triptychon. Dessen Tafeln sind die drei großen Sequenzen des Films, denen man die Titel »Das Verbrechen«, »Konfrontation« und »Rache und Erlösung« geben könnte. Lars von Trier hat die drei Teile durch die unterschiedlichen Schauplätze und die visuelle und akustische Gestaltung deutlich voneinander abgesetzt. Mit dem eingeschnittenen, zeitgenössischen Dokumentarmaterial setzt er sie jedoch in einen historischen Rahmen und zieht mit verschiedenen Elementen – wie mit dem Motiv der Vögel und ihrer Abwesenheit – Verbindungslinien zwischen den drei Sequenzen.

»Das Verbrechen«

Noch bevor er in den Konflikt eingeführt hat, nimmt Lars von Trier den Zuschauer durch die raffinierte Ton-Bild-Montage am Anfang des ersten Teils emotional gefangen. Wie die assoziationsreichen mystischen Bilder in den Filmen Tarkowskijs vermittelt sie ohne Worte den Gegensatz von Natur und Unterdrückung, von einer Freiheit, in der es Luft zum Atmen gibt, und einer höllischen Gefangenschaft. Die folgende Szene bestätigt narrativ, was wir als Zuschauer schon intuitiv empfinden: In dem Keller, in dem Soldaten offenbar gerade einen Häftling gefoltert haben, fällt ein Schuß; der Gefangene ist tot.

Leo versucht, in Berlin anzurufen. Als das nicht gelingt, nennt er wie in einer Beschwörungsformel die Namen vieler weiterer Städte in Deutschland. Aber es gibt keine Verbindung mehr. Durch den Keller gehen Männer mit

Fackeln; Sandsäcke schweben an Seilwinden durch die Luft und laufen dabei aus. Ein Soldat schießt sich mit der Pistole in den Mund, ein anderer singt das Lied von der Loreley. Ein weiterer gießt Leo Schnaps in einen Becher. Ein junger Soldat kramt mit einer Hand in einem Haufen von Metallknöpfen, die in einem Eimer Wasser liegen. Hinter ihm steht ein älterer Mann in Zivil, der vor den Soldaten mit hochgestrecktem Zeigefinger und kleinem Finger der rechten Hand das Teufelszeichen macht, das Lars von Trier zwölf Jahre später in der Rolle des Präsentators als Zeichen für das Böse in GEISTER vorführen wird. Das Zeichen gleitet als Silhouette über ein Tuch im Raum und führt die Kamera zu Leo. Im Feuer eines Baumstammes tickt eine Taschenuhr. Ein Mann hält eine brennende elektrische Glühbirne in der Hand, reißt sich die Knöpfe von der Uniform und legt sie in den Wassereimer. Leo hält sich eine Pistole in den Mund, doch es macht nur ›klick‹, als er abdrückt. Leo: »Siehe er kommt in den Wolken, und aller Augen werden ihn schauen.« Sakrale Chormusik setzt ein. Eine statuarische Totale zeigt nun den ganzen Folterkeller, der mit den brennenden Fackeln wie ein archaisch-grausiges Bild der Hölle wirkt. Darin gleitet eine brennende Gestalt mit den Beinen aufgehängt an einem Seil durch den Raum. Leo tritt hinaus in den nächtlichen Regen, blickt sich ängstlich, vielleicht schuldbewußt um. Dann geht er ins Dunkel davon, beobachtet von einem Mann mit einer runden Nickelbrille.

Diese lange, irritierende und schreckliche Sequenz zeigt in ebenso konkreten wie rätselhaften Bildern eine doppelte Apokalypse: die beispielhafte Vernichtung von Freiheit und Individualität in einem beinahe rituellen, bestialischen Mord und gleichzeitig den sich ankündigenden Untergang der Mörder und ihres Systems.

Lars von Trier strebte in der Nachfolge seines Vorbilds Carl Theodor Dreyer schon in diesem ersten längeren Film Perfektion in der Raum- und Lichtgestaltung an – und erreichte sie. Auch Trier forderte von Tom Elling, so wie Dreyer von seinem Kameramann, daß er immer, in jedem Moment der Szene, das richtige Licht zur Verfügung stellte.[1] Bei ihm und bei Tarkowskij

---

[1]   Henning Bendtsen, den Lars von Trier später für EPIDEMIC und EUROPA engagierte, berichtet das über seine Zusammenarbeit mit Dreyer (Interview mit mir, Januar 1997).

studiere Trier die Kunst der Stilisierung und des spannungssteigernden Einsatzes von Pausen, von Schweigen und Auslassungen – Stilmittel, die großen Anteil an der Wirkung von BILDER DER BEFREIUNG haben.[1]

»Konfrontation«

Monochrom braune Dokumentaraufnahmen offenbar aus den ersten Tagen nach der Befreiung durch die Alliierten, die unter anderem die Verfolgung eines Kollaborateurs zeigen, trennen die erste Tafel des Trierschen Tryptichons von der zweiten. Der Schauplatz ist ein einsames Haus. Trier bringt hier die neuen (Macht-) Verhältnisse fast vollständig durch Gesten und Bewegungen der Menschen zum Ausdruck, durch deren Umgang mit den Gegenständen und das ›Eigenleben‹ dieser Gegenstände. Zwischen den Protagonisten herrscht meist Schweigen; die wenigen Worte, die sie aneinander richten, scheinen sie sich nur mit Mühe abzuringen. Alles Wichtige ist offenbar schon gesagt worden.

Zuerst steht Leo unter Girlanden mit beleuchteten Lampions, durch die Nacht klingt leise Duke Ellingtons »Take the A Train«. Dann sitzt er auf dem Boden einer unbeleuchteten Wohnung. Auf einem Plattenspieler mit einer Schellackplatte dreht sich ein halb gefülltes Rotweinglas. Etwas später schieben sich zwei Schatten vor ein Fenster, das sich plötzlich öffnet. Von außen sehen wir eine Frau – Esther –, die von einem schwarzen Soldaten umarmt und geküßt wird. Während seiner Zärtlichkeiten zieht sie gierig an einer Zigarette und läßt sich dann von ihm aus einem Kristallglas Rotwein einflößen. Leo beobachtet ein sich drehendes Licht an der Decke. Plötzlich ein Klirren: Eine Katze hat das Glas, von dem das Licht an die Decke reflektiert wurde, vom Plattenteller gestoßen. An Esthers Reaktion auf das Geräusch erkennen wir nun eindeutig, daß sich alle drei Personen am selben Ort befinden. Esther schickt ihren Liebhaber weg. Während sie spricht, geht sie um Leo herum und fragt ihn auf dänisch nach dem Partisa-

---

1 Zum Beispiel Tarkowskijs DER SPIEGEL (1974): Dort fand Trier die Konzentration in der Stille, das Sprechen, das erst nach den Bewegungen folgt, der ›sakrale Einsatz‹ klassischer Musik, das Eigenleben und die Symbolhaftigkeit einzelner Gegenstände. Zum Beispiel Dreyers TAG DER RACHE (1943), in dem die Bewegungen der Kamera und der Personen wie in BILDER DER BEFREIUNG oft von den Dialogen losgelöst werden.

 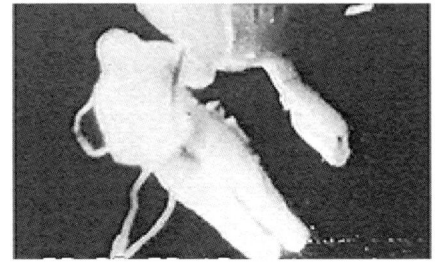

nen, den er in der letzten Woche gefangen genommen habe: »Du hast seine Augen zerstört!« Leo antwortet auf deutsch, die SS sei Schuld daran. Esther insistiert: »Er war doch noch ein Kind. Ich weiß, daß du da warst.« Sie zerreißt einige Luftschlangen, die vor ihrem Gesicht hängen, und sieht ihn durchdringend an: »Weißt du nicht, daß auch du Verantwortung trägst?« Während weiche Streichermusik einsetzt und Leo mit seiner rechten Hand einen Hund als Schattenspiel auf der Wand erscheinen läßt (wobei wieder das Teufel-Zeichen entsteht!), spricht sie weiter: »Du bist so genial. Dir ist es gleich, was du siehst. Dich kann man benutzen. Was für eine Moral ist das?«

Es folgen wieder einige kurze Dokumentareinstellungen: Menschen, die warten; eine Frau, die von Soldaten abgeführt wird. Mit der braun-monochromen Einfärbung verfremdet Trier das Material und paßt es gleichzeitig dem visuellen Design und der Ästhetik seiner Kinowelt an. Ein Verfahren, das er später in THE ELEMENT OF CRIME und EUROPA weiter verfeinern und perfektionieren wird.

In BILDER DER BEFREIUNG haben die dokumentarischen Bilder eine doppelte dramaturgische Funktion: Sie sollen belegen, daß der dargestellte Konflikt sich in einer konkreten historischen Situation entwickelt und daß er stellvertretend für den moralischen Konflikt des ganzen Landes steht.

So wird die folgende rätselhafte Szene verständlicher: Während Leo am Fenster hinter sie tritt, denkt Esther offenbar schon an die furchtbare Rache, mit der sie den Tod des unschuldigen Widerstandskämpfers sühnen will. Sie zertrümmert ihr Weinglas an der Wand. Im Halbdunkel vermischt sich danach ihr Blut mit dem Rotwein auf ihrer Hand. Esther: »Niemals konnte ich mich in deinen Augen sehen.« Leo, der wie verkrampft wirkt, blickt hinauf zum Kristalleuchter, der wie von einem Erdbeben erschüttert wird. Er fängt ein herabfallendes Stück Kristall auf, blickt auf seine Hand wie zuvor Esther auf ihre blutverschmierte Hand. Sie beobachtet ihn. Ein Lichtblitz: in dem Glasstück sieht Leo eine im Raum schwebende Figur, einen Astronauten. Mit der Chormusik, die dazu erklingt, unterstreicht Trier die auf den Schluß vorausweisende Funktion dieser Szene.

Schließlich stehen Esther und Leo nebeneinander und blicken in verschiedene Richtungen, ihre Gesichter sind von den harten Schatten eines Rollos in

waagerechte helle Streifen zerschnitten – eine kleine visuelle Hommage an den *film noir*. Esther singt ein jiddisches Lied. Man versteht die deutschen Worte: » ... wie die stirbt, so stirbt er auch ... « Sie dreht sich um und streicht Leo über die Augen, so wie man die Augen eines Toten schließt. Nach ihrer Bewegung sind seine Augen tatsächlich geschlossen. Esther: »Ich kenne einen Ort, wohin wir gehen können. Draußen auf dem Land. Heute abend fahren wir raus.« Sie gehen aus dem Bild. Das Erdbeben läßt die Gegenstände im jetzt leeren Raum vibrieren, bis der Spiegel, in den die Kamera geschaut hat, zu Boden fällt. Es folgen wieder Dokumentaraufnahmen: Männer schleppen einen sich wehrenden Mann davon und schlagen ihn mit Stöcken zusammen; eine Menschenmenge umringt eine Limousine.

»Rache und Erlösung«

Leo im Fond einer solchen fahrenden Limousine, aufgenommen von außen durch das ovale Heckfenster; er hat Esthers Angebot angenommen. Später wacht Leo im blauen Licht des Morgengrauens auf. Er steigt aus und geht suchend durch den hellen Wald.

Nach dem infernalischen Nazikeller und der düsteren nächtlichen Villa wählt Trier als Schauplatz einer grausamen Rache eine äußerst ungewöhnliche Umgebung, die er in seinen folgenden Filmen bis zu BREAKING THE WAVES nur noch sehr selten und auch dann nur in schrecklichen Momenten – zum Beispiel bei Medeas Kindermord – zeigen wird: die taghelle Natur.

Tom Ellings Kamera fotografiert hier ganz anders als in den vorhergehenden Szenen, nicht mehr auf Details und Gegenstände fixiert und in fast quälend langsamen Fahrten, sondern wie befreit: Wie eine dritte Person bewegt sie sich mit Leo und Esther durch den Wald. Schwenks in die Bäume ersetzen in einer Art ›innerer Montage‹ mögliche harte Schnitte und bringen Esther und Leo dadurch visuell stärker miteinander in Verbindung als in allen Einstellungen zuvor. Eine grausame Ironie: wie sich bald herausstellen wird, handelt es sich um die Verbindung zwischen einem angeklagten Schuldigen und einer Vollstreckerin oder – in anderer Interpretation – zwischen Täter und Opfer.

Leo folgt Esther, die auf ihre Uhr sieht, durch den Wald. Es ist kein Laut zu hören. An einen Baum gelehnt, erzählt er mehr sich als Esther Erinnerun-

gen aus seiner Kindheit. »Das geschah mir noch nie, daß die Bilder zu mir zurückkommen.« Esther steht von ihm abgewandt; sie hört nicht zu. Schwenk zurück auf Leo, der inzwischen in den Wald hineingegangen ist, nach oben schaut und ihr zuruft: »Als Kind konnte ich mit den Vögeln sprechen.« Er wiederholt den Satz und fügt hinzu: »Und sie haben mir Antwort gegeben.« Wieder Schwenk auf den Rücken von Esther, die wieder auf die Uhr schaut und fast tonlos sagt: »Versuch es!« Schwenk auf Leo, der seine Brille (mit dem zerstörten rechten Glas vom Anfang) absetzt und nach oben schaut: »Ich weiß nicht, ob es noch möglich ist.« Er beginnt zu pfeifen. Kameraschwenk auf die Bäume, in denen sich kein einziger Vogel zeigt. Schnitt auf einen bewaffneten Zivilisten, der vor mehreren Jeeps mit Soldaten steht. Zwei Männer steigen aus und schauen in die Richtung, aus der die Geräusche kommen. Kameraschwenk von Leo, der pfeifend in die Baumkronen schaut, nach oben und wieder nach unten, wo die bewaffneten Männer auf ihn zugehen. Kamerafahrt nach links: Jemand spitzt mit einem Messer einen dicken Ast zu; ein Soldat mit Gewehr; Leo, der mit einem vorgehaltenem Gewehr und einer Schlinge an einem Baum festgehalten wird; weiter auf Esther und mit ihr zurück, während sie in Richtung Leos geht. Sie flüstert: »Diese Augen: sie lieben nicht, sie verachten nicht.« Die Kamera landet wieder auf dem Holzkeil, den Esther nun in die Hand nimmt. Sie geht auf Leo zu und schaut ihn an, senkt den Blick und flüstert: »Sieh mich nicht an!« Sie stößt mit dem Keil zweimal zu, in die (nicht sichtbaren) Augen Leos. Einsatz melancholischer Geigenmusik. Während sie nach rechts weggeht, gefolgt von der Kamera, bindet sich Esther ihr weißes Taschentuch um den Kopf. Schließlich endet die Bewegung an der Brust des schwarzen Soldaten, an den sich Esther anschmiegt.

Später geht der erblindete Leo, mit einem Ast sich vortastend, durch den Wald. Er bleibt an einem Telegrafenmast stehen, belauscht leise, unverständliche Gespräche, die durch die Leitungen transportiert werden. Er nimmt seinen Stock und schlägt gegen den Mast, ein hohler Klang tönt als Echo durch den Wald. Die Soldaten und die Widerstandskämpfer fahren ab. Leo kniet auf dem Waldboden und stößt einen langen, archaisch wilden Schmerzensschrei aus. Auf einem Ast sitzt, noch stumm, ein Singvogel. Während Leo, den Kopf nach oben gerichtet, wie in einer Himmelfahrt durch Nebelschwaden langsam

nach oben gefahren wird, bis er über den Wipfeln der Bäume schwebt, erklingt sakrale, alte A-cappella-Musik.

Dieses Finale ist eine Provokation, der Bruch eines historischen Tabus: Lars von Trier stilisiert hier tatsächlich einen Täter zum Opfer. Ein Vertreter der deutschen Aggressoren wird unter Mitwirkung von dänischen Widerstandskämpfern grausam verstümmelt. Damit sühnt er stellvertretend wie Christus die Sünden, die sein Volk und er selbst begangen haben, und tritt danach eine erlösende christliche Himmelfahrt an. Unerhört, wie Trier seine fast klassische, einfache Widerstandsgeschichte hier am Ende verfremdet und übersteigert. Die Szene strahlt eine Art von Feierlichkeit aus, die an katholische Mystik und Heiligenverehrung erinnert – und damit die läutenden Glocken am Ende von BREAKING THE WAVES vorwegnimmt. Die filmischen Vorbilder dieser Verklärung sind offensichtlich, und Lars von Trier hat sie selbst in vielen Interviews benannt: die Konzentration und Klarheit der Filme Carl Theodor Dreyers und die Bildmystik, der Montagerhythmus und die Ikonographie Andrej Tarkowskijs zum Beispiel in SOLARIS und DER SPIEGEL. Leos Blendung am Ende des Films ist fast schon ein Zitat: Sie findet in einem ganz ähnlichen Wald und in einem ähnlichen Licht statt wie die grausame Szene in ANDREJ RUBLJOW, bei dem Reiter eine Gruppe Reisender überfallen und ihnen die Augen ausstechen.

Leos sakrale Erhebung ist keine filmästhetische Fingerübung und weit mehr als bloße Provokation. Trier löst Leos Verbrechen aus dem konkreten historischen Zusammenhang und überhöht das Geschehen zu einem universalen Drama von Schuld, Sühne und Erlösung. Seine Sympathien liegen dabei nicht bei der kühlen dänischen Rächerin[1], sondern bei dem an sich selbst zweifelnden deutschen Soldaten, der als ›Ecce Homo‹ mit seinem Opfertod das große Unrecht, die große Schuld seines Volkes sühnen muß.

Die neue Gewalt hat jedoch keinen Frieden in die Welt gebracht, die Vögel kehren auch nach Leos Himmelfahrt nicht in die Natur zurück. Eine Kamerafahrt über den Waldboden endet auf dem Heckfenster des Wagens (wie auf

---

[1]   So Lars von Trier im Interview mit Kraft Wetzel. Dabei wehrte er sich auch gegen die Annahme, er habe eine Abneigung gegen Deutschland und die Deutschen.

Leo am Anfang der Sequenz). Esther blickt in die Kamera, senkt dann den Blick, schaut wieder auf. Tränen stehen in ihren Augen, sie spricht unhörbare Worte vor sich hin. Esthers Atem läßt die Scheibe vor ihrem Mund beschlagen. Es beginnt zu regnen und zu donnern. Dabei hören wir weiterhin die melancholisch wirkende, alte A-cappella-Musik. Die minutenlange, unbewegte Schlußeinstellung wird in ihrer fast quälenden Emotionalität und Trauer ein bißchen gebrochen durch einen kleinen Spielzeughund, der neben ihr steht. Nach dem Schlußtitel erwacht Esther (oder die Schauspielerin) wie aus einem Traum aus ihrer Erstarrung und dreht sich mit ihren verweinten Augen ins Profil zu dem Spielzeughund, dessen Kopf zu wippen beginnt.

Diese klare Schlußeinstellung war es sicher nicht, die dem Film 1982 einen Preis beim Münchner Festival der Filmschulen eingebracht hat. Aber sie trägt schon die ganz persönliche Handschrift eines ungewöhnlichen Autors und zeigt, daß Lars von Trier nicht unbedingt ausgeklügelte Kamerafahrten und aufwendige Bühnenbilder benötigt, um intensive Wirkungen zu erzielen. Aus den Werken seiner Meister hat er gelernt, daß eine bestimmte akustische Atmosphäre, eine Musik und ein suggestives Bild – hier der Chorgesang und das Bild der weinenden Frau – genügen, um die Zuschauer zu fesseln. Die folgenden Filme Triers werden manchmal den Eindruck erwecken, als habe er selbst diese Einsicht wieder vergessen. Erst zwölf und 14 Jahre später, mit GEISTER, BREAKING THE WAVES und mit DIE IDIOTEN, knüpft er an die Schlichtheit dieser letzten Einstellung von BILDER DER BEFREIUNG an.

Der letzte Tourist in Europa

THE ELEMENT OF CRIME

Bei den Dreharbeiten zu BILDER DER BEFREIUNG hatte in einer Statistenrolle als deutscher Soldat ein junger Autor teilgenommen, drei Jahre älter als Lars von Trier. Niels Vørsel, der bis dahin teilweise experimentelle Prosa geschrieben hatte (darunter den Roman »J.B. – en teori«, J.B. – eine Theorie, 1975), gefiel der fertige Film so gut, daß er Trier seine Mitarbeit anbot. Denn Vørsel wollte schon längst einmal ein Drehbuch schreiben. Ohne seine Arbeiten zu kennen, sagte Lars von Trier zu, und so begann eine bis heute 16 Jahre lange und noch immer andauernde kreative Partnerschaft. Er wolle als nächstes einen Genre-Film, einen *film noir* drehen – das war für Niels Vørsel die einzige Vorgabe für ihr erstes gemeinsames Projekt. Ihre Arbeitsweise, die sie auch bei späteren Projekten fortsetzten, war ein chaotisch-kreatives, wochenlanges *brainstorming*, zu dem sie sich mit einer Schreibmaschine und ausreichend zu trinken in einen Raum zurückzogen. Die Stimmung war – so Vørsel – trotz der düsteren Szenarien und Handlungselemente, die sie erfanden, immer sehr gut: »Wir haben viel gelacht.«[1] Vørsel lieferte Trier den gewünschten Genre-Stoff, das heißt Ideen für den Plot, dazu jede Menge Genre-Anspielungen, -Übersteigerungen und -Zitate, woraus sie schließlich das Drehbuch montierten.[2]

Lars von Trier fand in Niels Vørsel einen geistesverwandten Mit- und Gegenspieler, der mit seinem schwarzen Humor, seinem Sinn für den intelligenten Einsatz von trivialen und banalen Elementen, von Sex, Crime und einer gehörigen Portion Kolportage für das nötige Gegengewicht zu den existentialistisch-fatalistischen und mystisch-religiösen Welten und den symbolistischen Stilelementen sorgte, die Lars von Trier in seiner Bewunderung vor allem für die Werke Dreyers und Tarkowskijs in BILDER DER BEFREIUNG noch ungebrochen und pur verarbeitet hatte. In der visuellen Gestaltung setzte er dagegen ganz auf Kontinuität und knüpfte direkt an den vorigen Film und an seinen Kurzfilm NOCTURNE an. Gemeinsam mit Kameramann Tom Elling schuf Trier eine monochrom gelb bis rotbraun gefärbte, ebenso klaustrophobisch beklemmende wie hypnotisch-faszinierende Kinowelt, in der sich die Kamera mit äußerster Präzision in atemberaubenden, noch nie gesehenen Perspektiven durch den Raum bewegte – vor der Entwicklung und dem heute inflationären Einsatz computergenerierter, virtueller Kamerabewegungen. Das außergewöhnliche visuelle Design, die Farbdramaturgie und die Technik, die bei den Filmfestspielen in Cannes 1984 mit einem Preis ausgezeichnet

---

1   1997 im Interview mit mir.
2   Über ihre Arbeitsweise und die Geschichte ihrer ersten Drehbuchzusammenarbeit erzählten sie in ihrem nächsten Film EPIDEMIC.

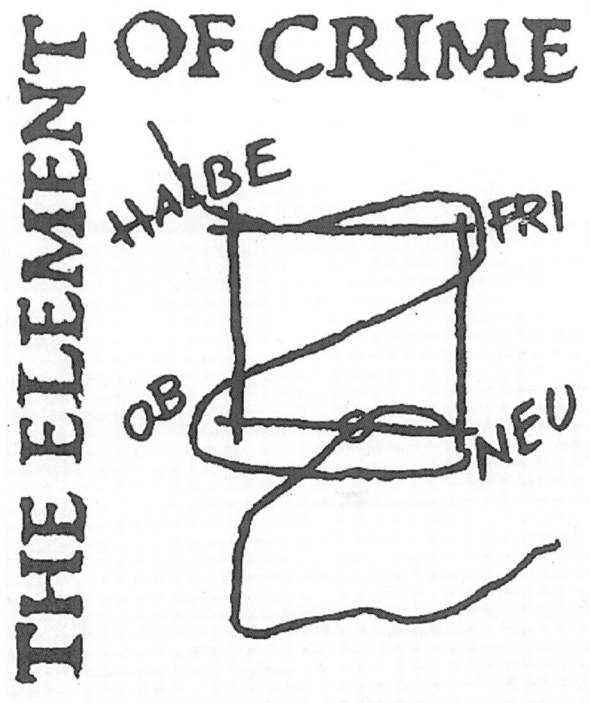

wurden, trugen mehr noch als das ebenso ungewöhnliche Drehbuch dazu bei, daß THE ELEMENT OF CRIME zu einem Kultfilm wurde – unter nicht-puristischen Cineasten mit eigenwilligem Geschmack und Sinn für ästhetische Grenzüberschreitungen. THE ELEMENT OF CRIME war der erste Film der Europa-Trilogie, die Lars von Trier schon damals ankündigte und die er dann mit EPIDEMIC (1987) und EUROPA (1990) vervollständigte.

Mit einigen undeutlichen Bildern aus Kairo und arabischem Gesang beginnt der Film ganz klassisch und altmodisch wie ein Kriminalfilm der amerikanischen Schwarzen Serie. Es gibt einen narrativen Rahmen mit einem Erzähler – dem Detektiv, der durch die Handlung führt – und einem zweiten Mann, der die Geschichte in Gang setzt und manchmal durch Zwischenfragen eingreift. Trier bringt hier zum ersten Mal jene Figur ins Spiel, der wir in fast jedem seiner Filme bis BREAKING THE WAVES wiederbegegnen werden: den Hypnotiseur. Er ist das allwissende *alter ego* des Regisseurs, das wie ein Schöpfer oder wie ein Puppenspieler über das Schicksal des Protagonisten entscheidet (EUROPA) oder Katalysator und Bestandteil der Handlung wird (EPIDEMIC). In THE ELEMENT OF CRIME ist er ein arabischer Psychotherapeut, der den Polizisten Fisher behandelt. Dieser war zwei Monate zuvor aus Kairo zu einem Job nach Europa aufgebrochen und ist jetzt mit rätselhaften Kopfschmerzen zurückgekehrt. »Europa ist für Sie zu einer Zwangsvorstellung geworden«[1], sagt der feiste arabische Therapeut, der

---

1   Vielleicht nur unbewußt haben Lars von Trier und Niels Vørsel sich damals mit diesem Satz selbst charakterisiert. In allen Äußerungen und Interviews bis heute sprechen beide über ihre obsessive

nur hier am Anfang einmal kurz zu sehen ist, und fordert Fisher auf, in Gedanken noch einmal auf die Reise zu gehen und ihm alles zu erzählen.

So berichtet Fisher von seiner ersten Europareise nach 13 Jahren. Wie seine großen Kollegen in den Romanen von Chandler und Hammett und in den Filmen von Hawks und Huston bleibt er dabei kurz und lakonisch und beschränkt sich auf das Nötigste. Genau wie die Leute, mit denen er zu tun hat – die entweder so sind wie er oder etwas zu verbergen haben. Zum Glück und der Story angemessen sprechen sie in THE ELEMENT OF CRIME alle englisch – perfekt und fast akzentfrei wie die meisten Skandinavier – obwohl der Film eine rein dänische Produktion war.[1]

Das erste Bild, das Fisher sieht – und damit auch wir –, ist ein Todesbild wie aus einem bösen Traum: In einem räumlich nicht einzuschätzenden Wasserkontinuum, in dem kleine Fische schwimmen, taucht plötzlich in milchig rötlicher Beleuchtung der Kopf eines toten Pferdes auf. Ein starkes Bild, das aus einer späteren Episode stammt, das aber auch andeutet, wo dieser Film spielt und wovon er erzählt: in einer verfaulenden Welt von einem kollektiven Untergang.[2]

Europa habe sich verändert, sagt Fisher, und jede folgende Kameraeinstellung wird das belegen. Alle Szenen spielen nachts. Dabei sind die Räume – innen oder außen – noch konsequenter als in BILDER DER BEFREIUNG in ein gelbbraunes, künstliches und unwirkliches Licht getaucht. Doch mit Fishers Bemerkung führt uns Trier erst richtig in die Irre: Wenn es auch scheint, daß wir hier ein zukünftiges Europa nach einer unbekannten und unbenannten ökologischen Katastrophe vor uns haben, die Schauplätze des Films sind keine Science-fiction-Visionen des realen Kontinents Europa. Das Land, in das wir geführt werden und das wie eine amerikanisierte, archaische Endzeitvision Deutschlands aussieht, gibt es nur in diesem Film, im künstlerischen Universum des Lars von Trier.

In seinem Film EUROPA, der im Deutschland der Nachkriegszeit spielt, wird das Land leichter zu erkennen sein. Ähnlichkeiten mit dem realen Deutschland aber werden in beiden Filmen offensichtlich weitgehend vermieden. Die Verwendung deutscher ›Ikonen‹ wie Fishers VW-Käfer in THE ELEMENT OF CRIME machen die Verwirrung nur noch größer, wenn fast alles andere in dieser Kunstwelt nicht stimmt.[3]

Beschäftigung mit und ihre Faszination von Deutschland, das hier wie auch später in EUROPA für sie den alten Kontinent Europa repräsentiert.

1   Die dänischen Filmförderungsinstitutionen wollten kurz vor den Dreharbeiten ihre Gelder zurückziehen, mit der Begründung, ein Film in englischer Sprache könne kein dänischer Film sein. (Triers Cutter Tómas Gislason im Interview mit mir, August 1998) Sowohl im Kino als auch im deutschen Fernsehen lief der Film in der Originalfassung mit Untertiteln. Hauptdarsteller Michael Elphick war Trier in der englischen Fernsehserie PRIVATE SCHULTZ (1981) aufgefallen.

2   Dieses Unterwasserbild wirkt wie eine Vorstudie zu den Wasserbildern in MEDEA und der Eingangssequenz von GEISTER (I und II), in der von einem Erzähler salbungsvoll raunend die Vorgeschichte des Krankenhauses erzählt wird.

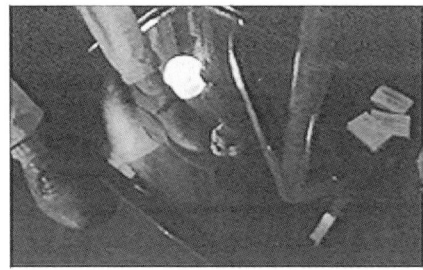

Fishers Recherchen beginnen mit einem Besuch bei Osborne, seinem bewunderten Lehrer an der Polizeischule, der in einem düsteren Haus irgendwo am Wasser wohnt. Er übergibt dem alten Mann ein Geschenk: die ägyptische Ausgabe von Osbornes kriminalistischem Hauptwerk »The Element of Crime«. Osborne ist ungehalten: »Ohne meine Einwilligung?« Er habe ihm schriftlich die Genehmigung dazu gegeben, entgegnet Fisher. Osborne hat es vergessen. Er erzählt von seiner Frau, die für ihn gestorben sei. Fisher: Auch er habe eine Frau gehabt, die er zurücklassen mußte, weil Kairo völlig ›versandet‹ sei. Sie sei dort geboren und habe nicht weggehen können. Er sei der letzte Europäer gewesen, der die Stadt verlassen habe.[1]

Fisher spricht über Osbornes Bücher, die ihn nicht nur in seiner Arbeit, sondern auch in seinem ganzen Denken beeinflußt hätten. Osborne widerspricht ungehalten: Zuerst sei er wütend gewesen, als man seine Bücher aus der Bibliothek entfernt habe, doch jetzt wisse er, daß alles was er geschrieben habe, nur Fiktion sei, unwissenschaftlich, naiv und gefährlich. Er habe immer nach dem ›Element des Verbrechens‹ in der Gesellschaft gesucht – und warum nicht in der Natur des Menschen?

Schon in dieser ersten langen Szene kann man einige der visuellen Erzählstrategien Lars von Triers und seines Kameramanns Tom Elling nachvollziehen: Die Kamera bewegt sich weitgehend autonom, wie ein zusätzlicher Protagonist durch die Räume, entfernt sich von den redenden oder handelnden Personen, verweilt auf unwichtigen oder scheinbar unwichtigen Details. Stilmittel sind ungewöhnliche Perspektiven und eine Frag-

---

3   Benennbar nur an Details, wie dem angeblich deutschen Ortsnamen »Dritten Marsk«.
1   Was im Sog der Bilder keinem Kritiker auffiel: Trier und Vørsel malen hier im Dialog ein Weltuntergangsszenario, das nicht zur Rahmenhandlung paßt, in der Fisher in das offenbar doch nicht untergegangene Kairo zurückgekehrt ist.

mentierung der Bilder bis zur Unkenntlichkeit des Abgebildeten: In
einer Einstellung nimmt die Kamera
Fishers Füße auf einer spiegelnden
Metallplatte auf, dann sieht man
plötzlich darauf im Dunkel die Lampe, die Osborne trägt: Dabei werden
die Gegenstände durch die Perspektive verzerrt und erst nach längerem
Hinsehen identifizierbar. Zum ersten Mal ist hier zu sehen, was Lars
von Trier mit seinem Cutter Tómas
Gislason später im Film in radikaler
Montage durchführt: Gegenstände
oder Teile von Gegenständen werden
zunächst in unverständliche Zusam-
menhänge gestellt, und erst nach
und nach erkennen wir ihre Bedeutung für die Geschichte und die Figuren.

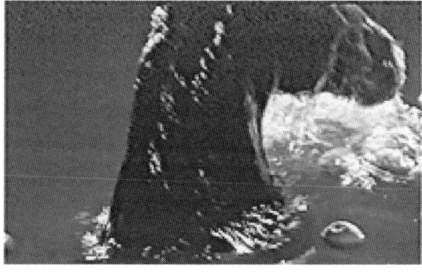

Dabei provoziert Lars von Trier
manchmal ganz bewußt falsche Deu-
tungen, indem er wie in einem Krimi-
nalroman falsche Spuren legt. Zum
Beispiel hier am Anfang des Films,
wenn die letzten Sätze Osbornes von
der Kamera und dem Mikrofon durch
das Fenster von außen aufgenommen werden, aus der Perspektive eines imagi-
nären Beobachters, der sich dem Haus nähert. Das Klingeln eines Telefons auf
dem Boden bringt uns ins Zimmer zurück; einen unheimlichen Beobachter
gibt es nicht: Fisher wird von seinem neuen Chef Kramer zum Hafen gerufen,
wo man wieder die verstümmelte Leiche eines kleinen Mädchens gefunden hat.
   Als Übergang zur nächsten Szene wählt Trier eine scheinbar simple Ana-
log-Montage: Fisher beobachtet hinter einer Tür ein spielendes Kind, dessen
automatisches Spielzeugauto auf ihn zufährt und dann an der Türschwelle
gestoppt wird. Nach dem Schnitt fährt in der gleichen Bewegung Fishers Käfer
ins Bild und stoppt. Die kurze Begegnung hat eine dramaturgische Bedeutung,
denn das Kind wird den Detektiv später auf die Spur seines geheimnisvollen
Widersachers führen.
   »Es ist unglaublich«, kommentiert Fisher in Kairo die Bilder seiner Erinnerung, »Europa liegt im Schlaf«. Er beobachtet einen Karren voller Äpfel, der
von einem Pferd gezogen wird. Die Szene erscheine ihm friedlich, erzählt er

dem Therapeuten. Angesichts der düsteren Nachtstimmung und der schweigend und verschlossen in die Kamera (auf Fisher) blickenden Menschen, wirken diese Bemerkungen allerdings wie beißende Ironie. Ein Kind zeigt auf einen Industriekran, von dem die Leiche des ermordeten Kindes herabgelassen wird. Am Hafen läßt Kramer eine Razzia durchführen. Auf einem Wagen stehend, dirigiert er mit einem Megaphon seine Leute. Er genießt die Macht, die er auch über Fisher hat. Kramer: »I've got the world by its balls, Fisher!« (Ich habe die Welt an den Eiern gepackt, Fisher!) Mit einem Wiehern des Pferdes stürzt das Fuhrwerk ins trübe Wasser des Hafens. Äpfel treiben um das schwimmende Pferd. Ein verwirrter Beamter wirft sich auf einen Anlegesteg und feuert mit seinem Gewehr offenbar auf das Pferd. Fishers Stimme: »That's the clumsiest police job I've ever seen.« (»Das ist der ungeschickteste Polizeieinsatz, den ich jemals gesehen habe«) Die Kamera bewegt sich über die Wasseroberfläche und zeigt merkwürdige Gestalten, die in Nischen unter den Holzbohlen sitzen. Kramer erzählt von einer gefährlichen Gruppe, die ein tödliches Ritual vollziehe, bei dem ein Mann mit einem Seil am Fußgelenk von einem Turm springe. Die Kamerafahrt endet unter Wasser auf dem versunkenen Kadaver des Pferdes, aus dessen Loch im Hals (von der Gewehrkugel) noch immer Blut strömt.

Kramer und Fisher gehen über eine von Papier übersäte Abraumhalde, wo Fisher einen elfenbeinernen Pferdekopf findet, den er unbemerkt in seiner Hosentasche verschwinden läßt. Kramer schießt plötzlich auf eine Gestalt, die über die Halde davonrennt. Es ist die Schwester der Ermordeten. Sie erzählt, daß ihre Schwester sich mit einem fremden Mann verabredet hatte, der ihr viele Lose abkaufen wollte. Schließlich fragt das Mädchen, ob sie eine kleine Figur gefunden hätten – die sei das Kennzeichen des Mörders.

Am Ende dieser Szene, nach etwa 15 Filmminuten, kennt man schon die Elemente, die THE ELEMENT OF CRIME zu einem Kultfilm gemacht haben. Lars von Trier spielt und jongliert mit dem Genre des Kriminalfilms und verfremdet es dabei bis zur Unkenntlichkeit, bis wir spüren, daß die Kriminalstory nur eine Erzählfolie von vielen ist. Noch bevor sich aus dem Plot der Geschichte eine genregemäße Spannung entwickeln kann, hat Trier mit einem traumhaften Gefühl für Timing und Atmosphäre einige für die Haupthand-

lung unwichtige Sequenzen kombiniert und dadurch eine Spannung
ganz anderer Art geschaffen. Dabei
wird sichtbar und vor allem emotional
spürbar: Fisher unternimmt nicht
nur eine Reise in ein unbekanntes,
dunkles Land, sondern auch eine Reise in unbekannte und dunkle Regio-
nen der Seele. Lars von Trier und
Niels Vørsel gestalten diese Reise
nicht als meditativen Trip ins Unterbewußtsein, sondern mit blitzartigen
Tempo- und Stimmungswechseln:
von der lähmenden Szene des Lei-
chentransports zu Kramers lärmen-
der Razzia weiter zur unheimlichen
›Wasserfahrt‹ der Kamera mit dem
blutenden Pferdekopf und zum kam-

merspielartigen Verhörintermezzo mit Kramer, Fisher und dem Mädchen.
Dann, zum Abschluß der Szene, folgt die nur 52 Sekunden lange, virtuoseste
Sequenz des gesamten Films:

Während Kramer, auf einem Podest stehend, noch Fisher ermahnt (halbnah aus der Luft aufgenommen), sehen wir in Doppelbelichtung, wie das tote
Pferd von einem Kran an einem langen Seil aus dem Wasser gezogen wird.
Dazu die Stimme Fishers, der darüber spricht, daß er den ›Talisman‹ in seiner
Hosentasche als unangenehm und glitschig empfindet. Fisher: »Noch nie habe
ich einen so verstümmelten Körper gesehen. Die Lotterie-Morde ...« Dabei
sieht man weiterhin die baumelnde Pferdeleiche, während Fisher offenbar von
dem ermordeten Mädchen spricht, das vorher an demselben Kran hing. Jetzt
greift der Therapeut ein: »Entspannen Sie sich, Mister Fisher! Es geht Ihnen
gut.«

Erst hier wird uns wieder bewußt, zu wem Fisher spricht. Zusammen mit
den so traumhaften wie konkreten Bildern wirken Fishers Erinnerungen aber
wie gesprochene Gedanken im Moment des Erlebnisses. Es ist ein komplexer
Vorgang direkten Erinnerns, den Trier hier perfekt kinematographisch gestaltet: Fisher durchlebt in der Hypnose tatsächlich die Situation noch einmal,
und wir mit ihm.

Nach einer Überblendung steht Fisher jetzt allein auf dem Boden, umgeben
von Feuer und runden Lichtkreisen. Während Fisher (in der Szene) sich an
den Kopf faßt und nach oben blickt, erwidert Fisher (in Kairo) ungläubig dem
Therapeuten, der so sicher ist, daß es ihm gut geht: »Wirklich?«. Vom Kadaver
des Pferdes ist Wasser auf ihn herabgetropft. Mit einem harten Schnitt zur

Totale wird die disharmonische, sakral wirkende Chor- und Orchestermusik, die auch die vorigen Sequenzen begleitet hat, lauter und intensiver und verstärkt die apokalyptische Stimmung der Szenerie: Weit entfernt, ganz klein und verloren, steht Fisher jetzt am Hafenbecken zwischen umherlaufenden Menschen und wie in Zeitlupe heranfahrenden Polizeiwagen. Rechts fällt mit einem dumpfen Geräusch der Körper eines Mannes durchs Bild. Während der Pferdekadaver hinten nach links aus dem Bild verschwindet, schwingt vor die Kamera ein großes Netz mit einem schlafenden, leise schnarchenden Mann. – Abblende.

Lars von Trier gelingt es, diese komplexe Szene, die sich sprachlich nur sehr grob wiedergeben und nur mit viel Phantasie im Kopf rekonstruieren läßt, wie aus einem Guß, wie eine einzige lange Kamerafahrt erscheinen zu lassen. Ein Stilmittel in dieser Montage ist die Überblendung, kombiniert mit Kamerabewegungen, die Schnitte ersetzen und zusätzliche Bewegungsdynamik in die Bilder bringen. Ein anderes Mittel ist die vielschichtige akustische Montage: Trier verarbeitet die dramatisierende Musik, die zahlreichen Töne und Geräusche der Szene und – auf der Meta-Ebene der Hypnosesituation – das Gespräch zwischen Fisher und seinem Therapeuten zu einem dichten Klanggewebe. Ein faszinierendes Hörstück, das dramaturgisch fest mit der Abfolge der Bilder verzahnt ist. Trier führt die beiden Erzählebenen zusammen und inszeniert dabei noch eine Art visueller ›Engführung‹ der Bildmotive in der Zeit: Fisher mit Kramer auf der Plattform, Fisher unten im Hafen mit dem schwebenden Pferdekadaver und der weitere Polizeieinsatz – das sind Ereignisse, die offenbar nicht direkt aufeinander folgten. Wie etwa Johann Sebastian Bach in den Engführungen seiner Fugen die Einsätze kurz hintereinander folgen und die Themen sich überlappen läßt, rafft und manipuliert Trier in dieser Szene den realen Zeitablauf der filmischen Erzählung und gibt dadurch gleichzeitig den sprunghaften Vorgang der Erinnerung Fishers wieder.

Manchmal genügt Trier sogar die Montage von nur zwei Bildern, um sehr genau den Prozeß des Nachdenkens abzubilden: Wenn zum Beispiel aus einem Foto in Überblendung reales Feuer hervorbricht. Es zeigt Osborne vor dem brennenden Auto, in dem angeblich der unbekannte Mörder Harry Grey starb. Fisher hat von der Haushälterin gerade erfahren, daß Osborne

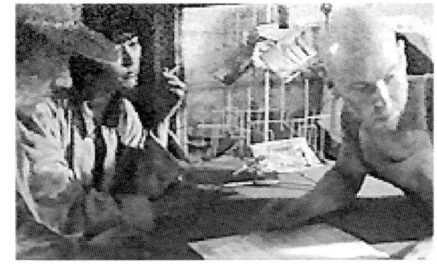

Lars von Trier (rechts) als »Schmuck of Ages«

seine Papiere und Bücher verbrennen wollte. Während er mit ihr spricht und in das Feuer aus dem Herdloch blickt – das erzählt uns diese Montage –, denkt er intensiv darüber nach, was sich hinter dem Foto verbirgt, wer oder was dort wirklich verbrannte: eine filmisch geniale Verbindung mehrerer Zeit- und Reflexionsebenen.

Ähnlich souverän komponiert Lars von Trier immer wieder Bewußt-seins-ebenen und bewegt sich in den Grenzbereichen von Realität und Phantasie: Fisher ist eingeschlafen, während das Video einer Diskussions-veranstaltung läuft. Zusammen mit der hypnotisch-sanften Geigenmusik werden die Stimmen der redenden Menschen zu Stimmen in einem Traum, den Fisher gerade träumt. Im Schlaf schiebt Fisher einen Stempel von seinem Bett, der in Zeitlupe nicht auf den Boden seines Zimmers, sondern in Sand fällt. Es folgen unklare Bilder eines dunklen Raums, in den schein-werferartig Sonnenlicht fällt. Dazu erklingt arabischer Gesang, der die ver-schiedenen Elemente nun zu einem Traum macht, in dem sich Fisher an seine Frau in Kairo erinnert, die ihm sagt: »Wenn du jetzt gehst, wirst du nie wieder zurückkommen.«

Ein anderer Grenzbereich, in dem sich Lars von Trier und Niels Vørsel in THE ELEMENT OF CRIME und allen folgenden Gemeinschaftsprojekten bis heute bewegen, ist der Bereich der Kolportage, des Voyeurismus, der Obszöni-täten und des entschieden schlechten Geschmacks.

»Ich ficke dich zurück in die Steinzeit«, antwortet Fisher nicht besonders sensibel, als die asiatische Prostituierte Kim ihn im Bordell in Halbestadt fragt, ob er sie jetzt wolle. Dann aber ist sie verschwunden, und er sieht sie erst später durchnäßt am Straßenrand stehen. Sie tritt neben ihm ins Scheinwerferlicht und sagt: »Das ist also die Steinzeit.« Und kurz darauf: »Du bist ein Polizist, stimmt's?« Dann stellt sie ihre Tasche an die Seite und legt sich auf die Kofferraumhaube des VW-Käfers. Als er ihren Rock hochschlägt und von hinten in sie eindringt, hält sie sich an den sich drehenden Armen des Schei-benwischers fest. Dazu Fishers Stimme: »Glauben Sie, daß ich in der Mitte Europas einen Volkswagen 1200 gevögelt habe?« Darauf der Therapeut: »Ich glaube Ihnen.«[1]

35

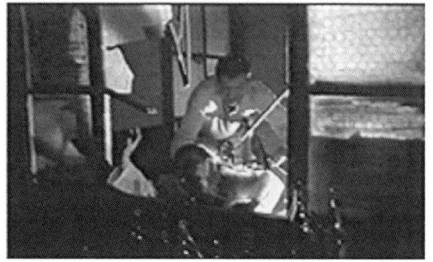

Dieses spektakulärste Beispiel zeigt, daß die Besonderheiten, die bis GEI-
STER I und II und DIE IDIOTEN die Drehbücher von Trier und Vørsel prägen,
schon in diesem Film vorhanden sind: Das Übersteigern, Überdrehen bestimmter Elemente des jeweiligen Genres, dazu gelegentliche, provokativ eingesetzte kraftmeierisch-obszöne Szenen und Dialoge.

»Du bist krank«, schreit die Prostituierte Kim, als Fisher ihr vorhält, sie
habe ein Verhältnis mit dem Mörder Harry Grey gehabt. Sie versucht zu
entkommen, er hält sie mit einer Hand fest und schlägt mit der anderen auf sie
ein. Sie kriecht über das Bett und schlägt mit einer kleinen Statue in Panik das
Fenster ein. Während sie in die Nacht hinaus schreit, zieht Fisher sie an den
Beinen zurück ins Zimmer aufs Bett. Etwas später fragt Kim, was er wissen
wolle. Fisher: »Alles. Habt ihr beim Ficken über die Lotteriemorde gesprochen? War er religiös? Hat er seinen Kaffee mit Zucker getrunken?« Kim: »Ich
habe ein Kind mit Harry Grey.« Fisher dreht sich um und schießt fünf Mal
durch das zerstörte Fenster in die Luft, wie Osborne, als er ihn zum zweiten
Mal aufsuchte. Genau wie hier Kim zieht Fisher am Ende des Films ein kleines
Mädchen durch ein zerstörtes Fenster in einen Raum zurück – in gleicher
Weise aufgenommen, von einer außen stehenden, sich mit jedem Schnitt
immer weiter entfernenden Kamera.

Lars von Trier führt auf dem Höhepunkt dieser dramatischen Szene einen
meisterhaften inszenatorischen Kunstgriff vor: Die Musik hört auf, und plötzlich ist überhaupt kein Ton mehr zu hören. Erst als die Kamera in den kleinen
Verschlag zurückkehrt, hört man das Röcheln und unterdrückte Schreien des
Kindes, das sich gegen den Würgegriff Fishers wehrt.

Wenn man feststellt, daß viele der unzähligen Beziehungen, Andeutungen
und Zitate in THE ELEMENT OF CRIME keinem dramaturgischen oder inhaltli-
chen Zweck dienen, sondern nur dem, ästhetische Wirkungen zu verstärken,
heißt das nicht unbedingt, Trier und Vørsel Scharlatanerie[1] und leeren Sym-

---

3   Ein ähnlicher rhetorischer Kraftakt folgt in einer späteren ›Liebesszene‹, als Kim zu Fisher sagt: »Ich
      will, daß du Gott in mich hineinvögelst. Ich bin Kim und du Harry. Deine Frau ist in Kairo mit einem
      kleinen blauen Stern auf der Brust.« (Dieses Zeichen von Fishers Frau läßt sich später auch Kim für
      ihn auf die Brust tätowieren.)
1   Ein Vorwurf, den Christiane Peitz Jahre später in ihrer ZEIT-Kritik von BREAKING THE WAVES erhob.

Lars von Trier, geboren 1956 in Kopenhagen, schaffte 1984 den internationalen Durchbruch. Seine Filme „Breaking the Waves", „Hospital der Geister" („The Kingdom") und „Die Idioten" waren auf den Filmfestivals in Cannes und Venedig große Erfolge – und sind bei ARTHAUS VIDEO im Programm.

ilm und Medien

SCHÜREN

Lars von Trier

Zeitschriften

AugenBlick

Beiträge zu Film,
Fernsehen, Medien
Die aktuellen Hefte:
Nr. 25: Umsteiger, Aussteiger –
Studien zum Fernsehspiel der DDR
Nr. 26: Radioästhetik –
Hörspielästhetik
Nr. 27: Der kanadische Film

96 Seiten, 2 Hefte im Jahr
Einzelheft DM/SFr 10,-/ÖS 73
Abo DM 20,-(ÖS 146/SFr 19,-)
ISSN 0179-2555

Filmbulletin

Kino in Augenhöhe
Kritiken, Porträts,
Werkstattgespräche, Essays zum
aktuellen Kino und zur
Filmgeschichte alle zwei Monate
neu für Sie inszeniert.

54-60 Seiten, 6 Hefte im Jahr,
Einzelheft DM 12,-/Abo DM 60,-
ISSN 0257-7852

Medienwissenschaft

Umfassender Überblick über Schrifttum und Forschungsstand für alle
Medienwissenschaften
Herausgegeben von J. Felix , Heinz-B. Heller, K. Prümm und K. Riha
4 Hefte jährlich mit einem Gesamtumfang von 496 Seiten
Einzelheft DM 28,- (ÖS 204/ SFr 26,-) • Abo DM 98,- (ÖS 715/SFr 89,-)
ISSN 1431-5262

Probehefte beim Verlag

Unser Programm in Ihrer Buchhandlung

bolismus vorzuwerfen. Wie Spieler gehen die beiden Autoren mit dem unterschiedlichen Material um – mit Bildern (und Bildern von Bildern, ›Vorbildern‹), mit dramatischen und visuellen Stimmungen, Genre-Typen, -Dialogen und Plotelementen.

Überall tauchen wiederkehrende Handlungspartikel und Bildmotive auf, die mit der Geschichte nichts zu tun haben: die toten Pferde, die Polizeirazzien, die Todesspringer und ihre gemeinschaftlichen Rituale. Trier und Vørsel nutzen Rätselhaftigkeit und Mehrdeutigkeit und machen sie zum Programm ihres Films. Zum Beispiel in der Fesselungsszene: Auf seiner quälenden Suche nach Harry Grey läßt sich Fisher von seiner Geliebten Kim quälen, um auch im physischen Leiden mit dem Gesuchten so identisch wie möglich zu werden. Der hartgesottene Detektiv als Masochist: Sie muß ihm eine Schnur um den Kopf wickeln und diese immer fester zuzuziehen. Als sie ihn dabei (oder hinterher, einmontiert) fragt, warum er sich so quäle, antwortet Fisher: »Ich muß.« Und dann, sich wiederholend, beim zweiten Mal in einem Schmerzensschrei: »Ich glaube an die Freude!« – Trier inszeniert diese widersprüchliche und monströse Szene stark emotional und voyeuristisch, aber so, daß sie gleichzeitig in einer kaum zu erklärenden Weise klar und ehrlich wirkt.[1]

Triers Anspielungen und Montagen sind oft sehr assoziativ und effektverliebt, funktionslos aber sind sie nie: Direkt nach dem Kampf mit Kim rast Fisher in seinem VW davon. Während er benommen, verzweifelt, aber auch wie unter Drogen am Steuer sitzt, sind zu grell dissonanter Orchestermusik in Doppelbelichtung Flugaufnahmen von vollständig zerbombten Städten zu

sehen. Trier visualisiert hier den seelischen Zustand seines Helden provozierend mit dokumentarischen Bildern, die nach den allgemeinen Konventionen nicht in einen Genre-Film gehören. Vor allem dürften sie eigentlich nicht als Metaphern die Nöte einer Genre-Figur, eines Krimihelden mit zeitgeschichtlichen Katastrophen zu einer Assoziationskette verbinden: Krieg – Zerstörung – Hitler – das Böse – Harry Grey.

Trotz der vielen ästhetischen Seiten- und Umwege und trotz ihrer Drehbuch-Patchwork-Technik erzählen Trier und Vørsel ihre *film noir*-Story handwerklich solide bis zum offenen Ende, wobei sie die darin liegenden

---

1   Damit nimmt er den offenen Masochismus aus einem seiner ersten Kurzfilme Menthe la Bien Heureuse (nach der »Geschichte der O.«) auf und weist voraus auf den verdeckten in Breaking the Waves.

tiefenpsychologischen Momente voll ausschöpfen.[1] Damit erfüllen sie ein weiteres Merkmal der Schwarzen Serie: die Rätselhaftigkeit des Plot. Wie in TOTE SCHLAFEN FEST bleibt am Ende eine Menge ungeklärt: Wen hat Osborne ermordet? Übernahm er die Rolle von Harry Grey oder war allein er Harry Grey? Hat Fisher tatsächlich selbst den letzten Mord begangen?

Charakteristische Ergebnisse ihres ›automatischen Schreibens‹, des Sammelns von Drehbuchideen und –elementen im Prozeß des *brainstorming* vor der Schreibmaschine, sind die Wortspiele Triers und Vørsels – etwa wenn Fisher auf der Suche nach Harry Grey in der Nacht einen sonderbaren Kinderreim spricht: »Harry me, marry me, bury me, bind me ...« (Harry mich, heirate mich, begrabe mich, binde mich ...)[2] – Das klingt spielerisch und poetisch, aber auch düster und mehrdeutig makaber.

Schon am Anfang, als Fisher zum ersten Tatort kommt, spricht ein Kind einen merkwürdigen Abzählreim: »Here comes a candle to light you to bed. Here comes a chopple to chop off your head. Chop, chip, chop, the last one is dead.« (Hier kommt eine Kerze, die führt dich ins Bett. Hier kommt ein Beil, das haut ab dir den Kopf. Hack, hick, hack, der Letzte ist tot.) Mit solchen Einfällen und manchen Dialogen, die ›neben‹ und unabhängig von der Handlung liegen, mit seiner teilweise heftigen Sprache und unvermittelten Action wirkt THE ELEMENT OF CRIME manchmal wie ein vorausahnender und vorausweisender cineastischer Gruß zehn Jahre in die Zukunft, an den Kollegen Tarantino und PULP FICTION.

Am Anfang dieses Kapitels ging es um die visuelle Atmosphäre, das ›Design‹ und die Bilder des Films, mit denen Trier und sein Kameramann Tom Elling die alptraumhafte Reise des Detektivs Fisher schildern. Wer die eigene Wahrnehmung dieser Bilder aber an einzelnen Einstellungen des Film genauer kontrolliert, merkt, daß Trier und Elling dabei noch weiter gehen. Mehrfach nehmen sie uns ganz radikal die Gewißheit eines festen, kinematographisch abgesteckten Raums: Zum Beispiel in der ersten Sexszene mit Kim, als an ihren Reaktionen erkennbar wird, daß Fisher sie von hinten penetriert, springt die Kamera im Schnitt plötzlich in einen Raum unter dem Bett, aus dem wir das Paar durch die Metallsprungfedern sehen, taucht dann weiter nach unten, wobei ein weiterer Bettrahmen sichtbar wird, auf dem eine regungslose Gestalt liegt, bevor die Kamera ganz im Dunkeln landet. Die Karbidlampe, die dann sofort sichtbar wird, gehört – wie man erst später erkennt – zur nächsten Szene: Aus einer entgegengesetzten Perspektive, fast Vogelperspektive, überblicken wir eine Sumpflandschaft mit

---

1   Die Geschichte des Detektivs, der am Ende das Böse in sich entdeckt und sich selbst als Täter entlarvt, erzählte bald darauf auch Alan Parker in ANGEL HEART (1986).

2   »*Bind me*« ist auch ein Verweis auf die sadomasochistische Fesselungsszene, die Trier in seinem nächsten Film EPIDEMIC variiert.

Lampen, einem Kind in einem Kahn sowie zwei Menschen, die mit Fackeln durchs Wasser waten und ein Floß mit Fisher und seinem VW-Käfer ziehen.

Tom Elling, der schon lange Maler und Konzeptkünstler war, bevor er das erste Mal eine Filmkamera in die Hand nahm, konstruiert in THE ELEMENT OF CRIME nicht nur farblich und gestalterisch eine eigene kinematographische Welt, sondern – wie in dieser Szene – manchmal auch bewegte Raum-Installationen. In ihnen sind die Räume nicht nur phantastische Erfindungen wie in Science-fiction- und Fantasyfilmen, sondern künstlerisches Rohmaterial. Die Kamerafahrten Ellings verwandeln mit ihren extremen Perspektiven die Räume in ähnlicher Weise wie Maurits Cornelis Escher in seinen paradoxen Grafiken: Eine Linie oder Fläche, die unser Gehirn gerade in der Position ›oben‹ identifiziert und eingeordnet hat, kippt auf einmal – oft noch während der Einstellung – und erscheint in einer völlig neuen räumlichen Konstellation.

Rationalität spielt dabei keine Rolle, nur die Logik der Bilder. Zum Beispiel in der Szene, in der Kim den übermüdeten Fisher auffordert, endlich zu schlafen. Fisher: »Ich kann nicht.« – »Versuch's mit Zählen.« Fisher beginnt zu zählen, während die Kamera über einen morastartigen Grasboden fährt, auf dem aufgeblätterte Bücher sichtbar werden. – »Mister Fisher, wo sind Sie?«, fragt der Therapeut aus dem Off. Fisher: »Das muß Europa sein.« Gleichzeitig erfaßt die Kamera kleine, wie aus einem Botanischen Garten stammende Schilder, die in den Boden gepflanzt sind. Darauf sind einige Namen zu erkennen: »Umbria«, »Franken«, »Piedmonte«. Durch dieses Arrangement, das eher zu Fishers Hypnosephantasien als zur allerdings ebenso schwankenden und ungewissen – Filmrealität gehört, verknüpft Trier die Genrestory mit einem pessimistischen Blick auf den ganzen Kontinent Europa. – »Wollen Sie weitermachen?«, fragt der Therapeut. Fisher: »Ich muß.« Während der Therapeut Fisher jetzt nach Harry Grey fragt, erweist sich auch die Realitätsebene dieser gezeichneten, zerstörten Landschaft plötzlich als trügerisch und doppelbödig: Denn die Kamerafahrt führt plötzlich zu einem Mauervorsprung, auf dem Fisher liegt, und geradewegs über einen Abgrund. Mit einem Kameraschwenk nach unten folgt ein Blick in den Hinterhof eines Gebäudes, dann auf eine Kirche mitten in einer Stadt.[1] Trier und Elling ziehen uns hier buchstäblich den Boden unter den Füßen weg. Und obwohl heute, im Zeitalter der totalen Bildbearbeitung, keine Bildkomposition, keine noch so absurde Kamerafahrt mehr unmöglich ist, hat diese lange Plansequenz noch immer eine große emotionale Wirkung. Nicht wegen ihrer technischen Perfektion, sondern wegen der suggestiven Bilder, die der magischen, surrealistischen Logik eines wirklichen (Alp-)Traums folgen.

---

[1]   Es ist die Kuppelkirche, die schon in den letzten Einstellungen des Kurzfilms NOCTURNE zu sehen war.

Einige der filmischen Adaptionsprozesse, die in THE ELEMENT OF CRIME sichtbar werden, lassen sich vereinfacht so beschreiben: Von Dreyer lernte Lars von Trier, mit subtilen Mitteln Dialoge zu inszenieren – zum Beispiel durch die Positionierung der Figuren im ›Bühnenbild‹, expressionistische Beleuchtung sowie die dramaturgische Aufsplittung von Text, Musik und Geräuschen. Von Tarkowskij lernte er, wie man (Welt-)Perspektiven, menschliche Beziehungen, Stimmungen und verschiedene Zeitebenen in großen Bildern zusammenführt. Diese Tableaus bestehen oft aus einer Vielzahl von kleineren Tafelbildern, die von der Kamera in der Bewegung oder synchron aufgenommen werden.

So erscheint das große apokalyptische Breitwandtableau nach dem Todessprung am Ende des Films wie ›reiner‹ Tarkowskij: eine Kamerafahrt von den im Wasser stehenden Mitgliedern der Todesspringer ans Ufer zu Kramers kämpfenden und schlagenden Polizisten auf Fisher, der bewegungslos neben der Szenerie steht, bevor er von zwei Männern gepackt und weggezogen wird.

Der Einsatz von experimentellen Mitteln in THE ELEMENT OF CRIME ist wirkungsvoll und doch gezielt und sparsam, auch wenn die zahlreichen angeführten Beispiele einen anderen Eindruck vermitteln. Sie fügen sich so fließend in die filmische Erzählung ein, als hätten sie schon immer zum Repertoire des Genrekinos gehört. Meist spiegeln sie die Befindlichkeit der Figuren wider, produzieren aber gleichzeitig neue Fragen und Rätsel. Wie in den letzten Szenen, in denen Trier noch einmal wunderbar über alle Genregrenzen hinweg inszeniert: Fisher zieht aus seinem Mantel den abgebrochenen Hals einer Flasche, schaut ihn aufmerksam an und wirft ihn weg. An dieser Stelle hält Trier die Handlung an und zeigt in Doppelbelichtung und Großaufnahme das Zersplittern des Glases. Fisher hört plötzlich ein Geräusch: Er steht auf und geht mit der Lampe suchend auf eine Stelle im Gras zu. Mit einem Stock öffnet er den Metalldeckel eines Kanalschachts und leuchtet hinein. Von unten schaut ihm mit großen Augen ein Oppossum entgegen. Dazu Fishers Stimme: »Ich will jetzt aufwachen. Sind Sie da? Sie können mich jetzt aufwecken. Sind Sie da?«

Der letzte Satz Fishers geht direkt über in den Abspann und den Textbeginn des klassischen, auf deutsch von Sonja Kehler gesungenen Chansons »Der letzte Tourist in Europa« – ein früher Arbeitstitel von THE ELEMENT OF CRIME:

Ich suche in dem blutenden Europa
nach dem, wovon ich träumte im Exil.
Ich suchte Künste, ewig bunte Gärten,
mit Bildern Rembrandts und Versen von Vergil.
Unter einer Kirchenkuppel in Warszawa

will ich vor den Ikonen stehn,
und am Abend will ich wandern durch Venedig
und die Paläste an der Rialto-Brücke sehn.
Ich bin der letzte Tourist in Europa,
und wie ein Ruheloser irre ich umher.
Ich will nach Wien, um Mozart zu treffen,
ich will nach Rom, vor Raffael zu knien.
Ich will nach London, nach Stratford-upon-Avon,
ich will nach Brügge, Antwerpen, Brüssel.
Und als der letzte Tourist in Europa
sehn die Dächer von Paris vom Tour d'Eiffel.

Die Leiden der Autoren:

EPIDEMIC – ein *family movie*

Innerhalb weniger Jahre hatte Lars von Trier drei preisgekrönte Debütfilme gedreht: den Kurzfilm NOCTURNE und die Studienabschlußarbeit BILDER DER BEFREIUNG und seinen ersten Spielfilm THE ELEMENT OF CRIME (Preise in Cannes und Mannheim). Damit war der noch nicht 30jährige Regisseur zum bekanntesten dänischen Filmemacher geworden. Der internationale Erfolg wurde im eigenen Land zwar wahrgenommen und gewürdigt, die Reaktionen der Öffentlichkeit und der Kritik waren allerdings ambivalent. Nach Lars von Triers Meinung standen sogar Mißtrauen und Mißgunst im Vordergrund[1]: Mit seiner offenen Ablehnung des zeitgenössischen dänischen und skandinavischen Kinos und seiner fast religiösen Verehrung des schon vergessenen Meisters Dreyer hatte sich Trier nicht nur Freunde gemacht. Dazu kam noch sein Ruf, launisch und unberechenbar zu sein – in der Öffentlichkeit mal freundlich und souverän, dann wieder verschlossen, brüsk und unnahbar. Kein Wunder, daß mancher nun auf den ersten Fehltritt des eigenwilligen *shooting stars* wartete.

Lars von Trier scheint die Rolle des einsamen, unverstandenen Einzelgängers allerdings gar nicht schlecht gefallen zu haben: Ein Künstler, der sich und seiner Kunst treu bleibt und deshalb angefeindet und unverstanden von den eigenen Landsleuten und der Kritik seinen Weg gehen muß – damit stand er ja in direkter Nachfolge des bewunderten Carl Theodor Dreyer, meint Lars-von-Trier-Biograph und -Kenner Peter Schepelern.[2]

Und dann lieferte Lars von Trier den Skeptikern und Kritikern scheinbar, was einige von ihnen schon vorhergesehen hatten: den Absturz des jungen Genies. Statt den im Filmgeschäft üblichen Weg für talentierte Newcomer zu gehen, nämlich seine handwerklichen und formalen Fähigkeiten an einem größeren, umfassenderen Projekt zu beweisen und weiterzuentwickeln – was er drei Jahre später mit seinem Film EUROPA nachholte –, drehte Trier nun einen Low-Budget-Film, der mit seiner scheinbar rohen ›Unfertigkeit‹, seiner kalkulierten technischen und dramaturgischen Holprigkeit auch viele Lars-von-Trier-Fans vor den Kopf stieß.

EPIDEMIC ist neben der folgenden TV-Produktion MEDEA Triers einziger Film, der in Dänemark weder kommerziell noch künstlerisch ein Erfolg wurde: Er bekam »entsetzliche Kritiken« (Trier), und wenn er auch auf viele internationale Filmfestivals eingeladen wurde, eine erfolgreiche ausländische Kinoauswertung erreichte er nicht.[3]

---

1   Äußerungen in Interviews mit Peter Körte, Kraft Wetzel und mir.
2   Autor einer ausführlichen dänischen Trier-Monographie 1997 im Interview mit mir.

EPIDEMIC: Premiere in Cannes 1987, v. l. Henning Bendtsen, Claes Kastholm, Lars von Trier, Niels Vørsel

Eigentlich war EPIDEMIC nur als freches Nebenwerk geplant, das die Produktion eines größeren Films sichern sollte. Zuerst, so Lars von Trier, gab es ein Drehbuch für einen Film, der zehn Millionen dänische Kronen (ca. 2,5 Millionen DM) kosten sollte.[1] Das dänische Filminstitut war allerdings nur bereit, zwei Filme zu jeweils fünf Millionen zu finanzieren. Deshalb einigte man sich auf folgenden Kompromiß: Der eine Film sollte nur eine Million kosten, der andere dafür neun Millionen. So entstand für umgerechnet ca. 250.000 DM als Alibiproduktion der Schwarzweiß-Spielfilm EPIDEMIC. Nachdem der „Neben"-film abgedreht war, stellte sich jedoch heraus, daß der verantwortliche Co-Produzent für den Hauptfilm nicht mehr zur Verfügung stand; das große Projekt konnte nicht mehr realisiert werden.

Das fertige Produkt bot Lars von Trier dem dänischen Fernsehen an. Dort war man bereit, den Film sogar unbesehen zu kaufen. Auf Drängen der Filme-

3   Wie Peter Schepelern schreibt, war er mit 60 Einladungen sogar einer der beiden erfolgreichsten dänischen Festivalfilme, nach THE ELEMENT OF CRIME (76). Als satirischer Horrorfilm über das Schreiben eines Drehbuchs war er natürlich wie geschaffen für die Vorführung vor internationalen Cineasten – ein Film mit fast sicherer Festival-Fahrkarte. In Deutschland kam der Film nur als Video heraus (s. Anhang.)

1   Im Interview mit Kraft Wetzel (Frühjahr 1997).

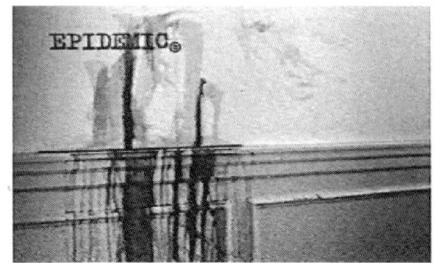

*Im Film wird die Geschichte geschrieben, die der Film erzählt. (links) Blutflecken
an der Wand: Vorausnahme des schrecklichen Endes. (rechts)*

macher sahen die Verantwortlichen sich EPIDEMIC dann doch an und hielten
ihn sofort für einen Scherz, der nur dazu dienen sollte, das dänische Filmför-
derungssystem zu provozieren. Aber dann, so Triers Kommentar, hätten die
Autoren doch wohl einen teuren und nicht ihren billigsten Film gemacht. Die
Fernsehredakteure meinten, die technische Qualität des Films sei so schlecht,
daß die Zuschauer denken würden, ihre Fernsehgeräte seien kaputt. Trier:
»Die fünf Kommissionsmitglieder – hoch gebildete Leute, die jährlich vielleicht 500 Filme sichten – waren noch nie einer Meinung gewesen. Aber jetzt
stimmten sie überein: Dies sei wohl der schlechteste Film, den sie je gesehen
hatten. Das ist doch ein ziemlich gutes Ergebnis.«[1]

Lars von Triers Sarkasmus ist mehr als der Ausdruck verletzter Eitelkeit;
er deutet an, wie wichtig ihm EPIDEMIC bis heute ist. In Interviews betonte
Trier immer wieder, daß der Film viele wichtige Elemente seiner Arbeit
enthalte. Und seine ironische Empfindsamkeit zeigt, wie sehr sich Trier heute
noch ärgert, daß die Kritiker ihm damals, nach seinem ersten Spielfilm, nicht
die Freiheit zu einem radikalen Stilwechsel zugestehen wollten und für den
angebotenen Blick in die Drehbuchwerkstatt Vørsel-Trier nur Hohn und
Desinteresse übrig hatten.

Ihr Werkstattbericht ist die Rahmenhandlung zum Film im Film, der
Geschichte einer schrecklichen Seuche, und erzählt in einer Reihe von Episo-
den gleichzeitig die Entstehungsgeschichte des Drehbuchs für ihren vorigen
Film THE ELEMENT OF CRIME.[2]

Beide Autoren nannten in Interviews dieselben Hauptelemente ihrer
Zusammenarbeit: den Bau eines dramatischen Gerüstes, konzentriertes
brainstorming und die Maxime, keine einzige Idee zu verwerfen. Diesem
Arbeitsprinzip folgten Lars von Trier und Niels Vørsel in EPIDEMIC und

1   Im Interview mit Kraft Wetzel.
2   Trier im Interview auf der Promotion-Cassette zu EUROPA: »THE ELEMENT OF CRIME schrieben wir vor
     allem, weil wir etwas Geld bekommen sollten, wenn das Drehbuch sehr schnell fertig würde. Und das
     haben wir geschafft.«

Der Film im Film: Dr. Mesmer (Lars von Trier) verläßt die Burg der Ärzte,

setzten es bei der langen Arbeit an den beiden Staffeln der Krankenhausserie GEISTER fort.

Man darf bezweifeln, daß die Autoren ihrem Vorsatz, jeden Einfall ins Drehbuchgerüst einzubauen, immer gefolgt sind – zum Glück. Wichtig daran ist nur die Tatsache, daß es den Perfektionisten Lars von Trier, der zu jedem Zeitpunkt jedes Element seines Werkes kontrolliert, nie gegeben hat. Die Wirklichkeit ist vielschichtiger und spannender.

Es gibt im Werk Lars von Triers eine Gruppe von Filmen, die seine schrittweise Entwicklung als Regisseur widerspiegeln und die zusammengehören, weil sie alle nach dieser widersprüchlichen und äußerst produktiven Arbeitsweise entstanden sind. Die Reihe beginnt mit THE ELEMENT OF CRIME, setzt sich fort mit EPIDEMIC und GEISTER und endet vorläufig bei dem Jahrzehnteprojekt DIMENSIONS.

Dabei bleibt es ein großes kreatives Geheimnis, wie Lars von Trier und Niels Vørsel aus dem Puzzle der Ideen im Kopf, auf Papier und dann am Schneidetisch einen so geschlossenen Film wie THE ELEMENT OF CRIME zusammensetzen konnten. Damals standen für sie noch die perfekte Form und die glänzende visuelle Oberfläche im Mittelpunkt, während der Inhalt, die Story, aus assoziativ kombinierten Genreversatzstücken und Klischees montiert war. Bei EPIDEMIC und GEISTER spiegeln dagegen auch die unvollkommene Form und die rauhen Oberflächen den holprigen und kurvenreichen Schaffensprozeß wider.

Auch wenn in EPIDEMIC der Film-im-Film mit der Geschichte des Doktors tatsächlich »ein Klischee aus Klischees« (Trier) darstellt, einen Scherz, der genau paßt, so erscheint das vermeintlich Unfertige trotzdem sehr genau komponiert und kalkuliert. »Ich habe immer sehr am Aussehen von Dingen gearbeitet«, sagt Lars von Trier. Auch bei Malern komme es manchmal vor, daß sie vom fertigen Bild zum Entwurf zurückkehren, weil sie schon zuviel aufgetragen haben. »Auf so einen ›Skizzen-Film‹ wollte ich hinarbeiten.«[1] Das Skizzenhafte wurde vorgegeben durch die minimalistischen Produktionsbedingungen, denen sich Trier und Vørsel freiwillig und lustvoll unterwarfen.

---

1   Im Interview mit Kraft Wetzel.

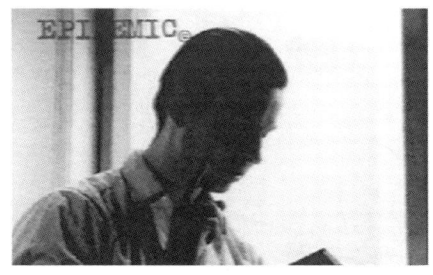

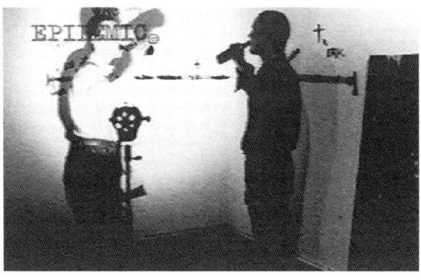

Epidemie-Recherche: Lars von Trier als Lars (oben). Ein Autor bei der Arbeit: Niels Vørsel als Niels (Mitte). Die dramaturgische Linie: Die Autoren trinken auf die Struktur ihres Drehbuchs

Die Rahmenhandlung drehten sie mit einer 16mm-Kamera, die sie und die anderen Schauspieler teilweise selbst bedienten. Als ihre eigenen Hauptdarsteller, Kamera- und Tonleute erledigten Lars und Niels – so heißen auch die beiden Drehbuchautoren, die sie im Film spielen – einen Teil der Dreharbeiten auf diese Weise nur zu zweit. Sie stellten die Kamera an und liefen dann ins Bild. Um einen passablen Ton zu bekommen, hielten sich die Schauspieler während des Drehens möglichst unauffällig gegenseitig das Mikrofon hin: So entstand ein echtes »family movie« (Trier).

Im Gegensatz zu den grobkörnigen Schwarzweißbildern der Haupthandlung, zum »Lars von Trier/Niels Vørsel home movie« (Wetzel), wurden die Szenen des Films im Film auf feinkörnigem Schwarzweißmaterial mit einer 35mm-Kamera gedreht, und die Darsteller sprechen englisch statt dänisch. Als Kameramann dieser Teile des Films engagierte Lars von Trier Henning Bendtsen, den Mann, der mit DAS WORT (1954) und GERTRUD (1964) die beiden letzten Werke Carl Theodor Dreyers photographiert hatte. Eine Hommage an den Meister und der erste Versuch, mit dessen Kameramann ein visuelles Konzept in der Tradition Dreyers zu realisieren; ihr großes gemeinsames Projekt wurde dann EUROPA (1990).

EPIDEMIC ist alles zugleich: Übergangswerk und Vorstudie (mehr zu GEISTER als zu EUROPA), kreative Spielwiese, Experimentierlabor und Reflexionsfläche. Ein genauer Blick auf einige Szenen des Films wird zeigen, worin der Reiz und die Chancen bestanden und wo die Klippen dieser künstlerischen Reise lagen. Wichtige Antworten gibt schon die erste Film-im-Film-Szene, in der viele Triersche Motive, Metaphern und Stilelemente versammelt sind, die weit über den Film EPIDEMIC selbst hinausreichen.

Dr. Mesmer läßt sich ins Epidemiegebiet einfliegen

Die beiden unglücklichen Drehbuchautoren Lars und Niels haben nach einer Computerpanne ihr ungeliebtes reißerisches Projekt »Der Bulle und die Hure« aufgegeben. Bis zum Wochenende müssen sie aber etwas vorweisen können, denn dann erwartet ihr Produzent ein fertiges Skript. Sie beschließen, »etwas Dynamischeres« (Lars) zu schreiben. Während links oben schon seit Anfang des (Schwarzweiß-)Films in roter Schrift der Titel des Films eingeblendet ist – wie eine TV-Senderkennung oder wie ein ›Brandzeichen‹ – wird auf einer mechanischen Schreibmaschine dasselbe Wort getippt: EPIDEMIC – der Titel des neuen Drehbuchs.

So also könnte die Arbeit an THE ELEMENT OF CRIME begonnen haben: mit dem zündenden, »dynamischen« Titel, der die Phantasie der echten Lars und Niels anregte und zur Geschichte des Detektivs Fisher führte, der das ›Element des Verbrechens‹ zu finden versucht.

Nach dem Titel folgt die erste 35mm-Sequenz des Films. Es ist die einzige, in der Trier und Vørsel die Erzählebenen des Films ineinanderschieben: Zur Ouvertüre von Wagners »Tannhäuser« bewegt sich die Kamera durch ein dunkles, menschenleeres Zimmer, auf dessen Fußboden Porzellanscherben verstreut liegen, dann in einen Flur hinein. Dazu eine Erzählerstimme:

Ein vom Schicksal bestimmtes Zusammentreffen kann in seinem Wesen oft so unheimlich und phantastisch sein, daß man versucht ist, scheinbar logische, jedoch eigentlich haltlose Schlüsse zu ziehen. Im Lauf von fünf Tagen wurde das Manuskript von EPIDEMIC innerhalb und außerhalb dieses Apartments geschaffen und niedergeschrieben.

Die Kamera bewegt sich weiter, vorbei an einem Tisch mit einer zerwühlten Tischdecke und einer Wand mit zwei dunklen, senkrechten Flecken, die nach Blut aussehen. Noch einmal der Tisch, auf dem ein großer Blutfleck sichtbar wird. Dabei spricht der Erzähler weiter:

Die Tatsache, daß eine wirkliche Epidemie während dieser fünf Tage immer näher kam und daß ihr schrecklicher Ausbruch mit der Fertigstellung des Drehbuchs zusammenfiel, ist eines dieser Zusammentreffen.

Die auktoriale Erzählerstimme hat mit ihrer Mischung aus Pathos und Grusel denselben Duktus wie die einführende Erzählerstimme in GEISTER I und II. In beiden Fällen repräsentiert sie eine Meta-Ebene und übernimmt die Funktion der Einführung und Einstimmung, hier aber führt sie sogar noch höher, auf eine Meta-Meta-Ebene, die über dem ›Film im Film‹ und über der (Film-)Welt seiner Autoren liegt. Die Erzählerstimme ist, wie vieles in diesem Film, der ja vom Schreiben eines Films handelt, auch ein rekursiver, ironischer Kommentar der Autoren.[1] Die Stimme kommentiert das Tun der Autoren und die – in ihrem Film »Epidemic« – reale Epidemie wie eine moralische Instanz, die suggeriert, daß die Autoren etwas Unheilvolles in Gang gesetzt und ihr Buch auf dem »Leiden anderer aufgebaut« haben. Ist das eine Selbstbezichtigung, die nur der Mystifizierung des Schaffensprozesses dient? Oder tatsächlich der Glaube an übersinnliche Kräfte und gleichzeitig die Angst vor dem Unterbewußtsein, das dem Autor Ideen eingibt, die die Wirklichkeit verändern könnten?

Angesichts der vielen tiefenpsychologischen Aspekte und der seelischen Vorgänge in den Filmen Lars von Triers kann es sich jedenfalls nicht um einen Drehbuch-Gag handeln. Trier hat oft davon gesprochen, daß er seine Macht als Regisseur genießt, Figuren in alptraumhafte Situationen bringen zu können, die er selbst nur aus seinen eigenen Träumen kennt. Doch neben dem Machtgenuß scheint es auch eine Angst vor der Verantwortung für die eigenen Figuren zu geben und die Angst, von ihnen überwältigt zu werden, ihre Eigenschaften anzunehmen und in ihnen zu verschwinden.[2]

Zurück zur Szene: erst ganz am Schluß von EPIDEMIC wird der aufmerksame Zuschauer erkennen, daß Trier und Vørsel hier am Anfang schon den allerletzten Schauplatz vorführen, das im Gegensatz zum Schluß menschenleere Wohnzimmer nach dem dramatischen Ausbrechen der Krankheit. Die wichtigsten Merkmale sind die beiden länglichen Blutflecken an der Wand, die in der letzten Szene als Menetekel dargestellt werden – ganz ähnlich wie in der Vorspannsequenz von GEISTER das Blut, das plötzlich aus einer Wand hervorbricht.

---

1 Denn sie schreiben dabei durch das Medium des Films, den sie geschrieben haben, über sich selbst.
2 Wie der Detektiv Fisher auf der Suche nach dem Mörder in THE ELEMENT OF CRIME.

Inspirationsreise nach Deutschland: Die Autoren fahren im Mercedes auf der Auto-
bahn durchs Ruhrgebiet.

Nach dem Bild des blutbefleckten Tisches schließt sich fast unmerklich
wieder eine 16mm-Szene an. Die Kamera gleitet an den Bücherregalen einer
großen Bibliothek vorbei, in der ein Archivar Niels von der Pest erzählt und
aus einem grausamen, mittelalterlichen Bericht vorliest: Die beiden Autoren
haben mit ihrer Recherche begonnen.

Ein Abstieg in die uralten Keller des Archivs, wo die ältesten und geheim-
sten Dokumente über die Epidemien der Weltgeschichte lagern, führt mit
einem Schwenk über das alte Mauerwerk direkt in die erste Film-im-Film-Szene. Der Held ihres Films ist Dr. Mesmer (gespielt von Lars von Trier), dessen
Todesurkunde Lars im Archiv gefunden hat. Gerade macht er sich auf, gegen
den Willen seiner Berufskollegen die Stadt zu verlassen, um auf dem Land die
ausbrechende verheerende Epidemie mit Aspirin(!) zu bekämpfen. Zur Strafe
wird Dr. Mesmer aus dem Syndikat der Ärzte ausgeschlossen. Auch der Posten
eines Ministers für kulturelle Angelegenheiten, den man ihm im letzten Moment noch anbietet, kann ihn nicht zurückhalten.

Es ist eine Szene von absurder Komik, die wie fast alle folgenden Film-im-
Film-Szenen von der pathetisch brausenden Musik von Wagners »Tannhäuser«-Ouvertüre begleitet wird. Die Ärzte und Krankenschwestern sind korrekt
mit weißen Kitteln bekleidet, der Schauplatz aber ist ein Gewölbe, das eher an
eine Wagnersche Burg als an ein Krankenhaus erinnert. Verrückte Details wie
das Aspirin als Epidemie-Wundermittel und das angebotene Ministeramt für
Dr. Mesmer zeigen, daß Trier und Vørsel hier tatsächlich ihre Drehbuchideen
möglichst vollständig einzubauen versuchten. Das Syndikat der Ärzte, das wie
die mittelalterliche Rittergemeinschaft einer Wagner-Oper wirkt, diente später
offensichtlich als Modell der Ärzte-Geheimloge in GEISTER.

Im zweiten Kapitel des Films, am zweiten Tag der Drehbucharbeit, können
wir unter dem Titel: »Die Linie« einen Blick in die Werkstatt des Autorenduos
Trier/Vørsel werfen. Davor gibt es ein heiteres Vorspiel in der Küche, bei dem
die Autoren mit einem Blumenkohl Handball spielen (Niels: »Ich sehe, du hast
dich für Beulenpest entschieden.«). Es folgt eine kurze Diskussion über Furun-

kel, die zweifarbigen Eiter ausstoßen können, der sich merkwürdigerweise nicht vermischt. Das erinnert Niels an eine Zahnpastamarke, deren Erkennungszeichen rot-weiße Streifen waren (er glaubt, sie hieß »Signal«).

Während dann die Tasten der Schreibmaschine hämmern, setzt wieder die Stimme des Off-Erzählers ein und berichtet davon, daß am zweiten Tag der erste Frost einsetzte und viele Menschen die einsetzenden Nackenschmerzen darauf zurückführten. Für die Autoren seien diese Schmerzen nichts Besonderes gewesen, sondern eine übliche Begleiterscheinung beim Entwickeln von Ideen.

Nach dieser ironischen Einleitung erklärt Lars alias Lars von Trier in einem kleinen Raum, der nur von einer Stehlampe erleuchtet ist, die wichtigsten Elemente des Film-im-Film-Drehbuches: Erst wenn Mesmer die Stadt verlassen habe, solle die Krankheit ausbrechen, die er selbst in seiner Tasche mitgebracht habe. Niels malt mit einem Pinsel eine waagerechte schwarze Linie an die weiße Wand. Lars tritt hinzu, und gemeinsam malen sie nun den dramatischen Verlauf ihres Films. Der erste Abschnitt bekommt den Titel »In der Stadt«, der zweite »Befestigung«. Auf dem folgenden Stück würden sie sich dann, so Lars, »aufs Land hinausarbeiten«. Nach zwei Dritteln – Lars markiert die Stelle mit dem Pinsel – müsse man etwas »Drama« einfügen. Er läßt Niels das Wort hinschreiben. »Das ist genau dann, wenn das Publikum sich überlegen wird zu gehen.« Lars schreibt oben auf die waagerechte Linie die Worte »Wag Tann«. Er erklärt Niels, das sei die Bakterie, die »immer näher« komme und von Wagner-Musik begleitet werde, von der Tannhäuser-Ouvertüre.[1] Außerdem sei Mesmer Idealist, deshalb sollten sie noch »Erkenntnis« hinschreiben und »Ideal«. Niels lacht. Lars erklärt den Ablauf der Handlung: Der junge Idealist verläßt die wegen der nahenden Krankheit befestigte Stadt. Dann könnten die gemalten Kreuze verwendet werden. Doch das erste Opfer solle die Krankenschwester werden, die man aus der Ferne sehe. »Natürlich ist es der Arzt, der die Krankheit verbreitet. Ohne ihn und seinen Idealismus gäbe es gar kein Problem.«[2] Mit den Worten »Ein Pfeil. Erkenntnis führt zu einem religiösen Ende« schließt Lars seine Erläuterungen ab und schlägt vor, nun gemeinsam ein Bier zu trinken. Niels stimmt zu. Dann stehen sie mit Bierflaschen vor ihrer Storyline. Lars: »Ein Film sollte wie ein Stein im Schuh sein. Prost.«

Diesem Vorsatz werden beide EPIDEMIC-Filme gerecht – der Film-im-Film, an dem Lars und Niels arbeiten, und auch der des Autorenduos Trier/Vørsel. Von dem einen kennen wir jetzt schon die gesamte Story, etwas hölzern nach amerikanischen *plot point*-Prinzipien zusammengebaut, von dem

---

1   Trier hat in mehreren Interviews seine Begeisterung für die Musik Richard Wagners geäußert. Sein Traum sei eine Regie in Bayreuth.

2   Ein solcher Idealist, der stets das Gute will, aber ungewollt an der Realisierung des Bösen mitwirkt, ist nicht nur der Detektiv Fisher im ersten Teil der Europa-Trilogie, sondern auch Leopold Kessler, der uns im dritten Teil (Europa) begegnet.

Tarkowskijsche Wasserbilder: Dr. Mesmer unterwegs im Seuchengebiet

anderen wissen wir schon, daß er auf den Ausbruch einer unappetitlichen Seuche hinauslaufen wird. Und was tun die Autoren, nachdem sie ihre ersten Szenen geschrieben haben? Auf der Suche nach weiteren Inspirationen fahren sie nach Deutschland. Wohin auch sonst?

Der Abschnitt, der den dritten Tag beschreibt, trägt auch den entsprechenden Titel: »Deutschland«. Dort sind Lars und Niels in einem Mercedes unterwegs, mit der Schreibmaschine auf dem Schoß. Die Episode zeigt einiges von dem, was Triers und Vørsels gemeinsame Drehbücher bis heute so unverwechselbar macht: Manchmal montieren sie schockartig belanglose, heitere mit ernsten oder auch nur erschreckenden Szenen und verbinden beides mit lakonischem Humor und einer dem Alltag abgelauschten Umgangssprache.[1]

---

[1] Wieder vorausweisend auf Filme wie RESERVOIR DOGS, PULP FICTION und auch auf FARGO von den Coen-Brüdern. In derselben Episode schneiden die beiden Autoren eine Zahnpastatube auseinander, um endlich das Geheimnis der sich nicht vermischenden Streifen aufzudecken.

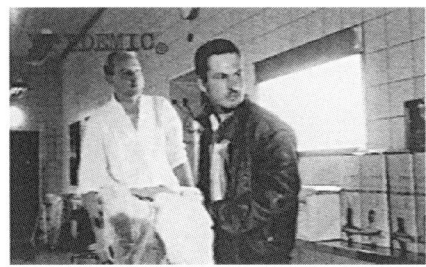

Erster Besuch im Hospital der Geister:
Lars in der Pathologie.

Während sie auf eintönigen deutschen Bundesautobahnen fahren, erzählt Niels kundig und zufrieden wie ein Reiseführer von den Industriezentren des Ruhrgebiets und kündigt die Städte an, durch die sie fahren werden: Dortmund, Essen, Duisburg, Krefeld, Neuss, Düsseldorf, außerdem Remscheid, Solingen und Leverkusen, der Sitz der Bayer Chemie.[1] Von dort soll es weiter nach Köln gehen. Lars rekapituliert beim Fahren am Steuer ihre Geschichte: Mesmer ist auf dem Weg »ins von Krankheit schwer gezeichnete Europa«. Jetzt müsse er jemanden kennenlernen. Lars schlägt einen Theologen vor. Zur Zeit ihrer Geschichte sei die Ausbildungszeit von Berufen sehr kurz geworden, weil man nur noch Stunden im voraus plane. Der Theologe könnte eine Ausbildungszeit von 1 1/2 Stunden haben. »Das gibt uns die Gelegenheit, die Religion und das Ausbildungssystem lächerlich zu machen.« So könnten sie, meint Lars, etwas Humor in die Geschichte bringen.

Der Verlauf der Geschichte wirkt bis hierhin genauso hilflos und unbeholfen wie die Schreib- und Denkanstrengungen der beiden Autoren im Film, die so schnell wie möglich ihr Drehbuch beenden müssen. Aber auch wenn wir davon absehen, daß die unvermittelte Deutschlandreise biographisch authentisch ist (während der Arbeit an THE ELEMENT OF CRIME[2]), hat die scheinbare Schnapsidee einen ernsten Hintergrund und führt uns weiter hinein in die Gefühls- und Gedankenwelt von Trier und Vørsel. In Köln schlägt die Stimmung des Films nämlich plötzlich um: Es wird eine sehr ernste persönliche Geschichte erzählt, die wahr ist oder wahr sein könnte. Lars und Niels besuchen den Schauspieler Udo Kier[3], der ihnen sagt, daß seine Mutter gestorben sei. Sie habe ihm vor ihrem Tod Dinge erzählt, von denen er nie gehört hatte: vom Tag, an dem er geboren wurde. Bei einem Luftangriff beobachtete sie im Krankenhaus, wie eine Schwester von einer Wand erschlagen wurde, als sie die Babys schützen wollte. Die Mutter hatte sich mit den bloßen Händen durch eine Wand gegraben, bevor sie gerettet wurde. Dann, erzählt Kier weiter (immer auf englisch), habe sie ihn ganz fest an sich gedrückt. Damals war der

1   Trier erzählte Gunter Göckenjan in einem taz-Interview, daß Niels Vørsel von der Industrielandschaft des Ruhrgebiets begeistert war; für ihn sei das »eine Art Kunstwerk«.
2   Niels Vørsel im Interview mit mir.
3   Er wird in fast allen folgenden Filmen Triers mitspielen, im folgenden MEDEA sogar eine Hauptrolle.

Das Epidemie-Drehbuch der Autoren im Film: Spiel mit Komik und Entsetzen.

zweite Luftangriff auf Köln, und die Briten hatten versuchsweise Phosphor-bomben eingesetzt. Alles brannte, und am Aachener Weiher habe seine Mutter Menschen im Wasser stehen sehen, die sich zu schützen versuchten. Da beob-achtete sie etwas Schreckliches: eine Hand, die aus dem Wasser ragte und nur noch aus verbranntem Fleisch bestand. »Sie wartete bis zu ihrem Tod, bis sie mir diese Geschichte erzählte.« Udo Kier schweigt und beginnt leise vor sich hinzuweinen. Später zeigt er Lars und Niels bei Nacht den Teich und die Stelle, wo seine Mutter die Menschen im Wasser gesehen hatte. Er faßt mit einer Hand ins Wasser. »Alle diese Menschen schrien in diesem See. Sie waren keine Nazis, meine Mutter war kein Nazi.«

Diese fast dokumentarisch inszenierte Erinnerung an den Zweiten Welt-krieg und seine Opfer paßt scheinbar überhaupt nicht in den dramatischen Zusammenhang eines Films, der sich bis hierhin als eigenwillige Variation eines Horrorfilms entwickelt hat. Was soll die hastige Deutschlandreise der beiden Autoren bedeuten? – Das bei Nacht leuchtende Bayer-Kreuz dient ihnen als Inspiration für ein weißes Kreuz mit der Aufschrift »D.i.N.«, das in der nächsten Film-im-Film-Szene das tödliche Epidemie-Bakterium ankün-digt. Weitere dramaturgische Funktionen hat die Deutschland-Sequenz nicht. Die Autoren im Film scheinen sich offenbar nur entspannen und auf ihre düstere Epidemie-Geschichte einstimmen zu wollen.

Die Deutschlandreise in EPIDEMIC, einschließlich der von Niels wie magische Formeln rezitierten Städtenamen[1], läßt sich nur in der Zusammenschau mit den beiden anderen Europa-Filmen verstehen, die in einem morbiden, zerfallenden Deutschland spielen, das heißt auch: aus dem Bewußtsein der beiden Autoren. In diesen Szenen schwingt die merkwürdige Faszination mit, über die Lars von Trier und Niels Vørsel unabhängig voneinander immer wieder gesprochen ha-ben: die magische und beängstigende Anziehungskraft eines Landes, das hoch-konzentriert »auf jedem Quadratmeter«[2] jede Menge Kultur und Zeitgeschichte

---

1   Schon in THE ELEMENT OF CRIME gab es zahlreiche Schilder mit deutschen Ortsnamen, die teilweise wie
     bedrohliche Zeichen- oder Ritualtafeln eingesetzt wurden.
2   Niels Vørsel im Interview mit mir.

Der Arzt selbst trägt die Seuche ins Land

bietet. Vor allem in Erinnerung an das »Dritte Reich« empfinden Trier und Vørsel dabei aber immer eine Aura von Grauen, Brutalität und Gefährlichkeit.[1] Deutschland wird in ihren Filmen zum mythischen Mittelpunkt eines geträumten Europas. Dabei scheinen sie manchmal nicht allzu weit von braunen Europaphantasien entfernt zu sein, in denen das Schicksal Deutschlands zum Schicksal des Kontinents erklärt wird. Trier und Vørsel lassen tatsächlich deutsche Orte und Namen meist mit viel Respekt und fast ehrfürchtig aussprechen, und manchmal ästhetisieren sie auch visuell deutsche Symbole. Zugleich brechen sie jedoch ihre Träume und Alpträume eines diffusen, archaischen Germanentums: Dessen Geister werden ohne Selbstzensur und ideologisch ungefiltert losgelassen, in absurden Synthesen mit jeder Menge Parodie und Ironie überhöht und dadurch auf der Leinwand ausgetrieben.[2]

Als ob EPIDEMIC vor allem ein Anschauungsobjekt für ihre Zusammenarbeit wäre, eine Art Sightseeing-Tour durch ihr Gesamtwerk, führen uns Trier und Vørsel in der nächsten Episode direkt an den Ort eines wichtigen zukünftigen Projektes. Der Titel des nächsten Kapitels: »Das Krankenhaus«.

---

1   Dazu paßt als *self-fulfilling prophecy* das Erlebnis, das Lars von Trier voller Selbstironie Kraft Wetzel (und sechs Jahre zuvor auch Gunter Göckenjan) erzählte: Bei den Dreharbeiten für EPIDEMIC wurden sie und ihr Team in der Kölner City von einer Überwachungskamera erfaßt und als mutmaßliche Bankräuber- oder Terroristen-Gruppe von einem großen Sonderkommando der Polizei überwältigt. Nachdem diese sich offenbar von der Harmlosigkeit der dänischen Filmcrew überzeugt hatte, wurden sie kurz darauf ohne Entschuldigung und Kommentar wieder freigelassen.

2   In THE ELEMENT OF CRIME und EUROPA funktioniert diese Sublimierung anders: durch Genremuster und den tiefenpsychologischen Diskurs im ersten Film, im zweiten durch die Inszenierung (Stilisierung) des Alptraums der jüngeren deutschen Geschichte.

Es ist der Tag nach ihrem Deutschland-Trip. Lars besucht Niels im Krankenhaus – ein lange geplanter Termin, um sich einige »Wucherungen« entfernen zu lassen, erzählt seine Freundin Susanne. Niels sagt ihm, daß ihr Freund Palle erlaubt habe, ihm bei der Arbeit in der Pathologie zuzuschauen. Für ihre Drehbucharbeit sei das doch interessant. Lars lehnt entsetzt ab. Trotzdem steht er schließlich im Aufzug zum Kellergeschoß und fährt dort mit der › Krankenhausbahn ‹ durch ein Labyrinth von riesigen Korridoren. Ihm ist sichtlich unbehaglich; dissonante, melancholische Geigenmusik erklingt. In der Pathologie bekommt Lars einen Kittel, eine Haube und einen Mundschutz. Ein Arzt, der sich mit einer männlichen Leiche beschäftigt, erzählt von der steigenden Zahl junger Leute, deren Körper die gleiche Art von Gewebeveränderungen aufwies. Der Arzt schneidet die Leiche auf und erklärt, was er vorfindet und was die Kamera in Großaufnahme zeigt: den aufgeschnittenen Körper mit blutigen Geschwulsten. Lars kann nur unter großer Selbstüberwindung zuschauen.

EPIDEMIC war nicht Trier/Vørsels erster Ausflug ins Reich des Morbiden und Kranken[1], doch hier befinden wir uns zum ersten Mal im Reichskrankenhaus in Kopenhagen. Lars' Fahrt durch die unterirdischen Gänge ist eine erste Erkundung der Welt von GEISTER, des alten Gebäudes, in dessen Wänden Geschichte und Gespenster eingemauert sind, wie wir 1994 in ihrer erfolgreichen Krankenhausserie erfahren werden. Bei diesem Besuch bekamen die Autoren ihre ersten Inspirationen.

Doch die Gemeinsamkeiten von EPIDEMIC und GEISTER beschränken sich nicht auf Mauern und Drehorte: In beiden Filmen spielen Trier und Vørsel lustvoll und ironisch mit Genremustern und trivialen Motiven; in beiden fällt der lakonisch-makabre Umgang mit Krankheit und Ekel auf. Dazu gehört auch die Nähe von Lachen und Entsetzen, vor allem am Schluß, wenn in EPIDEMIC die Seuche wirklich ausbricht. Allerdings wagten Trier und Vørsel in ihrem unabhängig produzierten Spielfilm härtere Kontraste und provozierendere Konfrontationen als später in der Fernsehserie.

Zum Beispiel in der sich direkt anschließenden Film-im-Film-Szene: Es ist Nacht. Ein offenbar schwerkranker Schwarzer steht in einem Priestertalar mit gefalteten Händen bis zum Hals im Wasser, umgeben von Blumenblättern und -zweigen.[2] Mit Mühe spricht er zu Mesmer über die D.i.N.-Seuchen-Opfer, deren Stadtteile schon in Flammen stehen. Er blickt hinauf zu Mesmer, der auf einer überdimensionalen Statuengruppe muskulöser Menschenkörper sitzt. Weiße Blütenblätter fallen neben dem Priester ins Wasser, während leise wieder die Tannhäuser-Ouvertüre einsetzt. Mesmer setzt seine Brille auf und blickt bedeu-

---

1   In THE ELEMENT OF CRIME sucht Fisher einen Pathologen auf, dessen Assistent bei der Arbeit einen Schwächeanfall erleidet. Fisher fragt ihn am Schluß: »Wo haben Sie Ihre Ausbildung bekommen? Auschwitz?«

2   Hier inszenieren sie Lars' Idee vom Schnellkurs-Priester. Gespielt wird er von einem Schwarzen, den Lars am Anfang der Rahmenhandlung als Taxifahrer kennengelernt hat.

tungsvoll in die Nacht. Der Schwarze schluchzt leise und stößt dann hervor: »What the hell! All a nigger needs are loose shoes, tight pussies and a warm place to shit.« (Verdammt noch mal! Alles, was ein Nigger braucht, sind bequeme Schuhe, enge Muschis und einen warmen Ort zum Scheißen.) Während die Wagner-Musik aufbrandet, entladen sich seine Schmerzen in einem furchtbaren, langen Todesschrei. Im Zurückfahren zeigt dabei die Kamera, daß um ihn herum eine ganze Gruppe von Menschen schweigend im Wasser steht.

Udo Kiers Geschichte und die Erinnerung seiner Mutter, von den realen Phosphoropfern in Köln, wird hier in einer makabren Travestie zur Todesszene des schwarzen Priesters, der als letzte Worte Obszönitäten so pathetisch ausruft, als seien es religiöse Bekenntnisse. Das ist ein kalkulierter Tabubruch, eine religiöse Provokation, wie sie in der Rahmenhandlung von den Autoren schon angekündigt wurde. Allerdings ging es Trier, ganz ohne ideologische Zielrichtung, wahrscheinlich viel mehr um den ästhetischen Bruch, den freien Einsatz formaler Mittel.[1] Die schwebenden und frei interpretierbaren Metaphern der fallenden Blütenblätter, der in Gedanken versunkene Mesmer auf dem Denkmal, der leidende Priester, der wie ein christlicher Märtyrer wirkt, dazu die im Wasser stehenden Menschen:[2] Das wirkt wie eine experimentelle Montage unterschiedlicher ästhetischer Haltungen – eine wilde Kombination von Kunstelementen, gefunden bei und erfunden nach Tarkowskij, Dreyer und anderen, kitschig unterlegt mit der allgegenwärtigen Tannhäuser-Ouvertüre.

Die härtesten Schockeffekte aber, die schon Splatter-Qualitäten haben, heben sich Trier und Vørsel bis zum letzten Abschnitt (»Das Essen«) auf, in dem beide Epidemic-Stories ihre Höhe- und Endpunkte erreichen. Diese wirken besonders stark, weil davor neben einer Filmbusiness-Satire eine leichte, unterhaltsame Nebengeschichte eingeschoben wird, die entweder biographisch-dokumentarisch oder genial fingiert ist. Es geht – so der Unter-titel dieses Abschnitts – um »Die Mädchen aus Atlantic City«, die Niels kennenlernte, als er sich in einem Brief an eine Zeitung in Atlantic City als Halbwüchsiger ausgab, der Brieffreundinnen sucht. Es meldeten sich zahl-reiche Mädchen zwischen 13 und 16, deren Liebesbriefe Niels später lästig wurden. Eins kam sogar nach Kopenhagen, und Niels blieb eine peinliche Verabredung in einem Café nicht erspart. (Gezeigt wird diese Szene in einer stummen Einstellung.)

Die Sequenz, in der Niels seinem Freund Lars die Geschichte erzählt, geht fast fließend über in die Schlußsequenz, das entscheidende Abendessen, bei

---

1   Ein assoziativer Gedanke und eine nicht zu beweisende Vermutung: Vielleicht hat die Art der Provo-kationen Lars von Triers mit seiner Auflehnung gegen sein liberal-aufgeklärtes Elternhaus zu tun, in dem rationale Kritik erwartet und erwünscht war, aber nicht eine solche ästhetische Auseinanderset-zung mit Religion, die ebenso irrational-emotional erscheint wie später Triers Hinwendung zum Katholizismus.
2   Sie erinnern an die Mitglieder der Todesspringer-Sekte in THE ELEMENT OF CRIME, aber auch an eine ähnliche Szene in Tarkowskijs ANDREJ RUBLJOW.

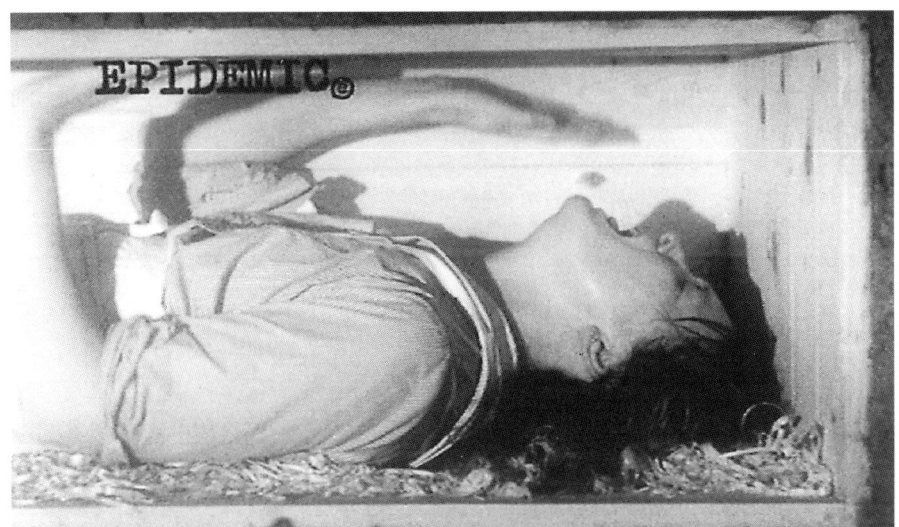

Alpträume unter Hypnose

dem Niels und Lars ihrem Produzenten das fertige Drehbuch präsentieren müssen. Während im Hintergrund von einer Cassette noch die Stimme eines der amerikanischen Mädchen zu hören ist, das Niels bittet, doch auch eine Cassette für sie zu besprechen, sehen wir Lars mit weißem Hemd und dunkler Fliege vor einem Spiegel stehen. Mit flüsternder Stimme und der passenden Gestik imitiert er Robert de Niro in TAXI DRIVER: »Are you talking to me?« Dabei schmunzelt er und ist mit seinem Styling offensichtlich zufrieden.

Kurz darauf steht Lars im Anzug vor der Wand, auf die er und Niels die dramatische Kurve ihres Films gemalt haben. Zu hören ist ein beunruhigender, heulender elektronischer Klang, der im Horrorfilm-Stil schreckliche Ereignisse ankündigt: Lars fühlt sich sichtlich unbehaglich.

Claes, der Produzent trifft ein. Nachdem sie einige Zeit schweigend gegessen und Champagner getrunken haben, zieht Lars ein dünnes Manuskript aus der Innentasche und gibt es Claes mit den Worten: »Weißt du, es ist kein Drehbuch im herkömmlichen Sinne.« Susanne kann sich nicht beherrschen und prustet los vor Lachen. Claes blättert das Manuskript durch und fragt: »Das ist das Ergebnis von eineinhalb Jahren Arbeit? Zwölf Seiten?« Lars erklärt, er solle es als »technische Beschreibung der Handlung« verstehen. Sie wollten den Film in weniger konventioneller Form präsentieren, außerdem hätten sie Leute eingeladen, die helfen könnten, das Buch »ins rechte Licht zu rücken«. Claes ist einverstanden, erinnert aber daran, daß er viel Vertrauen und viel Geld in sie investiert habe. Außerdem gebe es da noch den Vorstand, der die Filmindustrie des Landes regiere. Und nach dessen Regeln müsse man ein Drehbuch mit mindesten 150 Seiten vorlegen. Lars blickt ihn ratlos und verlegen an.

Etwas später erklärt Lars die letzte Szene von ›Epidemic‹, in der sich Mesmer in einer unterirdischen Höhle verschanzt hat. Während Lars erzählt, sehen wir Mesmer in einer weiteren 35mm-Szene: Er zieht sich selbst an einem Flaschenzug einen schrägen Stollen hinauf ans Tageslicht. Dazu erklingt wieder Wagners »Tannhäuser«. »Er kniet nieder«, erklärt Lars, »und dankt Gott für das Leben, das es einst gab.« Claes – im Bild – wiederholt ungläubig die letzten Sätze: »Das ist bestenfalls pathetisch. – Ich hatte mit etwas mehr Action gerechnet.« Dabei schnipst er mit den Fingern: »Wie in der klassischen Tragö-die, in der am Ende alle tot zu Boden sinken.« Es stürben schon Menschen, sagt Lars, nur eben nicht auf der Leinwand. Ob er denn ein Blutbad wolle. – Claes: »Ein zwölf Seiten langes Drehbuch und dieses Ende ... Ich mache mir Sorgen.« Fortsetzung der Filmszene mit dem mächtigen Wagnerschen Schlußakkord: Mesmer springt in eine Wiese und bleibt mit gesenktem Kopf stehen. Claes, dem dieses Bild offenbar vor Augen stand, hat ein anderes Ende erwartet. Er doziert, die Hände auf dem Kopf verschränkt: Im Film, insbesondere im dänischen Film – »und das Schicksal hat mir nun einmal auferlegt, darin zu arbeiten« – gebe es zu viele Geschichten, in denen zu wenig Schreie und Blut vorkämen und zu wenig Menschen stürben, in denen alles verebbe, »als ob ein Abendnebel hereinbräche und alles verschwände«.[1]

Die Ankunft der angekündigten Gäste beendet diese kurze Filmförde-rungssatire. Es sind Gitte und Sven Hamann. Die beiden setzen sich an den Tisch, die junge Frau hält verlegen ihren Blick gesenkt. Alle schweigen. Sven, der sich scheinbar wie ein Fremdkörper vorkommt, sagt schließlich: »Können wir anfangen?«

In dieser Szene – eine der wenigen der Rahmenhandlung, in der er nicht nur mit einfachem, fast dokumentarischem Direktton arbeitet – benutzt Trier ein Stilmittel, das er später in GEISTER häufig einsetzen wird, einen besonderen Verfremdungseffekt: Mit einem ›springenden‹ Schnitt beginnt plötzlich eine langsame Ranfahrt auf den unbeweglich am Tisch sitzenden Hypnotiseur und sein Medium, begleitet von einem anschwellenden elektro-nischen Klang aus dem Horrorfilm-Repertoire. Wie der einzelne Klang, der zuvor Lars' Vorahnung hörbar machte, vermittelt auch dieser den emotiona-len Stellenwert der Szene und weist auf eine unbenennbare Bedrohung hin. Die Bewegungen der Personen werden angehalten, fast eingefroren, aber nicht technisch-künstlich, sondern durch die *mise-en-scène*. Dann ein Schnitt mit kaum merklichem Anschluß- und Zeitsprung, und die Szene geht ganz realistisch weiter.

Jetzt erklärt Sven den Anwesenden, daß sie sich ruhig verhalten und nicht bewegen sollen. Mit der folgenden Einstellung erweist sich die davor eingesetzte

---

1   Der Filmproduzent Claes wird von Claes Kastholm Hansen vom Dänischen Filminstitut gespielt, das tatsächlich den Film EPIDEMIC mitfinanziert hat.

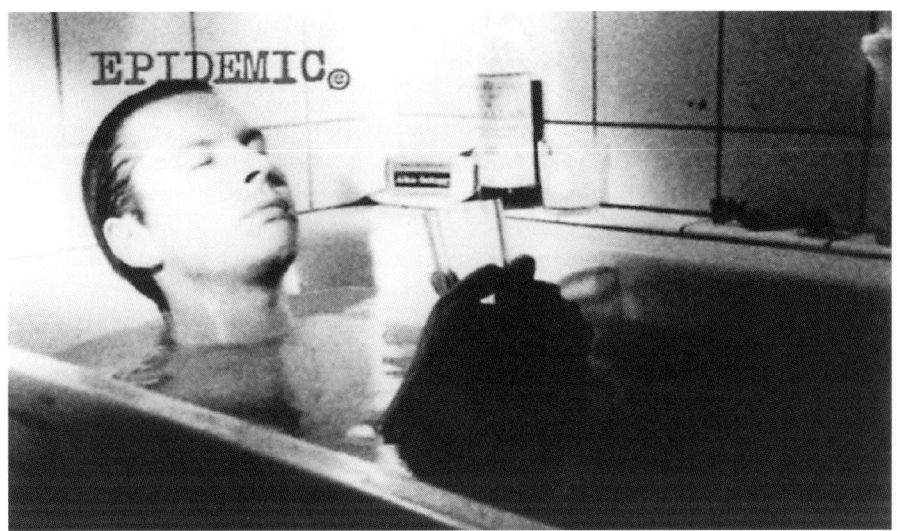

Entspannung vor dem Abendessen

jump cut-Montage als Vorwegnahme der weiteren Handlung, denn nun beginnt er, Gitte zu hypnotisieren. Trier engagierte, um die Szene möglichst echt erscheinen zu lassen, den bekannten dänischen Hypnotiseur Sven Hamann. Sven sagt zu Gitte: »Du hast den Text gelesen. Geh' hinein in den Film! Geh' hinein in ›Epidemic‹!« Nach einer Pause beginnt Gitte mit geschlossenen Augen zu erzählen: Sie geht eine Straße hinunter und sieht schrecklich aussehende Menschen. Niels und Susanne hören zu und schmunzeln. Niels nimmt einen Schluck Wein. Die beiden Autoren sehen schon den Erfolg ihrer Aktion vor sich: Die Hypnosedemonstration wird ihr schmales Drehbuch vor dem Produzenten aufwerten und lebendig erscheinen lassen.

Gitte erzählt weiter, von Menschen die furchtbar laut schreien, von anderen, die sich auf der Straße übergeben. Es fällt ihr schwer zu sprechen, ihre Beobachtungen gibt sie bruchstückhaft, in halben Sätzen wieder. Sven befiehlt Gitte, in eines der mit schwarzen Kreuzen gekennzeichneten Häuser zu gehen. Dort sieht sie eine mit Geschwüren übersäte Frau und ihre weinenden Kinder.

Die Kamera im Eßzimmer der Filmemacher zeigt zu einem beunruhigenden elektronischen Klang einen Mann in einer Wohnung auf der anderen Straßenseite, der telefonierend im Zimmer umhergeht. Gitte, gepeinigt von den Bildern, die sie sieht, hält sich mit beiden Händen den Kopf: »Der Wagen ... er wirft Menschen ab ... 20,30,10. Ich kann sie nicht zählen.« Sie sieht überall Löcher mit Leichen.

Lars wirkt beunruhigt, die Demonstration scheint ihm zu weit zu gehen. Gitte faßt sich mit den Händen an den Hals und beginnt zu weinen. *»Sie sterben auf den Straßen. Sie liegen überall herum ... und sterben.«*

Von der Straße hört man Hupen, dazu den ›Horror-Sound‹. Niels sieht aus dem Fenster. Ein Mann steigt aus seinem Wagen und geht zu einem anderen Fahrzeugs, das schräg auf der Straße steht. Gitte schluchzt. Eine Männerhand mit einem Weinglas, unter der Armbanduhr ist ein dunkler Fleck, vielleicht Blut, sichtbar. Gitte rauft sich die Haare und schreit wie in höchster Not: »We are falling down! We are falling down.« Susanne schaut zu ihr hin, sagt angewidert etwas Unverständliches. Die Kamera zeigt in Nahaufnahme ohne Schnitt, wie Gitte immer lauter, hysterischer schreit. Auch Lars schaut entsetzt, angeekelt zu. Sven sitzt unbewegt neben ihr und redet ihr jetzt zu: »Ruhig, ganz ruhig. Du verläßt den Film. Ganz ruhig.« Aber Gitte nimmt ihn nicht mehr wahr. Sie schreit und weint immer lauter, jetzt mit offenen Augen.

In einer weiteren langen Einstellung ohne Schnitt steht sie auf, geht um den Tisch herum, lehnt sich schluchzend an die Wand. Sie läßt sich in die Hocke zusammensinken, den Kopf in die Hände gestützt. Sven versucht es noch einmal und sagt ruhig: »Du verläßt den Film. Du verläßt ›Epidemic‹.«

Doch es ist zu spät: Das Experiment ist nicht mehr zu stoppen. Ob durch Zufall oder die Hybris der Autoren[1] – die Epidemie bricht auch in der (Film-)Realität aus, und die Hypnotisierte bleibt in ihrer eigenen Epidemie-Welt. Wie eine Wahnsinnige springt sie auf die Tischplatte, krallt sich in der Decke fest und schlägt ihren Kopf auf. Als sie den Oberkörper wieder nach oben wirft, werden an ihrem Hals große, kugelförmige Geschwüre sichtbar. Niels zieht seine Jacke aus und sieht den dunklen Fleck unter seinem Uhrarmband. Susanne und Claes weichen an die Wand zurück. Eine Hand sticht mit einer Gabel Geschwüre in einer offenen Wunde auf. Susanne übergibt sich, an der Wand bilden sich zwei lange senkrechte Flecken, die wir schon in der leeren Wohnung am Anfang des Films gesehen haben. Gittes Schreie werden leiser und verhallen. Mit Wagners Tannhäuser-Ouvertüre bewegt sich die Kamera durch das Eßzimmer, das sich in einen Ort des Schreckens verwandelt hat. Gitte liegt mit starr geöffneten Augen zitternd auf dem Tisch, Claes sieht sie erstarrt an. Niels hat sich über Susanne gebeugt, die unbewegt an der Wand liegt. Sein Blick fällt auf die beiden Flecken, die wie Zeichen an der Wand stehen. Die Kamera fährt über den Fußboden und – mit den letzten Akkorden der Ouvertüre – auf Lars, der breitbeinig, erschöpft und entsetzt am Fenster sitzt und nach oben schaut, dann schwenkt sie ins Dunkel.

Mit diesem furiosen, nur wenige Minuten dauernden, aber quälend lang wirkenden Finale endet der Film. Es folgt eine stumme Flugaufnahme über das endlose Band einer Autobahn; dabei setzt leise ein Schlagzeug ein, und mit

---

1 Am Anfang des letzten Abschnitts hatte die Erzählerstimme gesagt: »Am letzten Tag hatten die Autoren getan, was sie konnten. Sie hatten eine unheilbare Krankheit erfunden, die sich ausbreitete, und ihr Werk auf dem Leiden anderer aufgebaut. Es war vollbracht.«

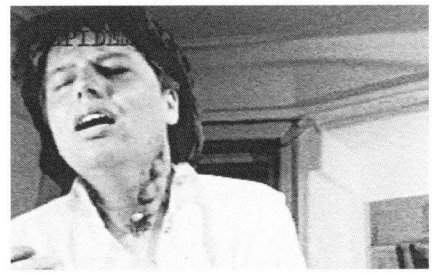

Lars als Imitator von „Taxi Driver" De Niro (oben links). Festliches Dinner für den Filmproduzenten (oben rechts). Mit Splatterästhetik: Der Schrecken aus der Hypnose wird zur Wirklichkeit (unten).

dem Abspann beginnt der (von Trier getextete) Rocksong »Epidemic – We Are Falling Down«.

Diese Schlußszenen, und schon deren Beschreibung, beantworten die Frage, warum EPIDEMIC im Vergleich zur international verkauften Kultserie GEISTER so erfolglos war, obwohl beide Projekte doch so vieles gemeinsam haben. Er ist in seiner drastischen Darstellung unappetitlicher Details, in körnigem Schwarzweiß und quasi-dokumentarisch aufgenommen, für manchen Zuschauer nur schwer zu ertragen und wohl auch für Fans kaum ein Genuß. Für den intellektuellen Zuschauer zu wenig künstlerisch, zu naturalistisch, für den Splatter-Fan zu wenig spektakulär, zu intellektuell, zu verschachtelt.

Aber es gibt doch auch in GEISTER zahlreiche eklige Schockeffekte. Zum Beispiel am Anfang der zweiten Staffel, wenn sich das ›Teufelsbaby‹, Udo Kier in einem aufgeschwemmten Kinderkörper mit Männerkopf, eine saftige Blutspur hinterlassend durch das halbe Hospital schleppt. Der entscheidende Unterschied: In GEISTER variieren Vørsel und Trier zwei bekannte Gattungen (Krankenhaus-, Horror-Serie) und beachten dabei weitgehend die Genreregeln. In EPIDEMIC bewegen sie sich dagegen ganz frei zwischen den Genres und Gattungen Autorenfilm, Horrorfilm und Satire. Außerdem gab das amateurhaft hölzerne, halb-dokumentarische Spiel der Laiendarsteller (einschließlich der Autoren) im Gegensatz zu GEISTER dem Zuschauer keine Möglichkeit zur Identifikation mit den Figuren. Und dann präsentierten Lars von Trier und

Niels Vørsel das Ganze auch noch in Schwarzweiß und überwiegend in der groben Bildqualität eines älteren Dokumentarfilms, dargestellt auf drei verzahnten narrativen Ebenen, die kompliziert rekursiv miteinander verbunden sind. Offenbar überforderten und enttäuschten sie damit ihr Publikum und auch viele Kritiker, die intellektuell anregendes Spielmaterial wie in THE ELEMENT OF CRIME und in EUROPA oder einen unterhaltsamen Stoff wie die respektlose TV-Serie GEISTER bevorzugen.

Mythische Rache am nordischen Meer

Trier inszeniert Dreyer: MEDEA

MEDEA ist bis heute der einzige Lars-von-Trier-Film, an dessen Drehbuch er nicht mitgewirkt hat und der auch ohne ihn gedreht worden wäre. »Erpressung«, so Trier, habe ihn dazu gebracht, die Regie zu übernehmen. Eine Fernsehspielredakteurin des dänischen Fernsehens hatte ein nicht realisiertes Drehbuch von Carl Theodor Dreyer gefunden und Trier gesagt, wenn er daraus keinen Film machen wolle, werde sie selbst es tun. Das zuzulassen, wäre ein »Verbrechen« gewesen, meint Lars von Trier. »Sie machte eine Reihe von Notizen darüber, wie sie das Buch verfilmen wollte, aber die sind leider irgendwie verschwunden.«[1]

Natürlich war es für Lars von Trier nicht unbedingt ein Opfer, ein Drehbuch des Regisseurs zu verfilmen, den er am meisten bewunderte. Aber gleichzeitig verspürte er eine verständliche Scheu und die Angst, daß seine Arbeit allzu stark mit der seines Vorbildes verglichen oder identifiziert werden könnte. Deshalb seine ebenso zurückhaltende wie ehrfurchtsvolle Hommage auf einer Tafel am Anfang des Films:

Dies ist nicht der Versuch, einen ›Dreyer-Film‹ zu rekonstruieren, vielmehr, in Ehrfurcht vor dem Material, eine persönliche Interpretation des Drehbuchs und somit ein Loblied auf den Meister.
Lars von Trier

Mit nur wenigen Filmen, die er im Lauf seines Lebens drehen konnte, hatte der dänische Regisseur Carl Theodor Dreyer (1889-1968) weltweite Anerkennung und einen wichtigen Platz in der Filmgeschichte errungen. Seine bekanntesten Werke schuf er in der Stummfilmzeit (LA PASSION DE JEANNE D'ARC, 1928) und zu Beginn der Tonfilmzeit (VAMPYR – DER TRAUM DES ALLAN GRAY, 1932). Es folgte 1943 das Drama TAG DER RACHE. In den beiden Jahrzehnten bis zu seinem Tod hatte Carl Theodor Dreyer dann nur noch zwei Filme drehen können (DAS WORT, 1954, und GERTRUD, 1964).

MEDEA gehört zu den etwa zehn Projekten, die Dreyer nie realisieren konnte, darunter auch ein geplanter Film über das Leben Jesu Christi. Das Drehbuch für MEDEA, das er zusammen mit Preben Thomsen schrieb, folgt weitgehend der klassischen griechischen Tragödie des Euripides (um 430 v. Chr.). Die Handlung wurde jedoch ins nahe Jütland verlegt und – so Trier – »als eine Art Wikinger-Sage« dramatisiert. Dreyer hat an dem Stoff wahr-

---

[1]   Trier – mit einem unschuldigen Lächeln – im Interview mit Kraft Wetzel im Frühjahr 1997.

scheinlich interessiert, was im Mittelpunkt fast aller seiner Filme steht: eine starke, einsame Frauengestalt in einem existentiellen Konflikt, den sie in einer patriarchalischen Ordnung austragen muß. Frauen in den Filmen Dreyers beweisen ihre Stärke nie durch Impulsivität und Aggression, sondern durch Selbstdisziplin, Zurückhaltung, Aufopferung und Leidensfähigkeit. Also ganz anders als die mordende Rächerin Medea. Betrachtet man jedoch die Medea in Triers Adaption im Vergleich zu der sich immer weiter zurückziehenden Gertrud in Dreyers gleichnamigem letzten Film, so ist merkwürdigerweise eine Seelenverwandtschaft dieser Frauen spürbar. Und sogar nachweisbar: Die in ihrer Liebe enttäuschte Gertrud zertrennt genauso ruhig, entschlossen und kompromißlos die Bindungen ihres Lebens wie die Medea im Film ihre wahnsinnige Rache vollzieht.

Lars von Trier arbeitet hier nach Tom Elling zum ersten Mal mit einemanderen Kameramann zusammen (Sejr Brockmann). Schon der Anfang des Films zeigt, daß er nicht die bewährten visuellen Konzepte reproduziert, sondern dem Stoff gemäß etwas Neues entwickelt. Bis zu MEDEA hatte Trier seine Filme fast nur nachts gedreht, um das Licht in den Szenen besser kontrollieren zu können. Jetzt stürzt er sich gleich in der ersten Szene ins andere Extrem und dreht bei Tageslicht auf dem Meer. Zum kreativen Kernteam der Filme Lars von Triers gehörte seit NOCTURNE (außer beim Home-Movie EPIDEMIC) immer auch der Cutter Tómas Gislason, dessen Montage die Arbeit Triers und Ellings so perfekt verbindet, daß man seinen Anteil an den fertigen Filmen viel zu wenig wahrnimmt und würdigt. Leider arbeitete er in MEDEA zum letzten Mal als Cutter für

Trier.[1] In den ersten Einstellungen des Films führt Gislason durch seinen Schnitt sanft und organisch die Bilder der schon hier außer sich geratenen Medea mit den Bildern der Natur, des dänischen Wattenmeers, zusammen.

Wir sehen eine schwarz gekleidete Frau, Medea, mit geschlossenen Augen auf dem Rücken auf einem Sandstrand liegen. Sie zieht scharf Luft ein, wie unter einem plötzlichen Schmerz. Die Kamera, die sie von oben aufnimmt, beginnt sich erst langsam, dann immer schneller zu drehen. Elementar und einfach wie in der Stummfilmzeit drückt sie damit den Seelenzustand Medeas aus[2]: eine Frau, deren Welt offensichtlich keine festen Orientierungspunkte mehr hat, aus den Fugen geraten ist. – Überblendung auf den Strand (nah), der von Wasser überspült wird, und auf ihre Hände, die sich in den nassen Sand graben. Nach und nach wird ihr unbewegter Körper von Wellen überspült. Aus dem Wattenmeer ist eine große geschlossene Wasserfläche geworden, über die dunkle Wellen auf die Kamera zurollen. Die Frau ist verschwunden. Es herrscht eine unangenehme Art von Stille; nur eine einzelne Vogelstimme ist vernehmbar.[3] Doch so leicht läßt sich ein Leben nicht beenden: Die Frau fährt plötzlich, nach Luft schnappend, aus dem Wasser hoch.

So knapp und konsequent baut Trier mit der Kamera und unterstützt von der Montage Gislasons hier gleich die Atmosphäre des Films auf: die schwarze Frau im schäumenden Meer, das durch die Aufnahmetechnik zutiefst beunruhigend und düster wirkt. Die Optik der Kamera bewegt sich genau auf dem Wasserspiegel und sinkt teilweise ins Wasser ein, so daß das Bild manchmal dunkel und schwarz wird. Leise düstere Streicherklänge verstärken die visuelle Wirkung.

Ein Mann auf einem Schiff, das von Männern durch das flache Wasser geschleppt wird, ruft nach Medea. Es ist Aigeus, auf dem Weg zum Orakel. Er versichert Medea, daß sie bei ihm Zuflucht suchen könne, wenn es nötig sei. Und am Schluß fügt er hinzu: »Wie ernst du aussiehst.« – Medea steht in ihrem nassen schwarzen Kleid regungslos im weiten flachen Meer: eine ebenso bedrohlich wie traurig wirkende Einstellung, die dadurch beendet wird, daß die Kamera mit einem klatschenden Geräusch wie mit roher Gewalt nach unten gerissen wird und gurgelnd im Dunkel versinkt.

---

1   Bei EUROPA und GEISTER I arbeitete er mit wieder ihm zusammen, als Co-Autor der *Shooting Scripts* und der Storyboards.

2   Eine ähnliche Bewegung mit ähnlicher Funktion wie in Triers nächstem Film EUROPA (Leo im Bett im Schlafsaal).

3   Die Todesstille im Wald in BILDER DER BEFREIUNG.

Jetzt erscheint, begleitet von tiefen, langen Streichertönen, der graphisch auf schwarzem Grund gestaltete Haupttitel, mit dem der Regisseur unmißverständlich zum Ausdruck bringt, daß dies ein Lars-von-Trier- und kein Dreyer-Film ist. Ein Bildsymbol, das wie ein Brand- und Markenzeichen aussieht: Die Versalbuchstaben des Wortes »Medea« sind unregelmäßig wie knorrige Bäume gestaltet. Aus dem »D« wachsen senkrecht nach oben und nach links die Äste heraus, an denen Medea am Ende ihre Kinder erhängen wird. In der Zeichnung sind sie als stilisierte, kleine Menschenkörper erkennbar. Unter den Haupttitel setzt Trier in moderner Versalschrift wie eine Unterschrift seinen eigenen Namen.

Lars von Trier hat über MEDEA gesagt, ihm liege nicht sehr viel an dem Film.[1] Er möge einige Szenen sehr, aber nicht das gesamte Werk. Es sei »zuviel Theater darin«. Gegen diese Abwertung muß man den Film vor seinem Regisseur in Schutz nehmen und dagegenhalten: Natürlich enthält dieser Film, der sich sehr eng an die dramatische Vorlage anlehnt, viel Theaterhaftes. Aber auch nicht mehr als viele bedeutende Filme von Dreyer und Tarkowskij. Diese beiden Regisseure haben, jeder auf seine Weise, sehr stark mit Elementen des Theaters gearbeitet und dabei doch ihre eigene Filmsprache entwickelt. Trier ist ihnen dabei ein Stück weit gefolgt. Das wird ein Blick auf einige Szenen von MEDEA zeigen – und noch mehr der folgende Film EUROPA.

Nachdem auf Tafeln kurz die Vorgeschichte der Tragödie erzählt worden ist, beginnt sehr filmisch und dynamisch die erste Szene. Schauplatz ist der Palast Kreons, der bei Trier wie eine Kreuzung aus Ritterburg und Bergwerk aussieht: Eine sehr junge, hübsche, nackte Frau wird von anderen Frauen, offenbar ihren Dienerinnen, unter allgemeinem Kichern beobachtet und gestreichelt. Es ist Glauche, König Kreons Tochter und Medeas Rivalin. Vor der Tür steht der König und fordert sie auf nachzukommen, wenn sie fertig sei. Jetzt folgt die Kamera König Kreon, wie er schweigend mit drei alten Männern im Gefolge durch die trübe erleuchteten Gänge seiner Burg geht. Während sie Männer zeigt, die in einem überschwemmten Bergwerkstollen arbeiten, hören wir die Stimme eines Mannes: Er spricht vom stetig steigenden Reichtum und Wohlstand einer Stadt und von einem jungen Mann, dem man noch mehr Macht und Verantwortung übertragen müsse. »Ich bin sicher, daß er unsere Erwartungen erfüllen wird. Die Götter haben ihn erkoren und zu uns gesandt, um Großes zu verrichten.«

Die Stimme des Königs wirkt wie ein anonymer Erzähler, der die Vergangenheit reflektiert, doch dann, in einem Raum des Bergwerkstollens, spricht er plötzlich die Hauptfigur in der Szene an: Jason. Der dreht sich um und bedankt sich bei Kreon für sein Vertrauen. Trier spielt hier wie in seinen vorhergehen-

1   Im Interview mit Kraft Wetzel.

den Filmen mit den verschiedenen Ausdrucks- und Erzählebenen. Die Zuschauer werden dabei mit ästhetischen Mitteln in einem dauernden Schwebezustand gehalten: Die Off-Erzählerstimme ist zuerst mit Bildern verbunden, die scheinbar nichts mit dem Gesagten zu tun haben; die Kamera zeigt etwas anderes, als der Ton vermittelt. Durch diese Verfremdung, die Trennung der Wahrnehmungsebenen schafft Trier eine Distanz, um uns dann aber plötzlich in die Erzählung hineinzustoßen. Wir erkennen erst in dem Moment, in dem der Dialog zwischen Kreon und Jason beginnt, daß die Kamera sich schon die ganze Zeit im selben filmischen Raum bewegt hat.

In THE ELEMENT OF CRIME waren es die Stimmen des Hypnotiseurs und Fishers, die oft aus der Therapiesitzung in die erzählte Szene einführten oder eingriffen. In MEDEA sind es wechselnde Personen, deren Stimmen, meist aus dem Off kommend, den Zuschauer in den Film hineinziehen. Auch ihre Worte wirken suggestiv und hypnotisch auf den Zuschauer (wie im Theater) und führen ihn erst allmählich ins ›On‹, zu den dazu gehörenden ›sprechenden‹ Bildern. Die Wirkung der atmosphärischen, manchmal atemberaubenden Bilder wird verstärkt durch einen komplexen Soundtrack aus eindringlicher, manchmal kaum wahrnehmbarer Musik, signalartigen Geräuschen, aber auch vielen Pausen und Stille. Mit dem mutigen, oft provozierenden Einsatz solcher akustischer ›Leer-Stellen‹, dem Dehnen von Zwischenräumen zwischen den gesprochenen Sätzen, steigert Lars von Trier die Spannung und die Konzentration einzelner Einstellungen. Ein theatralischer, aber wirksamer Umgang mit Sprache, mit dem Trier beweist, daß er eine Menge von Dreyer, Tarkowskij und wohl auch von Ingmar Bergman gelernt hat.

Wie bei allen seinen Filmen beschäftigte sich Lars von Trier bei MEDEA nicht nur intensiv mit der Lichtgestaltung, sondern auch mit dem Filmmaterial selbst: War es bei THE ELEMENT OF CRIME meist feinkörniger 35mm-Farbfilm, der die breit angelegten monochromen Bilder präzise auflöste, in EPIDEMIC die Schwarzweiß-Konfrontation von weichem, feinem 35mm- und grobem 16mm-Material, so scheint Trier in diesem Film halbherzig einen Mittelweg zu gehen: In den Tagszenen sind die Farben weitgehend naturalistisch, in den zahlreichen nächtlichen, innen spielenden Feuerszenen ebenfalls realistisch braun-golden. Erst nach einiger Zeit fällt einem das Besondere auf: die vorsätzlich grobe Textur der Bilder.

Gelernt hat er dabei von Carl Theodor Dreyer, der über die Farbe in Filmen schrieb, der Regisseur müsse auf die Oberflächen und die Formen achten, die in Farbkonstellationen miteinander konfrontiert werden.[1] Trier benutzte das Filmmaterial als Zwischenträger zum MAZ-Bandmaterial, um die Materialstruktur seiner Bilder perfekt kontrollieren zu können. Viele Stunden wurde,

---

1   Carl Theodor Dreyer. In: H.M. Geduld, S. 126 (s. Literaturverzeichnis).

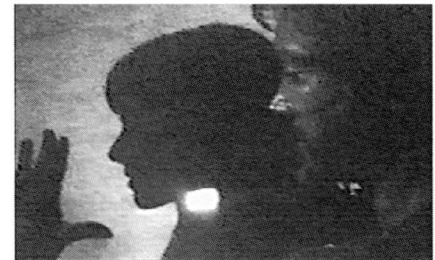

Im Hochzeitszelt: Spiel mit Licht und Schatten

so Lars von Trier, daran gearbeitet, eine »so schlechte, körnige Bildqualität herzustellen«. Er habe dadurch ein starkes »organisches, mittelalterliches Gefühl« vermitteln wollen.[1]

Und das ist ihm gelungen: Wie schon die Beschreibung der ersten Szenen zeigt, steckt in den Bildern eine Rauheit, ja Aggressivität, die nicht allein mit der Inszenierung, der Licht- und der Soundgestaltung zu erklären ist, sondern auch mit dieser bewußt hergestellten, groben Oberflächenstruktur der Bilder.

Die muß aber nicht zu groben, häßlichen Bildern führen. Eine sehr sanfte, sinnliche Sequenz ist zum Beispiel die Szene im Hochzeitszelt: Eine Dienerin führt uns, das heißt die Kamera und mit ihr Jason und Glauche, in ein aus wehenden Tüchern bestehendes Zelt.[2] Dort beginnt Jason seine Braut zu streicheln. Wie in einem Stummfilm flackern dabei Lichtflecken über die Gesichter und die Stoffwände. Glauche läßt alles mit geschlossenen Augen geschehen, bis Jason ihr zwei Finger in den Mund steckt. Sie schiebt plötzlich seine Hand weg und steht auf. Dann geht sie hinaus zu ihren Dienerinnen und spricht mit Jason nur noch durch einen transparenten Stoffvorhang. Während die beiden hin- und hergehen, schaffen die wechselnden Lichtverhältnisse vielfältige Variationen ihrer Physiognomien: Glauche sieht für Jason wie eine Schattenrißfigur aus, scharf umrissen durch eine weiter hinten flackernde Fackel; Jason erscheint, wenn er die nackte Glauche von hinten umfaßt, wie eine milchige Geistergestalt. Als sie dann doch in sein Zelt zurückkehrt, stellt Glauche ihre Bedingung: Sex will sie erst zulassen, wenn Medea das Land verlassen hat. Jason muß in einem Nebenzelt alleine schlafen.

Elling und Trier treiben nun ihr raffiniertes Spiel mit den Vorhängen und Tüchern noch weiter: Jason liegt wach auf seinem Bett und hat auf der Zeltwand mit der schlafenden Glauche als übergroße Schattensilhouette, die sich im Schein des flackernden Feuers auch noch bewegt, das Objekt seiner Begierde in quälender Weise vor Augen.

---

1   Im Interview mit Kraft Wetzel.
2   Inszeniert und aufgenommen wie in THE ELEMENT OF CRIME Fishers Gang durch die hängenden Bettlaken vor dem Bordell in Halbestadt.

Vom nur mühsam einschlafenden Jason springt Trier zur schlaflosen Medea, die mit ihren beiden Kindern irgendwo in einem Haus an einer Feuerstelle liegt. Sie setzt sich auf und beklagt vor ihrer Dienerin ihre enttäuschte Liebe zu Jason: »Ich war nur seine Beute. Ich sehne mich zurück. Ich sehne mich nach der Heimat. Nach meiner Mutter, meinen Schwestern. – Sie fehlen mir alle. Aber ich werde mich rächen.« Lars von Trier visualisiert eine Vorahnung der Art ihrer Rache, indem er vorsichtig und gerade dadurch suggestiv mit einer Rückprojektion arbeitet:[1] In der ersten Einstellung sah man Medea noch von oben neben ihren Kindern liegen. Als sie dann sitzend zu ihrer Dienerin zu sprechen begann, war der nur schwach erleuchtete Hintergrund nicht zu identifizieren. Erst als Medea Jason anklagt, rückt das Hintergrundbild näher, und als sie das Wort »rächen« ausspricht, sind rechts und links neben ihrem Kopf übergroß ihre sich im Schlaf bewegenden Kinder zu sehen. Und genau bei diesem letzten Wort fährt Jason aus dem Schlaf hoch. Vor seinem Zelt sieht man als Silhouetten laufende und bellende Wachhunde.

Trier und Kameramann Sejr Brockmann ›malen‹ in dieser Szene mit dem Licht wie Dreyer in seinen Filmen: Das Flackern, die wechselnden Schatten und Bewegungen des Lichts spiegeln Jasons Unruhe wider, und sein Auffahren aus dem Schlaf wirkt in der Montage wie ein übersinnliches Signal von Medea, das die schrecklichen Ereignisse vorausahnen läßt.

In der nächsten Szene inszeniert Trier mit der Hilfe von Tom Elling eine zweite, noch düstere Version der Szene im Hochzeitszelt: Medea geht allein durch ein nebliges Moor, in dem kahle Sträucher und Äste aufragen, die an die Todesäste in der Titelgraphik erinnern und auf die wirklichen am Ende des Films vorausweisen. Medea wird im Moor von König Kreon und seinen Soldaten gesucht. Wie die Tücher in der Nachtszene ziehen zwischen ihnen ständig dichte Nebelschwaden, die manchmal zu einer undurchsichtigen weißen Wand werden. Kreon steigt von seiner Sänfte, um Medea selbst zu sagen, daß sie sofort das Land verlassen muß. Während er sie im Nebel sucht, dann mit ihr spricht und seine Angst vor ihrer Zauberkraft zugibt, verirrt sich Kreon und versinkt ein Stück im Morast. Medea dagegen bewegt sich aufrecht und selbstsicher in dieser Umgebung. Sie äußert nur eine Bitte, die ihr Kreon erfüllt: Für ihre Kinder will sie einen Tag Aufschub.

Wie viele andere Szenen in MEDEA erinnert auch diese vor allem an die Filme von Andrej Tarkowskij: die schweigende Medea in milchigem Gegenlicht in dem nebligen Moor, das Licht, Geräusche und Gefühle zu unterdrücken und zu dämpfen scheint. Eine Szene wie aus ANDREJ RUBLJOW, SOLARIS, STALKER, NOSTALGHIA oder DER SPIEGEL. Die Menschen sprechen wenig miteinander, ihre Beziehungen zueinander erkennt man nur daran, wie

---

1   Zwei Jahre später in seinem Film EUROPA werden die Rückprojektionen eine noch viel größere Rolle spielen.

und in welchen Konstellationen sie im Raum zueinander stehen. Den Rest der Geschichte erzählen manchmal die Natur und ihre Elemente. Deren Bilder stellen auch Verbindungen zwischen den Figuren her. Zum Beispiel in der nächsten Szene: Medea in einer Totalen, wie sie in goldgelbes Licht getaucht in einem Moorsee steht. Dann nimmt die Kamera nah, in einer Wasserspiegelung, auf, wie sie einen silbernen Flakon ins trübe Wasser wirft. Das Durchbrechen der Oberfläche verwischt für einige Sekunden das Bild der dunklen Silhouette Medeas, dann wird es durch den einsetzenden Regen endgültig zerstört.[1] Wieder gibt die Natur mit ihren Elementen einen Eindruck von Medeas Gemütszustand und von der bevorstehenden Rache. Doch die Szene geht noch weiter: Ohne einen harten Schnitt, in fließenden Überblendungen von Unterwasseraufnahmen des flachen Seegrundes und begleitet von spätromantisch wirkenden Streicherklängen[2], wird der Schauplatz gewechselt. Ein Pferdehuf, der vor der Kamera ins Wasser fährt, schlägt den Bogen zu Jason, der auf seinem Pferd durchs Wasser zu Medea reitet: Nach der Nachtszene stellt Trier hier eine neue visuelle Verbindung und Konfrontation zwischen Medea und dem Ziel ihrer Rache her.

In MEDEA arbeitete und experimentierte Lars von Trier zum ersten Mal intensiv mit der Blue-Screen-Technik (dem elektronischen Gegenstück zur traditionellen Rückprojektionstechnik). Damit dramatisiert und konzentriert er die letzte Begegnung zwischen Jason und Medea: Am Anfang, wenn sie noch getrennt, weit voneinander entfernt am Strand sitzen, wählt Trier in nicht realistischer Perspektive sehr unterschiedliche Hintergründe, vor denen sich die Figuren um so deutlicher abzeichnen – das hellgrüne, sich bewegende Meer hinter dem dunklen Jason, die von der Sonne beleuchtete Medea vor einer großen tiefblauen Düne, über die der Sand stiebt. Dann geht sie zu ihm, in sein ›Bühnenbild‹, umarmt ihn und läßt sich auf den Strand sinken. Jason beugt sich über sie und setzt die Zärtlichkeiten fort. Jetzt zeigt die Kamera Medea vor einem hellen, fast weißen Hintergrund, scheinbar über Jason gebeugt. In Wirklichkeit liegt sie jedoch unter ihm, denn das Weiß des Himmels verwandelt sich in eine langsam vorbeiziehende Dünenlandschaft. Diese stumme, zärtliche Szene völliger visueller Loslösung von der Realität endet damit, daß Jason Medea ein Stück zu den Wolken emporhebt und dann wieder auf dem Strand absetzt. Während Medea noch selig die Augen geschlossen hält, stellt sich für Jason, der sie plötzlich losläßt und aus dem Bild geht, und für die Kamera, also für uns, die Raum- und Zeiteinheit der (Film-)Realität wieder her.

---

1   Zuerst sieht es so aus, als ob sich die Kamera unter Wasser befände, erst dann ist zu erkennen, daß wir nicht Medea, sondern ihr Spiegelbild gesehen haben. Eine ähnliche Einstellung gibt es in THE ELEMENT OF CRIME: Fisher als Spiegelbild in einer Pfütze, das er dann mit seiner Hand berührt und zerstört.

2   Hier wird die Nähe dieser Musik von Joachim Holbek zu seinen Kompositionen für Triers nächsten Film EUROPA deutlich, besonders zur abschließenden Todessequenz unter Wasser.

Rückprojektionsexperimente – Vorstudien für Europa: Jason (Udo Kier) und Medea (Kirsten Olesen)

In der nächsten Einstellung zeigt Trier radikal expressionistisch, wie weit sich Jason von Medea wieder distanziert hat: Sie sitzt, realistisch beleuchtet, im halbdunklen Vordergrund, er steht ihr als blaue Gestalt in einer Rückprojektion gegenüber. Dann holt Jason aus und schlägt Medea (aus seiner Bildebene) ins Gesicht, so daß sie zu Boden geht.[1] Über den Strand rollt der Kasten mit der vergifteten Brautkrone, Medeas Todesgeschenk für Jasons Braut, das er später ahnungslos mitnehmen wird. Nach dem Schlag liegt Medea mit dem Rücken auf dem Strand, aufgenommen aus derselben Perspektive und bei normalem Tageslicht wie am Anfang des Films, als sie sich zu ertränken versuchte. Wie es Carl Theodor Dreyer vorgeschwebt haben mag, arbeitet Trier hier, wie später auch in EUROPA, mit heftigen dramaturgisch motivierten Farbkonfrontationen, die auf ihre Weise die Geschichte weitererzählen.

Es gibt in fast allen Filmen und besonders in Lars von Triers Filmen einzelne Bilder, die sich so tief ins Gedächtnis einbrennen, daß man sie nie wieder vergißt. In MEDEA könnte das ein Bild von Medea sein, wie sie als dunkle Gestalt in der flachen See steht oder wie sie über die sandstiebende, leere Weite des trockenen Wattenmeeres geht. Für mich ist es die direkt danach folgende Szene: Ein Pferd, das sich an der vergifteten Krone verletzt hat, reißt sich wild vor Schmerz los und jagt durch die unterirdischen Gänge von Kreons Palast. Der Eindruck ist stärker, als die Länge der gesamten Sequenz (weniger als zwei Minuten) vermuten läßt. Der Grund dafür ist ihr dramatischer und dramaturgischer Wert, den Trier in einer Parallelmontage herausarbeitet: Während das Pferd durch die Gänge und dann hinaus auf den nassen Strand galoppiert, setzt Glauche langsam und stolz die tödliche Brautkrone auf. Und als das Tier hinstürzt und zappelnd und röchelnd im Sand verendet, ritzt sie sich an den scharfen Kanten plötzlich einen Finger. Am Ende blickt die Kamera fast senkrecht hinab auf den verzweifelten Jason, der wie in einem

---

1   Ein handwerklich-technisches Meisterstück, wie in der Bewegung des Schlags Jasons Bild die (realistische) Farbe von Medeas Bildebene annimmt. Diese Technik, völlig verschiedene Bildebenen miteinander zu verknüpfen, perfektionierte Trier in EUROPA.

Verlies stehend nach oben blickt. – Diese Bilder haben alles Wichtige erzählt: Der erste Teil der tödlichen Rache Medeas ist vollzogen.

Etwas später sehen wir Medea vor einem hellen Himmel mit Trageriemen langsam und mühsam eine zentnerschwere Last hinter sich herziehen. Zum ersten Mal benutzt Lars von Trier an dieser Stelle das Stilmittel der Rückprojektion (oder Blue-Box) ganz offen als ›Metaphernmaschine‹: Denn plötzlich verwandelt sich der Himmel in den Tunnelgang, durch den vorher das verletzte Pferd lief. Doch jetzt ist er ein Verlies, in dem hinter Medea ein Mann vor Schmerzen schreiend zusammensinkt. Wir sehen sie hier nicht als aggressive Rachegöttin, als überlegene Zauberin, sondern als leidende Kreatur, die durch Not und Elend hindurch das ihr auferlegte Joch bis zum bitteren Ende trägt. Die sich aufdrängende Assoziation zu Christus und seinem Kreuz wird dadurch verstärkt, daß nun real der Hügel mit dem kahlen Todesbaum eingeblendet wird, der im Eingangstitel schon graphisch eingeführt wurde. Im Morgengrauen hebt er sich scharf vom Hintergrund der Wolken ab – ein Richtplatz, eine ›Schädelstätte‹. Schwer atmend bleibt Medea stehen. Erst jetzt erkennen wir, welche Last sie da auf einem Holzschlitten durch die Nacht geschleppt hat: Eines ihrer Kinder wacht auf und wird von ihr gestreichelt und beruhigt.

Das Ende des Dramas, die Vollendung der Rache Medeas, geschieht erst bei Tageslicht, wie die ›Passion‹, die Blendung des deutschen Soldaten in BILDER DER BEFREIUNG. Brockmann und Trier zeigen eine Sommerwiese, aber nicht in naturalistischen Farben, sondern als unnatürlich goldbraun eingefärbte Landschaft, in der der abgestorbene Baum als Zeichen emporragt. In einer Parallelmontage erscheint der verzweifelte Verfolger Jason, während er dem Schauplatz des Verbrechens entgegenjagt, in fast schwarzweiß-monochromen Bildern, dann im monochromen Braun der Medea-Szene.

Das Motiv des archaisch-religiösen Blutopfers im Drehbuch Dreyers arbeitet Trier überdeutlich heraus, indem er den älteren Sohn zum aktiven Helfer der Rache seiner Mutter werden läßt. Er wisse, »was geschehen soll«, sagt er Medea. Der Junge bringt seinen kleinen Bruder zurück, der übermütig über die Wiese davongerannt ist, dann hängt er sich an dessen Beine, als ihm Medea die Schlinge um den Hals gelegt hat. Nach dem ersten Mord sitzt Medea benommen im Gras. Auf dem Galgenhügel gibt es nun ein eigentümliches Lichtspiel: Wolken wandern über den Himmel und lassen das braune Gras leuchten und wieder dunkel werden, wie in einer Zeitlupenversion des Feuerflackerns in Jasons Zelt. Der Junge geht zu Medea und sagt: »Hilf mir, Mutter!« Er läßt sich von ihr hochheben, knotet dann selbst die Schnur an den Ast und zieht sich

die Schlinge über den Kopf. Medea wird hier zum Opfer ihrer eigenen Rache; sie muß sich mit übermenschlichen Kräften dazu zwingen, den Kindermord zu begehen: Trier zeigt, wie Medea den Körper ihres Sohnes verzweifelt nach oben drückt, um sein Leben noch zu erhalten, obwohl die Kräfte sie schon zu verlassen scheinen. Erst in der Überblendung auf das erstarrte Gesicht Jasons sehen wir später die beiden Kinderleichen am Todesbaum hängen.

In den letzten Einstellungen des Films läßt Lars von Trier wieder die Natur mitspielen: Medea, die bis dahin starr auf Aigeus' Schiff saß, nimmt ihre schwarze Haube ab und löst ihr volles, langes, braunes Haar, das sich nun im aufkommenden Wind bewegt. Indem er dabei nach langer Zeit wieder Musik einsetzen läßt, hebt Trier dieses Bild besonders hervor. Die Struktur ihres Haares und seine Bewegung setzen sich in einer Überblendung fort: Aus der Vogelperspektive sehen wir Jason im wogenden Gras umherirren. Das in eine Richtung wehende Gras, bewegt durch den Wind, der Medea davonträgt, steht in visueller Opposition zu dem entwurzelten, ziellos herumgehenden Jason. Vor Schmerz windet er sich am Boden und schlägt, in weiteren Überblendungen, hilflos mit seinem Schwert auf das Gras ein und bleibt dann bewegungslos liegen. In Doppelbelichtung sehen wir gleichzeitig Medeas Schiff davonfahren, bevor in das Titelemblem übergeblendet wird.

Vor einem stilisierten Kruzifix folgen drei Schrifttafeln, die noch einmal Dreyers – und auch Triers? – christlich-religiöse Auslegung der Tragödie beleuchten.

Das Leben der Menschen ist eine Wanderung im Dunkeln,
wo nur ein Gott den Weg finden kann.
Denn was niemand zu glauben wagt,
kann Gott geschehen lassen[1]

---

1   Dieses Epitaph hätte Lars von Trier selbst ans Ende von BREAKING THE WAVES und von GEISTER stellen
        können.

Mit Perfektion und Erster Klasse durch Ruinen

EUROPA

Ein Scheinwerfer beleuchtet aus einer fahrenden Lokomotive bei Nacht das unendliche Band der Eisenbahnschienen. Mit eintönigem Rattern gleiten sie aus dem Dunkel ins Dunkel zurück, dazu hört man einen rhythmisch wiederholten Geigenton und eine tiefe Männerstimme: »Du hörst jetzt auf meine Stimme. Meine Stimme wird dir helfen, dich noch tiefer nach Europa zu führen. Jedes Mal, wenn du meine Stimme hörst – bei jedem Wort, bei jeder Zahl – wirst du dich noch tiefer hineinversenken – entspannt und aufnahmefähig. Ich zähle jetzt von eins bis zehn. Bei zehn wirst du in Europa sein. Konzentriere dich ganz auf meine Stimme. Du fängst langsam an, dich zu entspannen.«[1]

Doch der Zuschauer wird alles andere tun, als sich jetzt zu entspannen, zu Beginn des Thrillers EUROPA, des dritten Teils der Europa-Trilogie. Denn zum ersten Mal in seinen Filmen geht Lars von Trier hier direkt und frontal auf sein Publikum los, mit dem Vorsatz, es zu beeinflussen, es zu hypnotisieren.[2] Dabei ersetzt die hypnotische Bewegung der Eisenbahnschienen das Pendel, um den Probanden, das Publikum, in eine Kino-Trance zu versetzen. Und die Suggestion funktioniert ...

Der Hypnotiseur spricht weiter. Er fordert dazu auf, die Wärme des Körpers und der einzelnen Gliedmaßen zu erspüren: Der Körper wird immer schwerer, er beginnt zu sinken. »Sieben. – Du sinkst tiefer und tiefer und tiefer.« Als der Hypnotiseur das Wort »zehn« ausspricht, wird der Geigenklang zu einem Akkord, und im nächtlichen, strömenden Regen wird ein massiger Gegenstand sichtbar. »Du hörst das Geräusch des Regens, der auf eine riesige Metalltrommel schlägt. Gehe näher heran.« – Ein junger Mann tritt ins Bild; er steht vor einer alten Dampflokomotive, auf die mit Farbe deutsche Worte geschmiert sind. Das einzige lesbare ist: »Obergefreiter«. Die Stimme befiehlt dem Mann, über das einsame Bahnhofgelände zu gehen. »Bist mit dem Zug aus Bremerhaven gekommen. Und davor mit dem Schiff aus New York. Du bist in Deutschland. Es ist das Jahr 1945.«

Mit diesem visuellen und musikalischen Paukenschlag, beginnt Lars von Trier seinen Spielfilm und führt dabei seinen Helden, den Amerikaner Leopold Kessler, ein. Wie in THE ELEMENT OF CRIME und EPIDEMIC, den beiden

---

1   Für die internationale englische Fassung engagierte Trier Max von Sydow. Mit der Aura von dessen Stimme kann der (obwohl gut ausgewählte und sprechende) Schauspieler der deutschen Synchronisation nicht konkurrieren.

2   Schon 1986 hatte er in einem Werbespot mit dem Motiv der Hypnose gespielt: Ein Hypnotiseur versucht vor der Kamera die Zuschauer zu hypnotisieren, mit dem Befehl, umgehend die Zeitung EXTRA BLADET zu kaufen.

ersten Filmen seiner Trilogie, erzählt Trier wieder »fast dieselbe Geschichte –
die Geschichte eines Idealisten, der in ein Gebiet reist und hofft, die Leute dort
retten zu können. Und dann geht alles schief«.[1]

Leo ist seinem obrigkeitshörigen deutschen Onkel, der ihm hier in Frankfurt widerwillig einen Job bei der Schlafwagengesellschaft »Zentropa« besorgt,
von Anfang an suspekt: Was sucht ein Angehöriger der Siegernation Amerika
im zerstörten Deutschland, wenn er nicht als Soldat hierhin abkommandiert

---

1   Trier im Interview auf der Promotion-Cassette zu EUROPA.

ist? Was ist das für ein Mann? Der Onkel bekommt es schnell heraus: ein verwirrter Kopf, ein Kerl ohne Machtbewußtsein und Nationalstolz – ein Schwächling. Der Onkel kann kaum glauben, daß dieser junge Idealist, der den Deutschen in ihrer Not helfen und zur Verständigung der Völker beitragen will, plötzlich Kontakte zu den höchsten Kreisen seines Unternehmens bekommt. Und, was der Onkel überhaupt nicht und Leo selbst erst viel zu spät erfährt, daß er zur Schlüsselfigur einer großen mörderischen, politischen Intrige wird, die als »Werwölfe« organisierte Altnazis eingefädelt haben.

Schon die ersten Filmminuten lassen keinen Zweifel daran: Nach seinen drei hochgelobten und preisgekrönten Spielfilmen, die jedoch vielen Zuschauern zu düster, hermetisch, schwierig oder einfach zu ›schräg‹ waren, wollte Lars von Trier nun endlich einen Kinofilm für ein großes internationales Publikum drehen. Und dieses Vorhaben setzte er professionell auf allen Ebenen in die Tat um: Stars und Schauspieler aus den an der Produktion beteiligten Ländern wurden engagiert – Barbara Sukowa und Udo Kier (Deutschland), Ernst-Hugo Järegård (Schweden; der Onkel, später als Oberarzt Dr. Helmer Star in GEISTER) und der Franko-Amerikaner Jean-Marc Barr, der 1988 mit IM RAUSCH DER TIEFE in Frankreich so erfolgreich war, daß ihm in Hollywood langfristige Millionen-Dollar-Verträge angeboten wurden. Doch Barr lehnte ab, weil ihm seine künstlerische Freiheit wichtiger war. Zum Beispiel die Freiheit, auf die Traumgagen zu verzichten und mit einem so ungewöhnlichen und aufregenden Regisseur wie Lars von Trier zusammenzuarbeiten.

Auch Lars von Trier nahm sich einige, für einen neuen Kinofilm ungewöhnliche Freiheiten: Er entschied, daß EUROPA ein Cinemascope-Film in Schwarzweiß werden sollte, in dem die Farbe nur manchmal an dramaturgisch notwendigen Stellen eingesetzt wurde. Und er engagierte als *director of photography* Henning Bendtsen, den fast vergessenen alten Meister des Lichts im Schwarzweißfilm, der die letzten beiden Filme von Triers Vorbild Carl Theodor Dreyer und für Trier vorher schon die 35mm-Sequenzen in EPIDEMIC photographiert hatte.

Triers Produzent Peter Aalbæk Jensen, mit dem er seit EUROPA exklusiv zusammenarbeitet, brachte zusammen mit Co-Produzenten in Deutschland, Dänemark, Frankreich und Schweden das notwendige, für dänische Verhältnisse hohe Budget von etwa sieben Millionen Mark auf. Auch wenn diese Summe weit unter dem Produktionsniveau eines Hollywoodfilms lag, gab sie Trier immerhin »die Möglichkeit, technisch herumzuspielen und eine Menge Techniker zu beschäftigen«.[1]

Dieses ›Spiel‹ aber nahm Lars von Trier sehr ernst und überließ nichts dem Zufall: Nachdem er mit Niels Vørsel das Drehbuch geschrieben hatte, verwan-

---

[1]   Trier im Interview auf der Promotion-Cassette zu EUROPA.

delte er es zusammen mit Tómas Gislason in ein Storyboard mit etwa 800 detaillierten Zeichnungen, in denen jede Einstellung des noch nicht gedrehten Films skizziert und mit ihrer Länge eingetragen war. Bei manchen Zeichnungen verdeutlichten aufgelegte Folien, wo Schauspieler oder Gegenstände nachträglich einkopiert oder mit Rückprojektion ›eingesetzt‹ werden sollten.

Diese Arbeitsweise gehörte zu Triers künstlerischem Konzept, sie war aber auch durch die Produktionsbedingungen vorgegeben. Sechs Wochen lang, oft nachts, war ein aus nur vier Leuten bestehendes dänisches Team mit Mitgliedern der polnischen Filmproduktionsgruppe TOR in den weiten Landschaften des Südwestens von Polen unterwegs. Edward Klosinski, der langjährige Kameramann von Andrzej Wajda, leitete in diesem ersten Teil der Dreharbeiten die Außenaufnahmen für das Triersche Deutschland des Jahres 1945. Dabei konnte Klosinski seine Meisterschaft bei der Ausleuchtung aufwendiger Totalen beweisen, in denen Hunderte von Statisten eingesetzt wurden.[1] Doch der große Kameramann konnte nur Hintergründe photographieren: Die teuren Stars, überhaupt alle Darsteller, waren zu Hause geblieben. Sie standen erst in Dänemark auf dem Drehplan, bei den dreizehnwöchigen Aufnahmen in den Hallen des traditionsreichen, 1906 gegründeten Nordisk-Filmstudios in Kopenhagen.

Trier komponierte die Bilder von EUROPA also konsequent wie ein Maler, der auf seine Leinwand nacheinander mehrere Farbschichten aufträgt, miteinander vermischt und verbindet. »Wir arbeiten in EUROPA mit Doppelbelichtungen, mit Rückprojektionen, Aufprojektionen und Mehrfachbelichtungen«, sagte Lars von Trier. »Zeitweilig handelt es sich um bis zu sieben Bildschichten in Mischungen aus Schwarzweiß und Farbe.«[2] Warum und wie er mit diesen und anderen Tricks arbeitete, wird die Betrachtung einiger ungewöhnlicher Szenen von EUROPA zeigen.

Aber in welchem Genre ›malte‹ Trier eigentlich seinen Film? Und was für eine Geschichte wollte er erzählen? – In allen Interviews zu EUROPA hat Trier seinen Film durch eine Genre-Kombination charakterisiert: ein Thriller und Melodram, mit komischen Elementen. Und immer nannte er als Inspirationsquelle neben Kafkas Romanfragment »Amerika«[3] die Filme Alfred Hitchcocks.

Bei seinem neuen Film wollte er das Publikum auf keinen Fall mit einer undurchschaubaren Story verwirren (THE ELEMENT OF CRIME) oder mit cineastischer Insider-Komik und verschachtelten Erzählebenen überfordern

---

1 Zum Beispiel die Szenen auf den Bahnhöfen, am Stellwerk und in der Kirchenruine.
2 Im Interview im deutschen Presseheft zu EUROPA.
3 Offensichtlich ist die Konfrontation der beiden Titel: »Amerika« – »Europa«, außerdem die Ähnlichkeit einiger Handlungselemente und Figuren: Auch Kafkas junger Mann aus Prag, der nach Amerika reist, versucht dort vergeblich, sich als guter Arbeiter in die Gesellschaft einzuordnen. Und auch um ihn kümmert sich zuerst ein hartherziger Onkel. Die Darstellung des amerikanischen kapitalistischen »Systems der Abhängigkeiten« (Kafka) aber hat kaum etwas gemein mit Trier/Vørsels Satire. Deren Gesellschaftskritik richtet sich am Beispiel der Schlafwagengesellschaft gegen deutsche Dumpfheit und Sturheit und die historische Kontinuität bürokratischer Pedanterie.

*Lars von Trier spielt einen Juden, der unter Druck den Direktor der Schlafwagenge-
sellschaft von seiner Nazivergangenheit entlastet.*

(EPIDEMIC). Trier und Vørsel entwickelten einen klaren, linear erzählten Plot
und folgten dabei dem bewährtem Drehbuchrezept des ›unschuldig Beschul-
digten‹, wie es Hitchcock zum Beispiel in DIE 39 STUFEN (1935), DER FALSCHE
MANN (1956), DER MANN, DER ZUVIEL WUSSTE (1956) und DER UNSICHTBARE
DRITTE (1959) vorgeführt hatte. Den größten und wichtigsten Teil der Handlung verlegten sie in fahrende Eisenbahnzüge – wohl auch als Reverenz an den
Meister und seine Lieblingsschauplätze. Joachim Holbek, der schon die suggestive Streichermusik für MEDEA komponiert hatte, schrieb für den Film eine
große Orchesterpartitur, die mit ihren suggestiven, ›stechenden‹ Rhythmen
und Akkordwiederholungen eine Hommage an Hitchcocks berühmtesten
Komponisten Bernard Herrmann darstellte.

Wie Hitchcock gab Trier in fast jedem seiner Filme kleine Gastrollen,
allerdings größere, als sich der große Kollege zugestanden hatte. In THE
ELEMENT OF CRIME hatte Trier nur einen schmierigen Kerl an der Rezeption
eines miesen Hotels gespielt, in EUROPA aber war es eine sehr persönliche
Rolle: In deutlicher Anspielung auf seine angebliche jüdische Herkunft, die
sich allerdings schon vor den Dreharbeiten als falsch herausgestellt hatte, spielt
Trier einen Juden.[1]

---

[1] In einer peinlichen Szene ermöglicht er Max Hartmann, dem Direktor der Schlafwagengesellschaft, mit
einer erpreßten Falschaussage die »Entnazifizierung«. Bald darauf nimmt sich der verzweifelte Direk-

Wie schon bei der Konzeption der Trilogie geplant, sollte auch ihr dritter Teil im Zentrum von Europa spielen. Und Europa, das war für Trier und Vørsel immer schon vor allem Deutschland, das Objekt faszinierter und angstvoller Besessenheit. Mit dem Deutschland wie mit dem Europa ihrer Vorstellung verbanden Trier und Vørsel eine lange Geschichte, großartige Traditionen, aber auch das unter einer dünnen Schale von Zivilisation verborgene Böse, Verfall und Patina.[1] Deshalb drängte sich das Nachkriegsdeutschland im ›Jahre Null‹ als Schauplatz ihres Thriller-Melodrams geradezu auf. Trier und Vørsel erzählen es genauso bedrückend und schwerblütig, wie die Schauplätze und Kulissen ihres Films wirken.[2] In einer schönen ironischen Brechung beginnt er jedoch gleich mit einer sarkastischen Bürokratie- und Beamten-Satire, die sowohl an Kafka als auch an Robert Walser erinnert. In einem parallel zur Haupthandlung verlaufenden Erzählstrang, der bis zum tödlichen Finale des Films weitergeführt wird, geht es um die deutschen Nationaltugenden Pflichterfüllung, Sauberkeit und Zuverlässigkeit.

Nachdem er ihn wohl oder übel unter seine Fittiche genommen hat, führt der Onkel seinen Neffen in ein großes Schneideratelier, wo ihm eine Uniform angepaßt wird. »Die Uniform ist Eigentum der Gesellschaft, aber bezahlt wird sie vom Angestellten«, erklärt der Onkel stolz und streng zugleich. In einem kahlen, großen Raum muß sich Leo dann, von Ärzten und Schwestern umgeben, nackt auf eine riesige Waage setzen, auf der er gewogen wird. Ein Arzt erklärt dem Onkel, daß sein Neffe kerngesund sei. Auch hier greift der Onkel zu Leos Brieftasche.

Die Initiation ins hierarchische System von »Zentropa« geht weiter: Der Onkel bereitet Leo darauf vor, daß ihm die Deutschen nur scheinbar freundlich, in Wirklichkeit aber mit Haß begegnen würden. Und damit hätten sie auch recht, denn: »Ihre Landsleute behandeln die Europäer mit wenig Respekt. Demut, Kessler! Nie die Demut vergessen!« Dann führt er Leo vor, wie man korrekt mit Wasser gurgelt und sich den Mund reinigt.

Am nächsten Tag steht Leo mit dem Onkel im Dienstbüro, wo sich dieser den Dienstplan mitteilen läßt und eine Vielzahl von Formularen und Utensilien entgegennimmt. Die Angestellte macht darauf aufmerksam, daß »*der junge Herr Kessler*« seine Kaution noch nicht bezahlt habe. Schweigend hält der Onkel seinem Neffen die Hand zur Entgegennahme des Geldes hin. – Leo: »Jetzt verstehe ich, warum in Deutschland so viele arbeitslos sind. – Zu arbeiten ist einfach zu teuer.«

tor, der mit dieser Lüge nicht leben kann, das Leben.

1   »Ich finde Patina und Ruinen wunderschön. Ich empfinde sie als eine Art anarchistischen Widerstand gegen die organisierte Schönheit.« (Lars von Trier 1991 im taz-Interview mit Gunter Göckenjan)
2   Zur Einstimmung schaute sich Trier mit seinem Set-Designer, einem Mann von siebzig Jahren, dokumentarisches Material aus Deutschland, aber auch Fritz Langs expressionistischen Stummfilmklassiker Dr. Mabuse an. (Trier 1991 im »Tagesspiegel«-Interview mit Anke Sterneborg

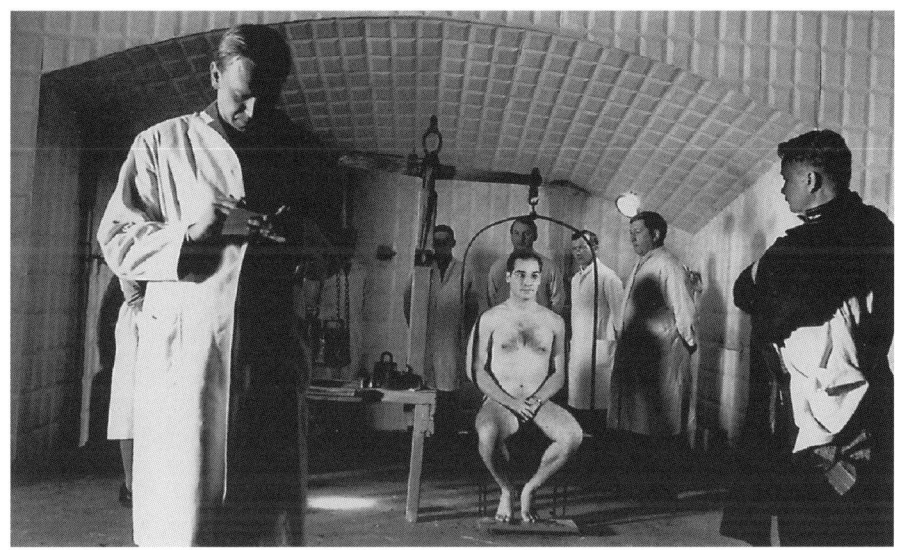

Die Medizin ist der Tradition verpflichtet: Leo auf der Waage der Ärzte.

Später im Film wird der Onkel Leo unter anderem noch erklären, daß Schuhe erst dann richtig geputzt sind, wenn sie die vorgeschriebene Kreidemarkierung des Schaffners tragen, und am Schluß, wenn das Sprengstoffattentat auf den Zug kurz bevorsteht, muß Leo vor einer strengen Prüfungskommission vorführen, daß er imstande ist, vorschriftsgemäß Bettdecken zu falten.

Mit beißendem Humor parodieren die Drehbuchautoren den deutschen Militarismus, der den Zusammenbruch des Nationalsozialismus völlig unbeschädigt überstanden hat und in der paramilitärisch organisierten Schlafwagengesellschaft »Zentropa« so etwas wie einen kleinen, zivilen Nachfolger für die untergegangene Wehrmacht gefunden hat. Onkel Kessler ist dabei der Prototyp des verknöcherten, sturen und obrigkeitshörigen Untertanen – servil gegenüber den Vorgesetzten, herrschsüchtig und gemein zu den Untergebenen: eine bewußt eingesetzte Klischeefigur.[1]

Aber schon nach den ersten satirischen Szenen werden wir daran erinnert, daß diese Geschichte kein Lustspiel ist: Leo liegt nachts in seinem Bett. Während wir ihn senkrecht von oben sehen, dreht sich langsam die Kamera. Das rhythmische Streichermotiv vom Anfang setzt ein, dazu spricht die Stim-

---

1 »... das ist das dumme Klischee des obrigkeitshörigen, autoritären Deutschen. Das Seltsame ist, daß man diese Parodien in Deutschland tatsächlich antrifft.« (Trier im Interview mit G. Göckenjan)
Stig Björkman interpretiert in seinem Dokumentarfilm über Lars von Trier durch Einsetzen eines Filmausschnitts aus Europa diese Darstellung verbohrter und reaktionärer Autorität als Ausdruck von Erfahrungen, die der antiautoritär erzogene Trier als Schüler an einer strengen Schule machte.

Leo erlernt die deutsche Gründlichkeit: Jean-Marc Barr und Ernst-Hugo Järegård.

me des Hypnotiseurs. Sie sagt ihm, was wir längst wissen: daß er eine Ausbildung als Schlafwagenschaffner machen wird. Und dann mit Pathos wie eine biblische Weisung: »Steh' auf und mach dich auf den Weg.«

Als Leo bald darauf zum ersten Mal allein im Zug Dienst tun muß, weil der Onkel volltrunken im Dienstabteil liegt, lernt er Katharina, die Tochter des Direktors von »Zentropa«, kennen. Trier betont hier Leos Begeisterung, indem er zum ersten Mal die Szene, vor allem Katharina, farbig werden läßt. In Wirklichkeit ist die Bildverarbeitung und das Arrangement viel komplizierter: Barbara Sukowa spielt in Farbe vor einer schwarzweißen Projektion des Abteilhintergrunds, in der während dieser Szene (!) sowohl sie selbst als auch Jean-Marc Barr noch einmal in Schwarzweiß auftauchen. Ein technisch-inszenatorisches Kabinettstückchen, das Trier die Möglichkeit gibt, Katharina allein und mit Leo als Paar visuell herauszuheben. Mit dieser Begegnung beginnt ihre Love-Story, doch kurz danach zeigt Trier in derselben Szene in Schwarzweiß, womit diese Liebe untrennbar verbunden sein wird: Katharina sieht durch das Zugfenster plötzlich zwei Erhängte, die Schilder am Körper tragen mit der russischen und deutschen Aufschrift »Werwolf«. Auf Leos Frage, was das sei, anwortet Katharina: Partisanen. Und auf seine Bemerkung, er habe geglaubt, der Krieg sei vorbei: »Manche kämpfen auch, wenn sie verloren haben.« Leo will gehen, doch Katharina bittet ihn, bei ihr zu bleiben, gleich komme ein Tunnel, und sie habe noch immer Angst davor, wenn das elektrische Licht ausgehe. Zu hektischer Orchestermusik sehen wir danach die Lokomotive durch einen engen Tunnel dampfen – eine doppelte Hommage an die Filme von Alfred Hitchcock und die Musik von Bernard Herrmann. Leo deckt die schlafende Katharina in ihrem Bett zu und verläßt ihr Abteil. Erschöpft setzt er sich auf den Boden. Hinter ihm verwandelt sich der Gang unter dramatischer Musikbegleitung in eine riesige Transparentleuchtschrift: »Werwolf«.

Diese Sequenz zeigt bereits die wichtigsten Funktionen der Rückprojektionen in EUROPA: Dramatisierend beschreiben und akzentuieren sie, manchmal unmerklich, die Verhältnisse zwischen den Personen oder zwischen Personen und Gegenständen. Oder sie weisen ganz expressionistisch und verfremdend auf etwas hin, wie mit der schlagzeilenartigen ›Gedankenschrift‹ am Ende dieser Szene.

Die Vielzahl der Rückprojektionstricks und der schwindelerregenden Kamerakranfahrten in EUROPA ist sicher auch darauf zurückzuführen, daß damals die Herstellung virtueller Realitäten im und mit dem Computer schon möglich, aber noch enorm teuer war. Und tatsächlich ist Lars von Trier, wie sein Produzent sagt, immer ein sparsamer, weil disziplinierter und gut vorbereiteter Regisseur gewesen. Doch die Kombination von Bildebenen, die aus verschiedenen Materialien bestehen und unterschiedliche Oberflächenstrukturen haben, war keine Notlösung, sondern ein wichtiger Bestandteil seines ästhetischen Konzepts.

Die riesige Transparentleuchtschrift »Werwolf«, die plötzlich hinter Leo auftaucht, erinnert an frühe Experimentalfilme und an das Theater Erwin Piscators und Bertolt Brechts. Die ästhetischen Mittel sind zum Teil dieselben, doch ihre Ziele liegen in entgegengesetzten Richtungen: Brecht wollte mit seinem Verfremdungseffekt die Zuschauer auf die Bühnensituation und die Fiktionalität des Dargestellten hinweisen und zum politischen Nachdenken bringen. Auch Lars von Trier will die Zuschauer irritieren, verunsichern; sie sollen es sich nicht bequem machen in der fiktionalen Realität des Films. Doch er will gerade nicht, daß sie dadurch innerlich ein Stück zurücktreten und über das Gesehene reflektieren, im Gegenteil:[1] Trier will suggestiv auf seine Zuschauer einwirken, Emotionen beeinflussen, Ängste erzeugen – also: manipulieren.[2]

Deshalb bewundert Trier auch die erkennbaren Rückprojektionen bei Hitchcock, die sich der Meister leistete und leisten konnte, weil seine suggestive Inszenierung trotzdem funktionierte. Trier geht den umgekehrten, noch schwierigeren Weg: »Mein Ziel ist eine abstraktere Filmsprache, die starke Gefühle hervorruft.«[3]

---

1   »Eigentlich möchte ich, daß der Zuschauer das Spiel mit der Technik akzeptiert – in einem meiner ersten Filme konnte man immer die Kamera in einem Spiegel sehen – und trotzdem engagiert bleibt.« (Trier im Interview mit G. Göckenjan).

2   In ihrer ZEIT-Kritik zu BREAKING THE WAVES und im Interview mit mir (im Februar 1997) nannte Christiane Peitz Lars von Trier einen »Manipulator«, dem sie sich nicht unterwerfen wolle.

3   Trier im Interview mit G. Göckenjan.

Raffinierte Rückprojektionen: Direktor Hartmann (Jorgen Reenberg) denkt an seine »Entnazifizierung«.

Indem er die verschiedenen visuellen Ebenen fast unmerklich verbindet, nimmt Trier uns die Gewißheit eines festen, klar definierten Raumes. So ›hypnotisiert‹ Lars von Trier immer wieder indirekt durch die Kamera, die Montage und das komplexe Zusammenwirken von Musik, Stimmen und Geräuschen. Er zieht uns immer tiefer hinein in seine virtuellen Kino- wie ›Seelenräume‹, in denen wir uns allein nicht zurechtfinden und deshalb ganz seiner Regie anvertrauen müssen. Das Erforschen von seelischen Räumen, verbunden mit einer suggestiven Inszenierung in einem wunderbaren Thriller – das bewunderte Trier auch an seinem Lieblingsfilm, Hitchcocks VERTIGO (AUS DEM REICH DER TOTEN, 1958), den er im Zusammenhang mit EUROPA immer wieder erwähnte.

Obwohl Trier viel öfter Filmtricks einsetzt, arbeitet er wie Hitchcock: So oft es geht, benutzt er ganz konservativ die alten mechanischen Möglichkeiten der echten Rückprojektion und nicht die elektronische Blue-Box-Technik mit ihrer ›Bildausstanzung‹. Dabei geht es ihm wie Hitchcock um die Verfremdung des filmischen Raumes: Wenn am Ende von VERTIGO James Stewart in das Treppenhaus des Turmes blickt und wieder seinen Höhenkoller bekommt, erzeugt der gleichzeitige Einsatz von Zoom und gegenläufiger Kamerabewegung ein scheinbar stehendes Bild, in dem sich jedoch in schwindelerregender Weise der Raum verändert. Auch Lars von Trier verfremdet mit seinen Projektions- und Kopierverfahren die Proportionen und die Perspektiven innerhalb seiner Bilder. Und so spektakulär einige der Tricks in EUROPA auch wirken, oft baut er sie auch wie Hitchcock ganz unauffällig in den Ablauf einer Szene ein.

Zum Beispiel beim »Ravenstein-Attentat« im Zug. Leo wird zum ersten Mal von den Werwölfen benutzt: Ihm werden zwei Kinder anvertraut, die angeblich zu Katharinas Familie gehören. Einer der beiden Jungen erschießt in einem Abteil plötzlich den neu ernannten Frankfurter Bürgermeister. In dieser 50 Sekunden langen Sequenz arbeitet Trier wieder mit zwei Bildebenen: Während die Szene der Parallelmontage, in der amerikanische Soldaten die Ausweise der Reisenden kontrollieren, ganz in Schwarzweiß erscheint, ist in der Mordszene im Nachbarabteil das Bild immer in farbigen Vorder- und schwarzweißen Hintergrund geteilt. Zuerst fällt dem Jungen, der vorne eine Pistole lädt, eine Patrone aus der Hand. Dabei unternimmt die Kamera eine Schärfeverlagerung in den Schwarzweißbereich nach hinten, wo der Bürgermeister und seine Frau dies plötzlich sehen. Jeder der folgenden vier Schüsse des Jungen wird mit Bildern des fahrenden Zuges und der Soldaten im Nachbarabteil unterschnitten und unterschiedlich dargestellt: Beim ersten steht der Junge mit dem Rücken zur Kamera farbig im Vordergrund, beim zweiten fotografiert die Kamera das Abteil im Achssprung von außen, wobei nur das an die Scheibe spritzende Blut farbig ist. Beim dritten Schuß – wieder aus der Perspektive des Jungen – erscheint der Kopf des Bürgermeisters mit einem Einschußloch übergroß als schwarzweiße Rückprojektion, während seine Frau vorne ins farbige Bild stürzt, um dem Jungen den Revolver zu entwinden. Dabei löst sich ein Schuß, der durch die Wand schlägt und die Soldaten aufmerksam macht. Die Perspektive wechselt noch einmal, und eine Nebenhandlung rückt in den Mittelpunkt: Der kleine Bruder des Attentäters hat offenbar eine weitere Pistole gefunden und hält sie wie ein neues Spielzeug in der Hand. Hinter ihm kämpft, in Schwarzweiß, die Frau weiter mit seinem Bruder. Der kleine Junge hält die Waffe in der Hand, als die Soldaten mit Maschinenpistolen an der Tür erscheinen und in vermeintlicher Notwehr zu feuern beginnen.

Die vielfältigen Wechsel der Perspektive und der Farbgebung in dieser Szene akzentuieren vor allem die Action und lenken die Aufmerksamkeit des Zuschauers auf wichtige Details. Dabei folgen die Veränderungen so schnell aufeinander und passen sich so organisch dem Ablauf der Geschehnisse an, daß sie beim ersten Anschauen nur teilweise bewußt werden.

Und so beschreibt Lars von Trier den Zusammenhang zwischen Technik und ästhetischer Wirkung bei seiner Arbeit mit Rückprojektionen:

Der Hauptpunkt dabei ist aber, daß wir auf diese Art Bilder kombinieren konnten, die wir mit unterschiedlichen Objektiven gefilmt haben. Der Hintergrund ist etwa mit einem Teleobjektiv aufgenommen und der Vordergrund des Bildes mit einem Weitwinkel. Auf diese Weise konnten wir einen beunruhigenden Effekt erzeugen, der sich nicht aufdringlich bemerkbar macht, aber seine Wirkung beim Zuschauer erzeugt. Dasselbe gilt für die Kamerabewegungen. Wir erzeugen Bilder, die vollkommen realistisch scheinen, die aber letztlich dieses gewisse Element enthalten, das den Film in die Richtung lenkt, die wir geplant hatten.[1]

Wie schon bei Leos erster Begegnung mit Katharina demonstriert Trier mit Hilfe technischer Mittel auch später mehrmals Leos Hingerissenheit, zeigt aber gleichzeitig die dunkle Seite dieser Frau. Zum Beispiel, als Leo in der

---

[1]   Interview im deutschen Presseheft zu EUROPA.

Eine Patriotin engagiert sich auf Seiten der »Werwölfe«: Barbara Sukowa als Katharina.

Limousine eines Werwolf-Drahtziehers sitzt: Der Mann bedankt sich bei ihm für seine unfreiwillige »Hilfe beim Ravenstein-Attentat« und zeigt dann auf Katharina, die am Straßenrand steht und Leo im Vorbeifahren tief und undurchschaubar ansieht. Leo starrt sie wie gebannt an. Wie immer, wenn er in EUROPA Emotionen aufbranden läßt, präpariert Trier hier einen Teil des Schwarzweiß-Bildes farbig heraus: Katharina. Während eine Streichergruppe das melodramatische Liebesmotiv spielt, verändert sich nicht nur das Filmbild, sondern mit der Wahrnehmung Leos auch die Filmzeit. Der Schnee fällt

in normalem Tempo, doch Katharinas Bewegungen, die Blicke und der vorbei-
fahrende Wagen werden fast bis zum Stillstand verlangsamt.

Lars von Trier gestaltet hier filmisch die Redewendung »Alles versank um
ihn«: Leo sieht außer Katharina nichts anderes mehr, sein Bewußtsein scheint
dabei in einen Raum zwischen Wachsein und Träumen zu gleiten. Trier
überträgt diese seelische Bewegung mit der Kamera direkt auf den Zuschauer,
indem er sie Leos Perspektive im langsam an Katharina vorbeifahrenden
Wagen einnehmen läßt. Der Hintergrund tritt in der Rückprojektion immer
weiter zurück und wird unschärfer, Intensität und Lautstärke der Musik nehmen zu. Doch bevor die Melodramatik zu stark werden und die Szene in den
Kitsch abrutschen kann, zieht Lars von Trier geschickt die dramaturgische
Bremse: Hinter Leo erscheinen wieder die hypnotisch vorbeigleitenden Bahn-
gleise vom Anfang, und der Hypnotiseur schaltet sich wieder ein: »Du liebst
sie!« Dann legt er fest, wann und wie die Geschichte fortgesetzt werden soll:
»Gehe einen Monat weiter!«

Leo gehorcht: Eine Auf- und Abblende, und er ist mit seinem Bewußtsein
nun in München – und wir in der Geschichte mit ihm. Hier wird noch einmal
die Welt um ihn versinken. In der Ruine einer Kirche, in der unter freiem
Himmel nachts Gottesdienst gefeiert wird, sieht Leo Katharina wieder.[1] Er
folgt ihr durch den Schnee bis auf eine Flußbrücke. Dort erreicht das Melodrama seinen Höhepunkt: Das Geigen-Liebesmotiv in sich aufschaukelnder
Orchestrierung, dazu Leo und Katharina farbig vor der schwarzweißen
Brücke und dem Fluß. Das Wasser strömt in Nahaufnahmen im Hintergrund, übergroß und in expressionistischer, nicht realistischer Perspektive,
um die Emotionen der Szene zu steigern. Auf dem Klimax der Gefühle –
Katharina bittet Leo, sie zu heiraten, und sie küssen sich – legt der Magier
und Manipulator der Kinogefühle noch einmal einen Schalter um und präsentiert ein besonderes Kabinettstück aus seiner Trickkiste: Aus dem Hintergrundbild des fließenden Wassers taucht plötzlich schwarzweiß der Pater
in der Kirche auf und beginnt, während Katharina und Leo sich ihm zuwen-
den, mit der Trauungszeremonie.

Dieser Trick ist nicht l'art pour l'art, sondern erfüllt eine genau kalkulierte
dramaturgische Funktion: eine erzählerische Ellipse, die die Geschichte ver-
kürzt, ohne die emotionale Intensität der beiden Szenen zu vermindern.

Manchmal läßt sich Trier in EUROPA allerdings von seiner Begeisterung an
den eigenen Inszenierungs- und Manipulierungskünsten davontragen. Zum Beispiel beim Selbstmord des »Zentropa«-Direktors, einer Sequenz, in der es eine
Menge raffinierter Tricks gibt, etwa das ins schwarzweiße Wasser der Badewanne
tropfende rote Blut, in der Trier jedoch durch die Konfrontation mehrerer

---

1   Die Kirchenruine sieht aus wie die in Andrej Tarkowskijs Spielfilm NOSTALGHIA.

metapherngeladener Parallelhandlungen die Wirkung der einzelnen Elemente überdreht: Während Katharina Leo auf einer Modelleisenbahn unter dem Dach verführt – ein etwas mattes Zitat von Nicholas Roegs TRACK 29 –, beginnt ihr Vater im Stockwerk darunter sich die Pulsadern aufzuschneiden. Um das zu zeigen, fährt die Kamera durch die Decke nach unten und dann wieder hinauf zu Leo und Katharina. Während sie miteinander schlafen, stößt Direktor Hartmann in der blutigen Badewanne seinen Todesschrei aus, und unten im Erdgeschoß beendet Colonel Harris sein Spiel mit dem Pater mit einem »Schachmatt«. Etwas später bricht Leo die Tür auf, und sie stehen entsetzt vor der Badewanne, aus der blutiges Wasser auf den Boden und ins Treppenhaus strömt. Die Sequenz schließt mit der spektakulärsten Trick-Kranfahrt des Films: Die Kamera bewegt sich von der verlassenen Modelleisenbahn, auf der eine Lok von einer unterbrochenen Schiene herabfällt, durch eine Dachluke zurück in einen fahrenden Zug, an dessen Fenster der Onkel und Leo sitzen. Zusammen mit der begleitenden dramatischen Musik wirkt die Einstellung hier nur rätselhaft und beunruhigend. Erst am Ende des Films werden wir erkennen, daß der entgleisende Zug einen Blick in Leos Zukunft und auf sein Ende darstellt. Doch das ist genau der Effekt, den Trier auslösen will:

Natürlich lassen sich Bilder, die man unmittelbar begreift, leicht kontrollieren. Aber solche Bilder vergißt man auch sofort wieder. Wenn

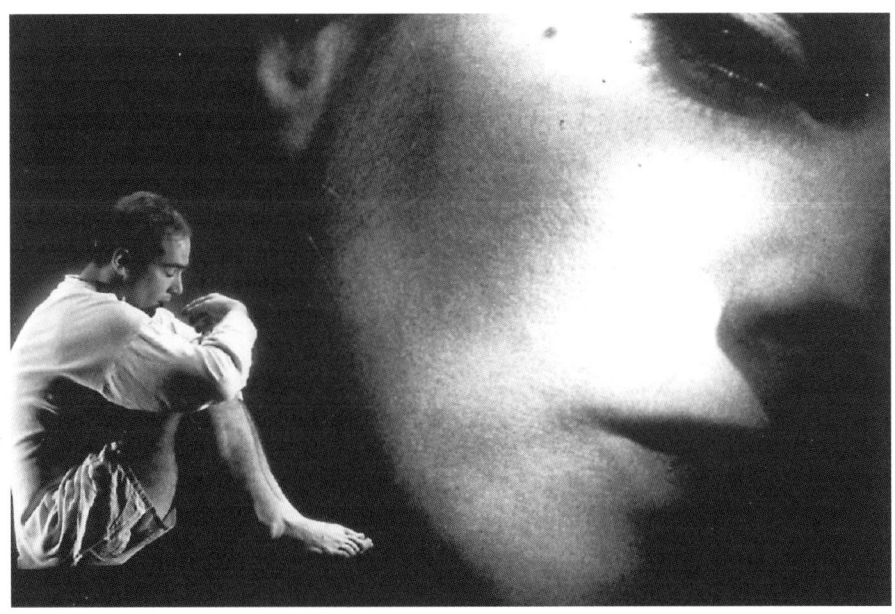

Rückprojektion von Bewußtseinsbildern: Leo (Jean-Marc Barr) denkt an seine Geliebte Katharina.

man jedoch Gefühle aufgrund von Bildern entwickelt, die man nicht unmittelbar begreift, dann lassen sich die Bilder nicht länger kontrollieren. Das ist genau der beunruhigende Effekt, auf den ich abziele. Das ist Hypnose.[1]

Trier arbeitete, wie schon gezeigt, sowohl in EUROPA als auch in EPIDEMIC nicht nur mit dieser indirekten filmischen Hypnose, sondern auch vor der Kamera mit konkret aufgenommener Hypnose, um Suggestion zu erreichen. Viele Kritiker haben ihm deshalb vorgeworfen, das beweise sein mangelndes Vertrauen in die eigenen Geschichten, die Schauspieler und überhaupt seine Fähigkeiten als Regisseur. Aber die Hypnose in den Filmen Lars von Triers hat immer eine ambivalente Wirkung, die er selbst sehr bewußt einsetzt: Mit Hilfe einer Stimme und suggestiver Bilder wird der Zuschauer bis zu einem gewissen Grad hypnotisiert, in eine bestimmte Atmosphäre und Stimmung versetzt. Doch gleichzeitig entsteht auch Distanz und ein weiterer Verfremdungseffekt: Die körperlose Stimme ist eine Person, die sich zwischen den Zuschauer und das mögliche Identifikationsobjekt, den Helden, schiebt.

In EUROPA ist der Hypnotiseur überhaupt nicht zu fassen. Er gehört weder zu einer Rahmenhandlung (wie in THE ELEMENT OF CRIME) noch ist er ein Erzähler (wie in EPIDEMIC). Ohne rationale Grundlage, wie ein Gott eines seiner Geschöpfe, führt er den ahnungslosen Helden, Leopold Kessler, mit Erläuterungen und Anweisungen durch dessen Geschichte, und das sogar über den Tod hinaus.

In der Nacht nach der Begegnung mit Katharina, als Leo im Halbdunkel auf dem Bett liegt, ist die Stimme des Hypnotiseurs wieder bei ihm, begleitet von dem bekannten rhythmischen Streicherunisono: »Du bist durch die deutsche Nacht gefahren. Du hast die deutsche Frau kennengelernt. Über dir auf der Straße ist es Tag. Doch du wirst deine Arbeit im Wagen 23-0-6 fortsetzen. Und es gibt wenig zu sehen.« – Schritte von gehenden Menschen werden hörbar. Dabei fährt die Kamera in einer sich beschleunigenden Drehbewegung auf Leos Gesicht zu, bis nur noch die Augen sichtbar sind. In Doppelbelichtung fährt nun unter seinen Augen ein Zug durch die Nacht.

Es ist eine Einstellung, die Trier abgewandelt immer wieder einsetzt, um mittels Montage, Musik, Licht und Sprache den Zuschauer zu hypnotisieren. Natürlich gäbe es für Leo ›draußen‹ einiges zu sehen. Doch die Einstellung vermittelt, daß Leo nicht nur im hierarchischen System der Schlafwagengesellschaft, sondern in mehrfacher Hinsicht eingesperrt ist. Schon vorher war der Onkel einmal Leo mit der Bemerkung, da draußen gebe es nichts zu sehen, in den Arm gefallen, als dieser das Fenster seines Schlafsaals öffnen wollte. Und als Leo

---

[1]   Lars von Trier im Interview im deutschen Presseheft zu EUROPA.

Die Patriotin und der Idealist: Katharina (Barbara Sukowa) und Leo (Jean-Marc Barr)

einmal auf einer seiner Dienstfahrten neben dem Zug Geräusche hört, das Rollo öffnet und Hunderte von bettelnden Kindern beobachtet, herrscht ihn der Onkel an, nach der Vorschrift müsse das Rollo immer geschlossen bleiben.

Leo ist eingesperrt in der künstlichen Welt seines Erste-Klasse-Waggons. Wie der Detektiv in THE ELEMENT OF CRIME bekommt er nie wirklichen Kontakt zu den Bewohnern des Landes. Er bleibt ein mit Mißtrauen beobachteter Fremder, dessen Liebe und der naive Idealismus, den Menschen helfen zu wollen, ihn zu einem Werkzeug der Werwölfe machen.

Und wie Fisher ist auch Leopold Kessler ein Gefangener der Dunkelheit. Wir sehen ihn nur bei Nacht, obwohl es ja selbst in diesem düsteren Deutschland auch Tage und Tageslicht geben muß. Aber die Autoren Trier und Vørsel haben Leo nicht zufällig den Job als Schlafwagenschaffner gegeben: Die Nacht ist eine ›Zwischen-Zeit‹, in der alles möglich ist, und nicht nur in der Filmgeschichte ist sie die Zeit geheimer Aktionen, vor allem in Eisenbahnzügen. In der Nacht kommen mit dem Schlaf die Träume, aber auch die Alpträume und Obsessionen. In dieser Zeit, in der mancher Träumer in die eigene Seele blickt und seine Verletzlichkeit und Schutzlosigkeit entdeckt, erforschen die Hypnotiseure in THE ELEMENT OF CRIME und in EUROPA das Unterbewußtsein der Helden. So sind Kessler und Fisher, und wir mit ihnen, in den einsamsten und dunkelsten Momenten der Nacht nicht allein. Aber Lars von Trier und Niels Vørsel sorgen dafür, daß dabei die Ängste nicht abnehmen.

In manchen Kritiken zu EUROPA wurde Lars von Trier ein leichtfertiger Umgang mit der Geschichte oder sogar Geschichtsklitterung vorgeworfen. Zum Beispiel die Tatsache, daß es anders als im Film nach dem Krieg in Deutschland zwar einige wenige »Werwolf«-Gruppen, aber keine terroristische Nazi-Organisation wie in seinem Film gegeben hat. Lars von Trier hat diese Auseinandersetzung um seinen Film publikumswirksam durch offene und nur scheinbar naive Statements angeheizt, die in Deutschland auch gleich eine Interview-Schlagzeile lieferten:

Natürlich muß man von der Naziästhetik fasziniert sein, dafür ist die gemacht. Mich interessieren Psychopathen, weil sie immer bis zu den Extremen gehen. Das taten auch die Nazis mit ihrer Ästhetik. Wenn man sich für Bilder interessiert, ist es spannend zu sehen, wie sie das gemacht haben. [1]

Trier hatte nie vor, sein Drama vor dem Hintergrund eines naturalistisch rekonstruierten Nachkriegsruinen-Deutschlands zu inszenieren. Für ihn stand wie für Hitchcock die Story und ihre wirksame Umsetzung im Vordergrund. Daß die Geschichte in Triers Film trotzdem viel mehr ist als bloßes Beiwerk, als ein dekorativer Hintergrund und in einzelnen Bildern und Episoden sogar auf emotionale, beklemmende Weise beschworen wird, führte vor allem in Deutschland bei manchen Kritikern zu einer vehementen Ablehnung des Films.

Die technische Perfektion von EUROPA wurde von allen gelobt oder wenigstens anerkannt, ganz im Gegensatz zu Triers Umgang mit der Tradition: »Besinnungslos, so scheint es, hat Lars von Trier alles zusammengerafft, was die Filmgeschichte an Tricks, Formeln und Klischees bereithält«, schrieb die schärfste Kritikerin des Films, Verena Lueken, in der FAZ. Für den Abtransport der »Beute« habe er ein

simples Handlungsvehikel konstruiert, dessen Einzelteile er wiederum gestohlen hat, diesmal aus der Wirklichkeit: zerlumpte Flüchtlingsheere, überfüllte Züge (...) Der virtuose Umgang des Regisseurs mit Versatzstücken der Kinogeschichte wäre vielleicht reizvoll, wenn er es gewagt hätte, seine beliebige Bildersuche an einem ebenso beliebigen Gegenstand zu betreiben, an Kochrezepten zum Beispiel oder der Gebrauchsanweisung eines Rasenmähers. Von Trier hat hingegen ein historisches Thema gewählt, das er sofort wieder tilgt, indem seine mächtigen Bildkompositionen jeden Ansatz von Realismus radikal unterlaufen. Übrig bleibt ein dräuendes Gefühl: Geschichte als phantasmagorisches Delirium. [2]

---

1   Gunter Göckenjan: »Von der Nazi-Ästhetik fasziniert - Ein Gespräch mit Lars von Trier über seinen neuen Film ›Europa‹«, die tageszeitung 27.6.1991.
2   Frankfurter Allgemeine Zeitung 28.6.91 – Ich bezweifele, daß Verena Lueken den Film »reizvoller«

Diese radikale Kritik habe ich zitiert, weil sie eine weit verbreitete, konservative und fragwürdige ästhetische Einstellung zu Realismus im Film und in der Kunst allgemein wiedergibt. Sie offenbart ein Verständnis von EUROPA, das ein einziges großes Mißverständnis der gesamten Arbeit Lars von Triers ist.

An seinen früheren Filmen habe ich schon zu zeigen versucht, worin dieses Mißverständnis besteht: Lars von Trier macht kein Kino, das den falschen und aussichtslosen Versuch unternimmt, die äußere Realität abzubilden, sondern erschafft in jedem neuen Film ein eigenes Universum. Natürlich kreiert jeder Regisseur eine filmische Welt, die anderen Gesetzen als die reale unterliegt. Mit bestimmten kinematographischen Mitteln, den Konventionen des Erzählkinos, erzählt er dem Zuschauer eine Geschichte, rafft sie zum Beispiel mit Montagen oder akzentuiert sie mit bestimmten Kameraperspektiven. Lars von Trier geht in der Verwendung der filmischen Mittel allerdings besonders bewußt und konsequent vor und verschiebt dabei sehr oft die Grenzen der Konvention. In EUROPA greift er Stilmittel und Techniken auf, die im Lauf der Filmgeschichte am Rande des Mainstream vergessen wurden oder aus einem anderen Grund aus dem kommerziellen Kino verschwanden, und entwickelt sie weiter. Dabei gelingt Trier manchmal, was auch Regisseure wie Tarkowskij und Dreyer in ihren Filmen versucht haben: die direkte Darstellung innerer Realitäten – Gefühle, Obessionen, Ängste.

Allerdings gehört Lars von Trier einer jüngeren Generation von Filmemachern an, deren Einstellung zu Kunst und Realität völlig anders ist. Wenn Trier zum Beispiel seine Hauptfigur Leo im Zug plötzlich ausgemergelten Gestalten in Häftlingsuniformen auf Holzpritschen begegnen läßt – eine Szene, die er bekannten KZ-Bildern nachstellte –, dann kann man das geschmacklos und unpassend finden. Und man kann wie Verena Lueken moralisierend darauf bestehen, daß solche Bilder in einem Thriller nichts zu suchen haben, daß sauber und politisch korrekt zu trennen ist zwischen einem zeitgeschichtlichen, historischen Film und einem Stück Genre-Kino. Aber warum soll im Genre-Kino alles erlaubt sein, nur keine obsessiv besetzten Bilder, die echte Erinnerungen und Assoziationen zu grausamen Ereignissen auslösen?

Ich bin davon überzeugt, daß Bilder und ihre Montage in einem Film eine Moral, eine bestimmte moralische Position ausdrücken. Auch EUROPA enthält und vermittelt eine solche moralische Position, auch wenn diese nicht den Forderungen einer konservativen *political correctness* entspricht. Deshalb finde ich den Vorwurf, Trier habe sinn- und schamlos historische Bilder aus der Realität ›gescannt‹, völlig unberechtigt.

gefunden und seinen «virtuosen Umgang mit Versatzstücken der Kinogeschichte» mehr geschätzt hätte, wenn Lars von Trier als Thema etwa die Zubereitung eines dänischen Käsekuchens oder die Gebrauchsanleitung skandinavischer Küchengeräte gewählt hätte.

Eddie Constantine als Colonel zwischen den deutschen Nachkriegsfronten.

Mit einer intensiven Betrachtung der ›Häftlingssequenz‹, auf die sich die Vorwürfe konzentrieren, möchte ich das erläutern. In der Sequenz werden gleichzeitig zwei Episoden erzählt. Die eine gehört zur Story des Films: Der naive Leo wird noch einmal zum ahnungslosen Helfer der Werwölfe gemacht, indem er mithilft, den mit Waffen gefüllten Sarg von Katharinas Vater aus dem Zug zu bringen. Als er Katharinas Bruder Larry durch den Zug zu dem geheimen Waggon folgt, überschreitet Leo aber auch zum ersten Mal seine persönlichen Grenzen, die ihn bisher von der Realität der Armen und Unterdrückten trennten, für die er doch in dieses Land gekommen ist. Und das ist die zweite Episode: eine Selbsterfahrung.

Der Hypnotiseur sagt zu ihm: »Du wirst durch Waggons geführt, von denen du nicht einmal wußtest, daß sie existieren.« Im Licht von Larrys Laterne geht Leo durch Gruppen elend aussehender Menschen, dann vorbei an vergitterten kleinen Verschlägen, in denen Männer eingesperrt sind, und an bis zum Skelett abgemagerten, kahl geschorenen Häftlingen, die an die Nazi-Konzentrationslager erinnern. In diesem Moment wird, stärker als durch jeden anderen möglichen Regieeinfall, das Erschrecken der Filmfigur Leo zu unserem eigenen Erschrecken; die Distanz und die Hilflosigkeit des Protagonisten gegenüber diesen Menschen wird überdeutlich.[1] Angesichts der psychischen Deformationen, die mit dem Kriegsende nicht rückgängig gemacht werden konnten, ist der zutreffende historische Einwand unerheb-

---

[1] Auch in einer anderen Szene erlebt Leo seine Hilf- und Machtlosigkeit, als er von einem Juden angesprochen wird: Dessen Frau ist so erschüttert von der totalen Zerstörung Deutschlands, daß sie sich weigert, in ihrem Heimatort aus dem Zug zu steigen.

lich, solche Bilder habe es nach der Befreiung durch die Alliierten nicht mehr geben können.

Bilder, auch Angst- und Schreckensbilder aus dem eigenen Unterbewußtsein aufsteigen zu lassen und auf die Leinwand zu bringen – das hatte Lars von Trier in allen seinen Filmen getan. Aber erst in EUROPA mischten sich Bilder aus der Realität darunter, und genau das wurde Trier vorgeworfen.

Wie David Lynch ist Trier ein postmoderner Filmemacher, der mit avantgardistischen und experimentellen Mitteln arbeitet und gleichzeitig eine starke Bindung an die Filmtradition hat.[1] Und wie Peter Greenaway ist er dabei – da hat Verena Lueken recht – ein fanatischer Sammler. Besinnungslos geht er aber nicht vor, im Gegenteil: Gerade mit der absoluten Genauigkeit und der Rationalität der Inszenierung, der ausgeklügelten Mechanik der Story und der Technik, mit der sie erzählt wird, steht Trier seinen eigenen Intentionen oft im Wege.

Lars von Trier wußte, daß er sich mehr um seine Schauspieler kümmern und ihnen mehr Freiheiten geben mußte als in THE ELEMENT OF CRIME, um das Melodrama seines neuen Films mit Leben zu erfüllen. Von den exakt berechneten Einstellungen wollte er wegkommen und mehr Gefühle zulassen. Deshalb erlaubte sich Trier in EUROPA bisher ›verbotene Freuden‹ wie konventionelle Musikeinsätze, Schnitte und Gegenschnitte.[2] Doch die Schauspieler blieben gefangen im Käfig einer Technik, die sie dazu zwang, sich nach komplizierten Projektionen und Fahrten der Kamera zu richten und oft sogar ohne Partner und Set vor einer flimmernden Leinwand zu spielen. Das Drehbuch bot ihnen kaum Spielraum; alles war genau festgelegt. Deshalb konnte Triers Arbeit mit den Schauspielern überhaupt nicht befriedigend verlaufen, außerdem erschwerten menschliche Spannungen die Arbeit. Zwar standen auf der einen Seite Triers Bewunderer Jean-Marc Barr, Eddie Constantine und Ernst-Hugo Järegård, die sich den Produktionsbedingungen anpaßten und gute schauspielerische Leistungen erreichten.[3] Auf der anderen Seite aber stand die Hauptdarstellerin, zu der der Regisseur ein schwieriges Verhältnis hatte. Lars von Trier hat in Interviews mehrfach berichtet, daß er früher oft Probleme mit Schauspielerführung im allgemeinen und mit seinen Darstellerinnen im besonderen hatte und sich deshalb lieber auf die Technik zurückzog. Bei den Dreharbeiten für EUROPA scheinen diese Probleme eskaliert zu sein.[4] Barbara Sukowa wirkt in diesem Film jedenfalls so, als ob sie die kühle bis kalte Deutsche nicht nur spielt, sondern sich auch als Schauspielerin aus diesem Projekt innerlich zurückgezogen hätte.

---

1   Mehr darüber im Schlußkapitel »Rolle rückwärts«.
2   Trier im Interview mit G. Göckenjan: »... all diese Sachen, die so angenehm sind wie Bonbons essen.«
3   Wenn auch vor allem Barr als der dauernd staunende, gute Mensch aus Amerika stark unterfordert war.
4   Seinem Gesprächspartner Gunter Göckenjan, der die Hauptdarstellerin seit Fassbinder »nicht mehr so gut gesehen« hatte, entgegnete Trier durchaus doppeldeutig: »Ich weiß nicht. Wir haben uns eine Woche angeschrien, und dann war's okay. Jetzt haben wir eine sehr gute Beziehung.«

Es bedeutet nicht, die Qualität und die Stärken von EUROPA zu ignorieren, wenn man feststellt, daß Lars von Trier hier mit technischer Brillianz in eine künstlerische Sackgasse hineinfuhr. Ihm selbst war das offenbar bewußt, weil er mit diesem Spielfilm einen Strang seines Schaffens abschloß. Film als Kunstobjekt im engeren Sinn, als technisch-handwerkliches Meisterstück – diese Art von Kino hatte er hiermit für sich persönlich zur Perfektion gebracht. Eine Steigerung auf diesem Gebiet wäre nur durch eine weitere Einengung der Schauspieler bei den Dreharbeiten und der Emotionen auf der Leinwand möglich gewesen.

Wie wir wissen, entschloß sich Lars von Trier zu einer radikalen Entscheidung, ließ die Technik zurück und ging mit riesigen Schritten in zwei verschiedene Richtungen, die zu seinen beiden folgenden, großen Filmprojekten führten, zu GEISTER und BREAKING THE WAVES.

Die Geschäfte des L. v. Trier

Eine Exkursion nach »Zentropa«

Bis jetzt haben wir uns meist in den Innenwelten der Filme Lars von Triers bewegt und sind nur zwischendurch in die reale Welt der Ideen- und Filmproduktion aufgetaucht, in der seine Projekte entstanden. Nun jedoch suchen wir den Ort auf, an dem die Filme Triers produktionstechnisch ihren Ursprung haben und an dem ständig an der Realisierung seiner Ideen gearbeitet wird. Wir gehen in eine Nebenstraße in der Nähe eines der zahlreichen Kanäle Kopenhagens, etwa sechs Kilometer vom Zentrum entfernt. Keine exklusive Adresse, ein schlichtes Gebäude: Ryesgade 106A. An der glatten Front der bürgerlichen Mietshäuser signalisiert nur eine blau-weiße Fahne mit der Aufschrift »Zentropa«, wo es lang geht: durch eine Einfahrt in einen schmalen Industriehof, in dem wir uns neu orientieren müssen. Im Aufgang A, gleich links, herrscht reger Besucherbetrieb. Ein krachender und ächzender Holzaufzug bringt jeweils höchstens drei Personen nach oben und stoppt mit einem gewaltigen Ruck in der Nähe einer Stahltür. Ein winziges Klingelschild bestätigt uns, daß wir hier richtig sind, bei »Zentropa«, der größten Filmproduktionsfirma Skandinaviens. Die Tür öffnet sich jedoch nicht, wie erwartet, zu einem futuristischen Fabrik-Loft, sondern zum ausgebauten Dachgeschoß des Industriegebäudes: ein Großraumbüro, das durch die Dachbalken in kleine Arbeitsbezirke unterteilt ist. Links befindet sich eine Besucherecke mit großem Tisch und vielen Stühlen, daneben steht eine riesige Kaffeemaschine, offensichtlich das modernste und teuerste Elektrogerät im ganzen Raum. Die Schreibtische, soweit unter Akten, Papieren und Videokassetten überhaupt erkennbar, sind so einfach und altmodisch wie die gesamte Ausstattung: keine Designermöbel, nicht eimal etwas aus der Ikea-Büroabteilung. Links von der Eingangstür steht das Regal mit den persönlichen Postfächern: im unteren Bereich das mit der Aufschrift »Lars von Trier«, in der Nähe die Fächer der »Zentropa«-Produzenten Peter Aalbæk Jensen und Vibeke Windeløv. Das große, aber fensterlose Büro des Mitinhabers der Firma liegt eine Treppe tiefer in einer Wohnung auf der anderen Seite des Treppenhauses. Mitten im kreativen Chaos, unter zahllosen Urkunden, Medaillen und anderen Auszeichnungen an der Wand und auf den Regalen steht hier das Modell eines Schlafwagens mit der Aufschrift »Zentropa« – eine Erinnerung an den Film, mit dem Jensens Zusammenarbeit mit Lars von Trier und ihre gemeinsame Erfolgsstory begann.

1988 hatte Trier seinen künstlerischen und damit auch finanziellen Kredit, den er sich durch THE ELEMENT OF CRIME erworben hatte, in Dänemark mit EPIDEMIC weitgehend verspielt. Mit einem ›ungehobelten‹ Low-Budget-Spielfilm, der dazu noch die nationalen Förderinstitutionen aufs Korn nahm und kommerziell völlig erfolglos war. Außerdem galt Trier als kapriziös und schwierig. »Damals wollte niemand, kein Produzent in Dänemark und Skandinavien, mit Lars zusammenarbeiten«, erzählt Peter Aalbæk Jensen: »Er war zu ›un-dänisch‹ – sehr arrogant und mit einem vorlauten Mundwerk. Die Leute hatten einfach Angst vor ihm.«[1] – Jensen nicht: Er besorgte für EUROPA zuerst Produktionsgeld aus Deutschland und Frankreich, wo Trier als Autorenfilmer hoch geschätzt wurde. Erst dann konnte er »die skandinavischen Institutionen zwingen, ihren eigenen Regisseur zu unterstützen« (Jensen).

Ihr gemeinsamer Lohn war im Mai 1991 der Gewinn des Preises für die herausragende Filmtechnik bei den Filmfestspielen in Cannes. Als seine ganz persönliche Auszeichnung betrachtet Peter Aalbæk Jensen die Treue und Loyalität, die ihm Lars von Trier danach bewies. Die amerikanischen und europäischen Produzenten, die sich plötzlich für den talentierten Regisseur aus Dänemark zu interessieren begannen, verwies dieser an seinen Produzenten Jensen. Doch die großen Firmen wollten natürlich nicht mit einem Filmproduktions-Nobody in Geschäftsbeziehungen treten. Deshalb gründeten Lars von Trier und Peter Aalbæk Jensen 1992 als 50%-Teilhaber ihre eigene Firma und benannten sie nach der Schlafwagengesellschaft in EUROPA.

Die Einnahmen der Firma kamen in den ersten Jahren vor allem von Werbekunden und wurden in den Aufbau der Technik gesteckt. Heute verfügt »Zentropa« über einen vollständigen Gerätepark mit Postproduction: von der Aufnahmetechnik mit Kameras und Licht über Montage-, Tricktechnik und Tonmischung bis zur Video-MAZ-Technik. Inzwischen existieren unter dem Dach der Mutterfirma 13 kleinere Unternehmen (meist mit 100%- oder 50%-Beteiligung), die sich mit den unterschiedlichen Bereichen der Produktion beschäftigen, zum Beispiel eine Gerätevermietung und – am wichtigsten für das internationale Geschäft – die Vertriebsfirma »Trust Film Sales«[2].

»Zentropa« ist kein Dienstleistungsunternehmen für das genialische Schaffen des Autorenfilmers Trier. Gearbeitet wird mit dem »doppelten Robin-Hood-Effekt« (Jensen): Die Firma nimmt das Werbegeld der reichen Industrieunternehmen und nutzt es für die Produktion von Spielfilmen, und sie nimmt Geld des reichen Regisseurs Lars von Trier und investiert es in junge Filmemacher. Auf diese Weise bekam zum Beispiel auch Thomas Vinterberg, mit dem Trier das »Dogma 95«-Manifest verfaßte, die Chance für seinen ersten Kinofilm DE STØRSTE HELTE (Die stärksten Helden, 1996).

---

1   Denselben Eindruck von Trier hatte damals auch Vibeke Windeløv, die ihn später näher und als einen ganz anderen Menschen kennenlernte. (Im Gespräch mit mir, 1997) Seit BREAKING THE WAVES arbeitet sie für ihn als Produzentin.

2   Inzwischen hat „Zentropa" in Hvidovre, außerhalb von Kopenhagen ein riesiges Kasernengelände erworben, auf dem die Firma die gesamte Technik untergebracht und eigene Studiohallen eröffnet hat. Peter Aalbæk Jensen hofft, daß sich viele weitere Firmen dort ansiedeln und das „Zentropa"-Gelände zu einer Art dänisches Hollywood machen. Im Sommer und Herbst 1998 wurden von „Zentropa" sowohl die nostalgische Familienserie „Morten Korch" (Trier: ein bißchen „Blut und Boden"), die Lars von Trier als *script supervisor* betreute, unter dem Firmennamen „Pussy Power" mit Zustimmung von trier aber auch Pornofilme produziert, vor allem für ein weibliches Publikum und Paare.

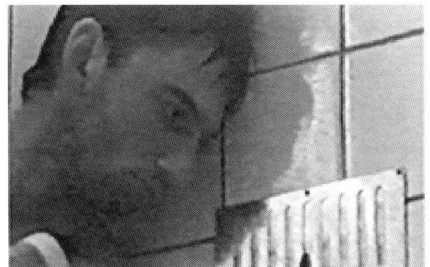

Für den »Zentropa«-Teilhaber Trier waren die kapitalistischen Gegebenheiten weniger Zwänge als Herausforderung und boten die Gelegenheit, seinem medialen Spieltrieb und seiner Experimentierfreude freien Lauf zu lassen. Wer nur seine frühen ernsten, ›seriösen‹ Werke kennt, kann es kaum glauben: Lars von Trier hat mit Begeisterung und Verve eine lange Reihe von Werbespots und Videoclips gedreht, außerdem Fernseh-Shows und Talkshow-Formate inszeniert und entwickelt. Wer ein bißchen in dieser Produktionskiste wühlt und sich einige der bunten Bausteine genauer ansieht, lernt eine ganz andere Seite seiner kreativen Persönlichkeit kennen.

Man erfährt unter anderem, daß der Regisseur nicht nur sarkastisch und ironisch, sondern auch einfach komisch sein kann. Zum Beispiel in seinem bekanntesten und witzigsten Spot SAUNA, den Trier 1986 für die dänische Zeitung EXTRA BLADET drehte: Ein junger Mann beobachtet durch eine Lüftungsklappe lustvoll die nackten, schönen Frauen in der Nachbarsauna. Plötzlich kommt eine strenge Bademeisterin herein und schreitet wie bei einem Appell die Reihe der nackten Männer ab, die demutsvoll ihre Blöße bedecken. Der junge Mann dagegen hat bequem seine Hände unter seine Arme geschoben, während in Hüfthöhe, nach vorne gerichtet, ein Exemplar der beworbenen Zeitung hängt – mit der Textzeile: »Was würden Sie tun ohne EXTRA BLADET?«

Als die Zeitung zehn Jahre später wieder anklopfte und für viel Geld weitere Spots bestellen wollte, nahm der listige und geschäftstüchtige Trier das Angebot an. Inzwischen hatte aber EXTRA BLADET in übelster und unverschämtester Boulevardmanier Triers Privatleben, vor allem die Trennung von seiner

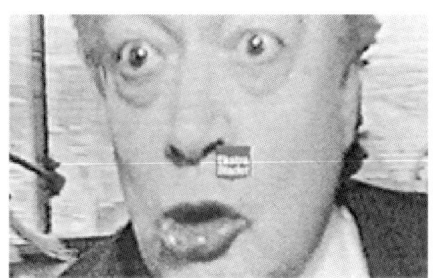

Frau ausgeschlachtet. Dafür nahm der Regisseur subtile Rache: Nachdem er sich per Vertrag völlige Gestaltungsfreiheit gesichert hatte, engagierte Trier den Schauspieler Ernst-Hugo Järegård, der in EUROPA den ewig mißgelaunten Onkel und in der Serie GEISTER zwei Jahre zuvor Dr. Helmer, das Ekelpaket aus Schweden, gespielt hatte. Er setzte Helmer/Järegård in ein Eckzimmer des Reichshospitals, hoch über Kopenhagen, und ließ den Schweden in den sechs bestellten Spots thematisch variiert, mit Flüchen und unflätigen Beleidigungen die Dänen im allgemeinen und die Zeitung EXTRA BLADET im besonderen beschimpfen.

Schon 1985, ein Jahr nach THE ELEMENT OF CRIME, hatte Lars von Trier sein Talent für das Genre *soap opera* bewiesen – mit einem zwanzigminütigen Kurzspielfilm für die Fluggesellschaft SAS, der von vielen weiteren Firmen zusätzlich gesponsort wurde. In GATEWAY EUROPE nimmt Trier (nach eigenem Drehbuch) das Verschwinden von sieben Hundebabys zum Anlaß, die Hilfsbereitschaft und Liebenswürdigkeit der Menschen auf dem Kopenhagener Flughafen und in der Luft zu zeigen. Dabei passieren merkwürdige Dinge: Durch die Computerterminals geistern plötzlich ›Phantom-Grafiken‹ der gesuchten Vierbeiner, und irgendwann purzeln Hunderte von Spielzeughunden von den korrekt laufenden Förderbändern. Triers freundliche, ironische Darstellung des Großbetriebs, mit immer lächelnden Flugangestellten, einer schrillen amerikanischen Hundebesitzerin und den niedlichen Hündchen machten den Werbefilm zu einer doppelbödigen Satire. Darin spürt man eine ähnlich spielerisch kühle Einstellung des Autors zu seinen Figuren wie neun Jahre später in seiner TV-Produktion GEISTER.

Für Sony Deutschland inszenierte Trier 1992 einen Clip, der für eine neue Audiocassette mit einem speziellen Plastikblock warb. Das Bauteil wird, gigantisch vergrößert, an einem Industriekran zwischen zwei riesigen Cassettenspulen in eine Halle geschwenkt, in der eine Masse junger Leute gebannt und andächtig die Aktion verfolgt. Die Szene wirkt wie ein Zitat der pathetischen Szene aus EUROPA, in der ein riesiger Eisenbahnwaggon von schweigenden Menschen aus einer Halle gezogen wird.

Ein ganzes Leben in acht Szenen und 46 Sekunden ließ Lars von Trier 1993 in einem Spot für die französische Versicherungsgesellschaft CNP ablaufen.

Dabei stellte er seine souveräne Kenntnis technischer Möglichkeiten ganz in den Dienst der romantisch-sentimentalen Geschichte: ein Lebenslauf, der in einer scheinbar durchgehenden Parallelfahrt der Kamera inszeniert ist. Zu sanfter französischer Volksmusik sehen wir einen kleinen Jungen eine Straße entlanggehen, der sich (im Vorbeifahren eines Autos) in einen Jüngling verwandelt, der ein Mädchen trifft, dann als Mann mit dem Mädchen, das jetzt seine Frau ist, weitergeht, nun mit gemeinsamen Kindern, dann zu einer Hochzeit und schließlich einen Enkel an der Hand hält, der vor ihm her aus dem Bild läuft.

Weil Lars von Trier das Gefühl hatte, noch nicht genug Erfahrung und Routine in der Regiearbeit mit Schauspielern zu haben, bat er seinen älteren Kollegen Morten Arnfred darum, als Co-Regisseur mitzuwirken.[1] Damit begann ihre künstlerische Zusammenarbeit, in der die Fernsehserie GEISTER (I und II), das Live-Soap-Theater-Projekt »Psychomobile«[2] und BREAKING THE WAVES entstanden.

Morten Arnfred, geboren 1945, arbeitete immer als der ›Mann im Hintergrund‹. Er ist selbst ein erfahrener Regisseur, der schon 1975 mit MÅSKE KU' VI seinen ersten Spielfilm und dann sechs weitere drehte, von denen

einige auf internationalen Filmfestivals ausgezeichnet wurden.[3] Trotzdem stellte er sein Talent ganz in den Dienst der Projekte Triers und Vørsels und

---

1   Arnfred im Dokumentarfilm TRANCEFORMER von Stig Björkman.
2   Vgl. Kapitel »Die Ameisen in der Weltuhr«.
3   Weitere Filme Arnfreds: JOHNNY LARSEN (1980) und HIMMEL OG HELVEDE (1989).

Morten Arnfred, der »Mann im Hintergrund«, mit Lars von Trier bei den Dreharbeiten zu BREAKING THE WAVES

sprang ein, wenn der jüngere Meister bei den Dreharbeiten Hilfe brauchte: Arnfred führte, per Funk mit Trier verbunden, bei BREAKING THE WAVES die Regie auf der Öhlbohrinsel auf dem Meer und bei »Psychomobile«, dem Live-Rollenspiel im Kopenhagener Kunstverein. Oft war er auch vor Ort auf den Sets von GEISTER, während Trier die Dreharbeiten in einem anderen Raum am Monitor verfolgte. Bei BREAKING THE WAVES, als sich Lars von Trier erstmals wirklich und mit aller Intensität auf die Arbeit mit seinen Schauspielern einließ, fühlte sich Morten Arnfred zum ersten Mal manchmal überflüssig.[1]

Eine weitere Produktion aus der Ideenkiste Lars von Triers, die seine Firma »Zentropa« realisiert und betreut, ist das Jahrzehnte-Projekt DIMENSIONS: ein Spielfilm, für den über 25 Jahre hinweg jedes Jahr nur etwa zwei bis drei Minuten gedreht werden sollen. Die Szenen schreibt Trier zusammen mit Niels Vørsel. In jedem Jahr müssen die beiden Autoren ihre Geschichte weiterspinnen und dabei berücksichtigen, welche Schauspieler zur Zeit der Dreharbeiten verfügbar sind. »Dabei nutzen wir die Dokumentarfilm-Qualität der Tatsache, daß die Darsteller und die Welt sich verändern: Leute werden älter, sterben. Man kann nur den Dingen ihren Lauf lassen und schauen, was die Jahre bringen werden.«[2]

---

1   Arnfred im Dokumentarfilm TRANCEFORMER von Stig Björkman.
2   Trier im Interview mit Kraft Wetzel (1997).

Zuerst hatten Trier und Vørsel noch eine sehr konventionelle Geschichte erzählen wollen, doch im Lauf der Arbeit stellte sich heraus, daß ein sehr unkonventioneller Film zu erwarten ist, der »nicht sehr befriedigend sein wird, wenn man ihn an dramaturgischen Regeln mißt, aber sehr interessant, weil er sich so stark entwickelt und an so vielen Orten bewegt« (Trier).

Die schon gedrehten Filmteile und die Handlung werden von Trier genauso streng geheimgehalten wie die neuen Drehbücher der GEISTER-Serie. Im Interview mit Peter Körte verriet er nur soviel vom Inhalt der ersten drei Minuten von DIMENSIONS, daß Eddie Constantine darin über die Croisette fliegt, so etwas wie »Cannes Shit« sagt und nach der Landung Udo Kier ein Puzzle mit den Worten überreicht: »This will be my last delivery«.[1] Im darauffolgenden Jahr drehte Trier mit Constantine noch in seinem Haus in Wiesbaden einen weiteren Abschnitt von DIMENSIONS. Kurz darauf starb Constantine.

1   epd Film, 7/91

Mit Lachgas und Skalpell

Die Neuerfindung der Krankenhaus-Soap GEISTER I

Lars von Triers enorme mediale Vielseitigkeit paßt überhaupt nicht zu seinem Image als puristischer ›Kunst‹- und Autorenfilmer. Er selbst hat immer wieder gesagt, daß ihm die Ausflüge in die verschiedenen Bereiche der Bilderproduktion großen Spaß gemacht haben. In den kleinen Formen der Spots und Videos konnte er ohne das Risiko einer teuren Kinoproduktion technische und erzählerische Elemente und Stile ausprobieren.

Doch Triers große Produktivität – 1991-94 vier Musikvideos, neun Werbespots, dazu unter anderem die Konzeption einer Talkshow („Lehrerzimmer"[1]) und einer Interviewsendung („Marathon"[2]) – wurde auch durch den Umstand gefördert, daß sein Produzent noch nicht ausreichend Geld für seinen nächsten Spielfilm BREAKING THE WAVES aufgetrieben hatte. So erfüllte »Zentropa«, die Firma, die er mit Peter Aalbæk Jensen gegründet hatte, eine doppelte Funktion: Trier konnte mithelfen, das Unternehmen finanziell auf die Beine zu bringen, dafür verschaffte ihm »Zentropa« Aufträge, die seine Kreativität forderten.

Berührungsängste vor dem Fernsehen hatte Trier nie gehabt. Schließlich war er schon mit zwölf Jahren als Schauspieler in einer TV-Serie aufgetreten (HEMMELIG SOMMER, 1968). Und falls Trier später einen Widerwillen gegen das Medium entwickelt haben sollte, bei MEDEA hatte er ihn überwunden, weil ihm das Projekt wichtig erschien. Als Svend Abrahamsen, verantwortlicher Leiter für Co-Produktionen bei der dänischen Fernsehstation »Danmarks Radio TV«, ihn 1992 fragte, ob er für ihn eine TV-Serie drehen wolle, ging Lars von Trier deshalb auch sofort auf den Vorschlag ein. Zusammen mit Niels Vørsel entwickelte er die Idee zu einer Krankenhausserie mit Horrorelementen[3], wobei sie zu einem Drehort ihres Spielfilms EPIDEMIC zurückkehrten, ins »Reichskrankenhaus« in Kopenhagen.[4]

Das Drehbuch für die vier Folgen von insgesamt viereinhalb Stunden schrieben Vørsel und Trier Anfang 1993 in nicht einmal zwei Monaten. Mög-

---

1   In den sechs Folgen von LÆRERVÆRELSET (1994) befragte ein mit Prominenten besetztes »Lehrerkollegium« Persönlichkeiten der dänischen Öffentlichkeit nach ihrem Leben und ihren Ansichten, zum Beispiel auch Claes Kastholm Hansen vom dänischen Filminstitut, der Triers Film EPIDEMIC förderte und darin mitspielte.

2   In MARATHON (1996) läßt sich eine bekannte Persönlichkeit darauf ein, zwölf Stunden vor laufender Kamera mit einem Interviewer zu verbringen. Aus dem Material wurde jeweils eine Sendung zusammengeschnitten. Ein Befragungsspiel für Voyeure, das Lars von Trier wahrscheinlich deshalb einfiel, weil es für ihn einen Alptraum darstellt, dem er sich garantiert nicht selbst aussetzen würde.

3   Abrahamsen brauchte für das Projekt ein Treatment, das Trier nur widerwillig herstellte, weil er früher immer gleich am Drehbuch gearbeitet hatte. Nach der positiven Erfahrung mit den Treatments bei GEISTER, so Abrahamsen, schaltet Trier inzwischen immer ein Treatment zwischen Idee und Drehbuch.

4   Der dänische Originaltitel der Serie, RIGET (Reich), ist auch der Spitzname des Reichskrankenhauses, der größten Klinik Dänemarks.

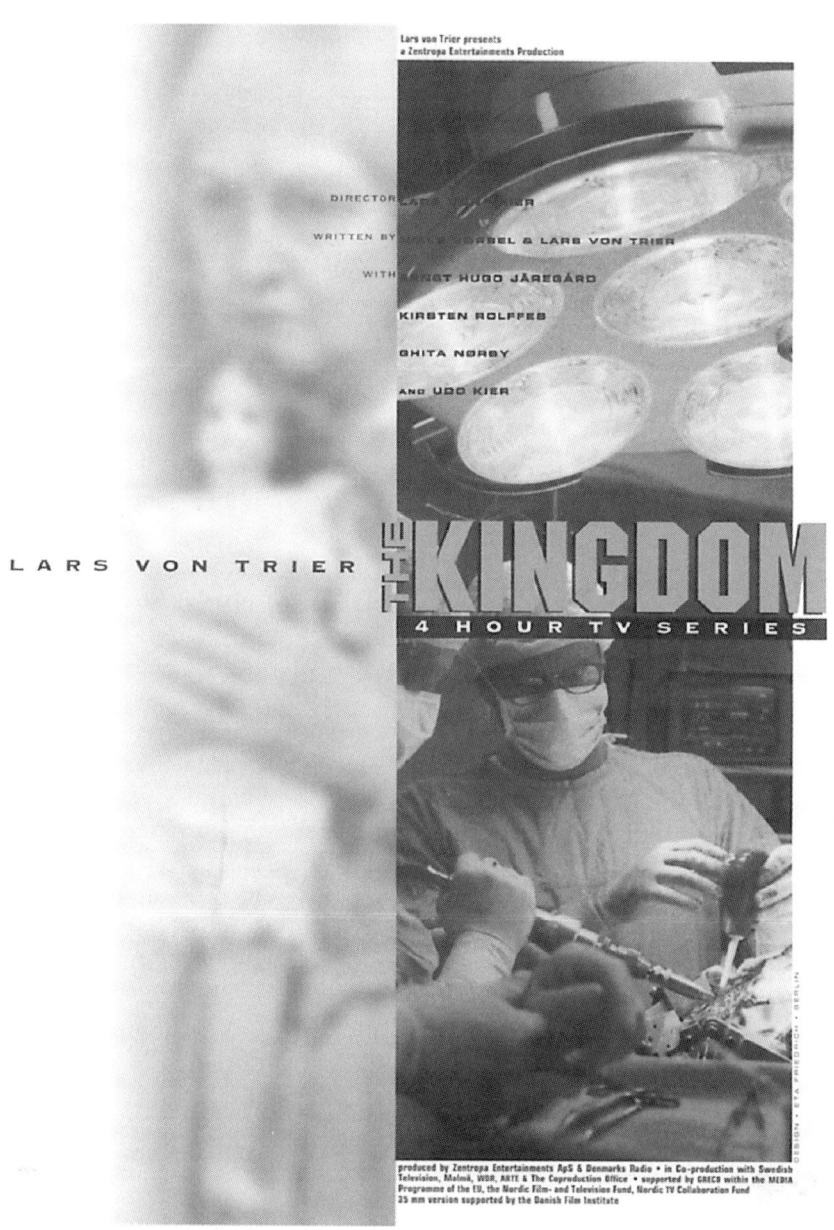

Lars von Trier presents
a Zentropa Entertainments Production

DIRECTOR LARS VON TRIER

WRITTEN BY NIELS VØRSEL & LARS VON TRIER

WITH ERNST HUGO JÄREGÅRD

KIRSTEN ROLFFES

GHITA NØRBY

AND UDO KIER

LARS VON TRIER THE KINGDOM

4 HOUR TV SERIES

produced by Zentropa Entertainments ApS & Denmarks Radio • in Co-production with Swedish
Television, Malmö, WDR, ARTE & The Coproduction Office • supported by GRECO within the MEDIA
Programme of the EU, the Nordic Film- and Television Fund, Nordic TV Collaboration Fund
35 mm version supported by the Danish Film Institute

Unter dem Titel »The Kingdom« wurde Triers Serie in zahlreiche Länder verkauft.
Der Hollywood-Major Columbia kaufte die Rechte für ein Kino-Remake

licherweise war der Termindruck des Fernsehens der Hauptgrund für dieses Tempo, vielleicht auch Triers Sorge, seine Spielfilmproduktion könne sich sonst verzögern. Wichtiger als die Gründe sind die Auswirkungen der Eile auf die Arbeitsweise der Autoren und das künstlerische Konzept der Serie. Niels Vørsel und Lars von Trier haben bei GEISTER wieder so gearbeitet, wie sie es nach eigenen Angaben auch bei THE ELEMENT OF CRIME getan und in EPIDEMIC thematisiert haben: Sie schrieben das Drehbuch in einem großen kreativen Rausch und wochenlangem *brainstorming*, bei dem keine Absurdität und keine Schnapsidee[1] ungenutzt blieb. In vielen Interviews haben Trier und Vørsel immer wieder ihre Arbeitsregel Nr. 1 genannt[2]: Kein Gedanke, keine Drehbuchidee darf verworfen werden, alles wird ins Skript eingebunden. Trotzdem entstand auf diese Weise keine wirre, verfranste Story. Denn die Autoren paßten ihre Einfälle in den Rahmen eines Treatments, eines Drehbuchentwurfs ein, mit dem sie vorher schon die Grundzüge der Handlung festgelegt hatten.

Das künstlerische Ergebnis war erstaunlich, selbst wenn man die dramaturgische Intuition der beiden Autoren und ihre Teamerfahrung berücksichtigt. Doch der weltweite Erfolg auf Festivals und beim Publikum war noch überraschender. Denn THE KINGDOM, so der internationale Titel der Serie und der Kinofassung, hatte weder internationale Stars noch andere Schauwerte zu bieten, und die Effekte und Tricks waren unter den gegebenen TV-Produktionsbedingungen eher bescheiden. Außerdem erzählte Trier seine Krankenhaus-Saga in einem visuellen Stil, der den durchschnittlichen Fernsehserienzuschauer eher irritierte: Die Kamera stand nie auf einem Stativ, sondern bewegte sich immer auf der Schulter oder am Arm des Kameramanns Eric Kress; die Montage war assoziativ, sprunghaft und anstrengend, das Filmmaterial meist grobkörnig, weil es besonders lichtempfindlich sein mußte.[3]

Der Siegeszug von THE KINGDOM begann im September 1994 in einem unscheinbaren Kinosaal in Venedig, im »Finestra sulle Imaggine« (Fenster zu den Bildern), einer Nebenreihe der Filmfestspiele. Weil sie nur seine Spielfilme THE ELEMENT OF CRIME und EUROPA kannten, waren viele Kritiker überrascht, daß der schwierige dänische Filmkünstler Trier eine echte *soap opera* gedreht hatte, und dann auch noch eine so witzige und ironische. Aber es war eben nicht nur eine *soap opera*, sondern auch ein Film mit einer persönlichen Handschrift, ein echtes Lars-von-Trier-Projekt. Das zeigen schon und gerade die ersten zehn Minuten von GEISTER.

Die Geschichte beginnt mit einem Rückblick in die Vergangenheit und mit einer bedeutungsvoll und pathetisch sprechenden Stimme aus dem Off:

---

1   Durchaus in der doppelten Bedeutung des Wortes zu verstehen.
2   Auch in den Gesprächen, die ich mit ihnen im Januar 1997 in Kopenhagen führte.
3   Gedreht wurde auf 16mm, für den Kinoeinsatz wurden davon dann 35mm-Kopien hergestellt.

Das Königliche Reichskrankenhaus steht auf uraltem Sumpfland. Hier waren in alten Zeiten die Färberteiche, hier wässerten die Bleicher ihre riesigen Tücher. Der Dampf, der aus den nassen Stoffen aufstieg, hüllte den Ort in dauernden Nebel.

Die Bilder, die wir dabei sehen, wirken so, als ob sie für die Sumpfszene in MEDEA gedreht worden wären: kahl emporragende Äste, dazwischen Arbeiter, die sich in Zeitlupe und in Überblendungen durch einen fast undurchdringlichen milchigen Nebel bewegen und Stoffe auswringen. Die Kamera gleitet wie in MEDEA unter die Wasseroberfläche und weiter nach unten, während die Stimme weiterspricht und von der Gründung des Hospitals erzählt:

Zum krönenden Abschluß nannten sie das Krankenhaus »Das Königreich«. Von nun an sollte gemessen und gezählt werden, auf daß nie mehr Aberglaube und Unwissenheit die Bastion der Wissenschaft erschüttere. Aber vielleicht wurden sie zu anmaßend in ihrem hartnäckigen Leugnen der spirituellen Welt, denn es ist, als wären Dampf und Kälte zurückgekehrt. Im Gebäude werden kleine Ermüdungsrisse sichtbar. Noch merkt man wenig. Doch die Tore zum Königreich tun sich wieder auf.

Die Kamera ist inzwischen im Halbdunkel des sumpfigen Grundes angekommen und zeigt nun während der letzten Worte, begleitet von unheimlichem Rauschen und Glucksen, wie sich aus dem Boden zwei Hände ins Wasser emporstrecken. Danach, unter dem Titel GEISTER, blicken wir auf eine Holzwand, aus der durch einen langen Riß ein roter (Blut-)Strom hervorbricht.

In diesem Prolog, der jede der vier Folgen von GEISTER einleitet[1], greift Lars von Trier noch einmal tief in seine persönliche Schatzkiste, zitiert einige hypnotische Bilder aus seinen früheren düsteren Filmen und präsentiert dazu in der körperlosen Stimme des ahnungsvollen historischen Rezitators die fast biblische Diktion des Hypnotiseurs in EUROPA. Doch dann klappt Trier die Kiste wieder zu und führt uns ein ganz anderes Sortiment vor, einen großen

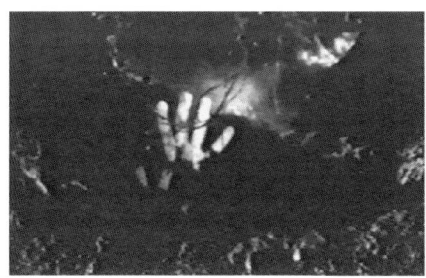 

---

1 Gemeint ist hier die erste, vierteilige Staffel der Serie, die in Deutschland als Gesamtwerk unter dem Titel THE KINGDOM – HOSPITAL DER GEISTER im Kino lief. In Arte wurde sie in einer von Trier auf Wunsch der Fernsehanstalt hergestellten fünfteiligen Fassung und in West III, 3sat und ORF in zwei Teilen unter dem Titel GEISTER ausgestrahlt.

Baukasten mit vielen bunten Erzählbausteinen, die Aufschriften wie »Soap«, »Ärzteserie« und »Gruselstory« tragen.

Nach dem Titel beginnt mit der hektischen, rockigen Titelmusik der Vorspann. Als mehrfach eingeschnittenes Negativbild sieht man einen Krankenwagen, dazwischen die wichtigsten Protagonisten: den bösartigen schwedischen Oberarzt Dr. Helmer, die Simulantin und Geisterjägerin Frau Drusse, den naiven Chefarzt Dr. Moesgaard, den nebenher Kokain produzierenden Dr. Krogshøj und den verbrecherischen Dr. Aage Krüger – Udo Kier als böser Geist aus der Vergangenheit.

In den ersten beiden Szenen der ersten Folge bedienen Trier/Vørsel jene Zuschauer, die gerne Mystery-Serien anschauen: Ein Krankenpfleger sieht im Halbschlaf auf einem Bildschirm einen Krankenwagen mit Blaulicht. Er geht nach draußen, blickt in den leeren Innenraum des Fahrzeugs und kehrt dann ratlos ins Gebäude zurück. Am Eingang spricht er einen Arzt an, Dr. Krogshøj, und fragt ihn, ob gerade jemand eingeliefert worden sei. Dabei zeigt er in Richtung des Krankenwagens, doch der ist plötzlich verschwunden. Dr. Krogshøj schaut ihn kurz an, wie jemanden, der an Hirngespinsten leidet. Der Pfleger sitzt wieder in seinem Dienstraum. Er füttert seinen Hund, der freudig schwanzwedelnd zur Tür hereingekommen ist. Plötzlich scheint sich etwas zu verändern: Der Pfleger schaut beunruhigt nach oben auf den Monitor und sagt: »Siehst du auch was Merkwürdiges?« Während der Hund knurrend nach oben springt, sehen wir in Reißschwenks ruckelnde Fernsehbilder eines Zebrastreifens.

Mit diesen zwei unlösbaren Bilderrätseln locken uns Trier und Vørsel in ihr Geister-Hospital und setzen erst danach den Mechanismus der vielen ineinander greifenden Geschichten in Gang. In den folgenden Sequenzen lernen wir den Stil und die Hauptfiguren der Serie kennen und sehen, wie Trier und Vørsel die wichtigsten Handlungsfäden auslegen. Der Faden zum Außersinnlichen führt über Frau Drusse. Wegen eingebildeter oder vorgeschobener Leiden hält sich die ältere Frau häufig im Krankenhaus auf, um dort ihren Lieblingsbeschäftigungen nachzugehen, dem Pendeln und Geisterbeschwören. Gerade wieder mal aufgenommen von Dr. Krogshøj, ist sie im Aufzug unterwegs zur neurochirurgischen Station. Da hört sie ein Geräusch, das sie

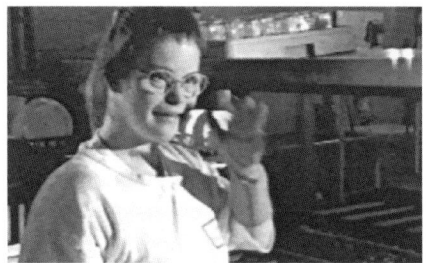

Die Seher in der Abwaschküche: Vita Jensen und Morten Rotne Leffers

und uns bis zum Ende nicht mehr loslassen wird: das Weinen eines Kindes. Die Krankenschwester, die Frau Drusse am Aufzug abholt, glaubt ihr selbstverständlich kein Wort. Für alles gibt es doch eine rationale Erklärung. Doch wir wissen bereits mehr, gehören schon zu den ›Eingeweihten‹.

Akustisch unterfüttert wird die Szene, wie alle, die mit der Welt der Geister zu tun haben, mit einem unheimlichen Soundeffekt. Es beginnt als ein Glucksen wie in der Vorspannsequenz im Sumpf und endet mit einem rückwärts abgespielten Explosions- oder Knallgeräusch, das so ähnlich klingt, als würde jemand plötzlich und heftig einatmen. Nach dieser Szene führen Trier und Vørsel zwei Figuren ein, die nicht zum Stammpersonal einer normalen Krankenhausserie gehören: einen jungen Mann und eine junge Frau, die beide offenbar am Down-Syndrom leiden. Sie arbeiten irgendwo im Keller in der Abwaschküche und spielen selbst keine Rollen im Intrigenspiel des Krankenhauses. Und doch sind sie die einzigen Figuren, die aus unbekannten, übernatürlichen Gründen den Überblick über alle Ereignisse haben. Ähnlich wie der Chor in der antiken griechischen Tragödie wird das Paar in der Küche im Lauf der Serie immer wieder den Gang der Handlung kommentieren und begleiten. Hier am Anfang erzählt der junge Mann seiner Kollegin, daß »das Mädchen« sich »vor der alten Dame« im Aufzug »offenbart« habe.

Es folgt der grandiose erste Auftritt von Dr. Helmer, der unangenehmsten, rücksichtslosesten und komischsten Figur der Serie. Zuerst schleppt der schwedische Oberarzt die Radkappen seines Autos mit ins Krankenhaus[1], dann beschwert er sich in einem Büro lautstark über eine Gehwegplatte, über die er vor einer Gruppe feixender Kinder gestolpert sei. In der nächsten Szene schnauzt Dr. Helmer die gesamte versammelte Ärzteschaft an, weil man es gewagt hat, ohne ihn mit der morgendlichen Besprechung zu beginnen. Zwischendurch wird hier der Handlungsfaden für eine eigene Story ausgelegt: Mogge, Sohn von Chefarzt Moesgaard, Medizinstudent und Hospitant, erkundigt sich, ob er am »Schlaflabor« teilnehmen könne. Später

---

[1] Trier und Vørsel variieren diesen Auftritt ironisch am Anfang von GEISTER II, wenn sie Dr. Helmer auf Rollschuhen zur Arbeit kommen lassen.

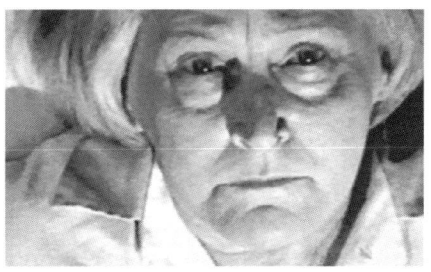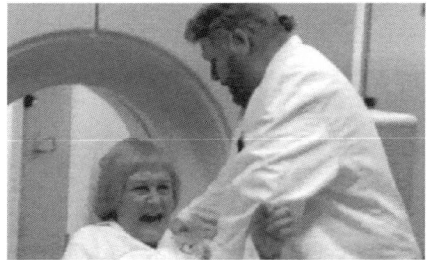

Frau Drusse (Kirsten Rolffes) und ihr ewig unmündiger Sohn Bulder (Jens Okking)

erfahren wir, daß er auf diese Weise nur der von ihm angebeteten Schwester Camilla näherkommen will, die ihn jedoch lange abweisen wird. Im Finale von GEISTER werden die beiden eine wichtige Rolle spielen. Doch erst einmal geht die Ärztebesprechung weiter: Dr. Helmer kanzelt Dr. Krogshøj vor den Kollegen ab, weil der es gewagt hat, bei einer Patientin ohne Genehmigung eine teure Computertomographie anzuordnen. Noch bevor etwas Besonderes passiert ist, hat sich der Oberarzt damit Stationsarzt Krogshøj für die gesamte Serie zum Intimfeind gemacht. Pech für Krogshøj, daß der Oberarzt damit ins Schwarze getroffen hat: Frau Drusse ist, wie sich herausstellt, tatsächlich eine berüchtigte Simulantin. Doch Dr. Helmers Protest kommt zu spät: Die Computeraufnahme wird gerade gemacht. Zu seiner Kollegin und Geliebten gewandt, die er später auf üble Art sitzenlassen wird, stößt der Schwede mit großer Geste wie einen Stoßseufzer sein noch oft wiederholtes Credo hervor: »Rigmor, was alles muß man hierzulande an Erniedrigungen erdulden, hier im verfluchten Land der Dänen?«

Auch Frau Drusses Sohn Bulder, der als Pfleger im Krankenhaus arbeitet, hat die neue Einweisung seiner Mutter und die teure Computeraufnahme nicht mehr verhindern können. Er ergibt sich in sein Schicksal, das ihm auferlegt, seiner Mutter in der ganzen Serie als treuer Sohn und Diener auf der Suche nach den dunklen Kräften des Reichskrankenhauses behilflich zu sein.

Mit groben, aber klaren Strichen skizzieren Trier und Vørsel hier in kurzer Zeit die dramatische Exposition zu ihrer gesamten Krankenhaus-Soap, und das gleich mit der kräftigen Mischung von skurrilem und schwarzem Humor, die die Serie so populär gemacht hat. Mit den existentiellen Fragen der Serie, mit Geistern und Erscheinungen, hat Dr. Helmer (Ernst-Hugo Järegård) nichts zu tun; für ihn ist das alles »Quatsch«. Dagegen ist er in den Fachgebieten Intrige, Mobbing und schmutzige Tricks *die* zentrale Figur der Serie. Mit seinem miesen Charakter erscheint er wie schon der Onkel Kessler in EUROPA als schwedischer Wesensverwandter und intellektuelle, zeitgenössische Variante von ›Ekel Alfred‹ (Alfred Tetzlaff alias Heinz Schubert in Wolfgang Menges klassischer Fernsehserie »Ein Herz und eine Seele«). Seine Funktion in der Serie ähnelt allerdings mehr der von J. R.

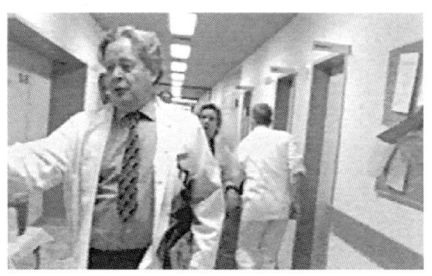

Ewing (Larry Hagman) in »Dallas«. Allerdings wird Dr. Helmer, anders als J. R., so überzeichnet bösartig und dabei manchmal so vertrottelt dargestellt, daß wir ihn meist nicht ganz ernst nehmen können. Er ist der Bösewicht vom Dienst, ein Unsympath, bei dem auch gelegentliche menschliche Regungen nur seinen

Grundcharakter bestätigen: egoistisch und herzlos – vor allem in seinem ausbeuterischen Liebes- verhältnis zur geduldigen Rigmor –, hinterhältig und gemein in seinen Intrigen gegen die Kollegen, herablassend und diktatorisch gegenüber allen Patienten, außerdem feige und ängstlich, wenn er später die Verant-

Dr. Helmer (Ernst-Hugo Järegård) und sein Chef (Holger Juul Hansen)

Setzt seinen Körper für die Wissenschaft ein: Dr. Bondo (Baard Owe)

wortung für einen fatalen Kunstfehler tragen soll. Trotz dieser üblen Charaktereigenschaften hatte Dr. Helmer im Nu die größte und treueste Fangemeinde aller Protagonisten von GEISTER. Das verbindet ihn mit seinen ›Kollegen‹ aus Texas und Deutschland. Außerdem erscheint der schwedische Oberarzt im Vergleich mit den dunklen, übersinnlichen Kräften in Triers Reichskrankenhaus nur als komische Figur. Genau diesen Eindruck provozieren Trier/Vørsel bei der ersten Begegnung von Dr. Helmer und der Simulantin. Allerdings kommt in dieser Szene auch der Okkultismus von Frau Drusse nicht viel besser weg: Während der wutschnaubende Oberarzt auf dem Weg zu ihrem Zimmer ist, befindet diese sich mitten in einer Seance mit anderen Patientinnen. Dabei sieht sie einen Mann, der in ihren Kreis eindringen wolle: »Er nähert sich schon. Er ist haarig, groß, primitiv. Ein ekelhafter Mann.« Und weil sich Dr. Helmer von dem Zettel an der Tür (»Bitte nicht betreten, es sind astrale Wesenheiten im Raum«) nicht abhalten läßt, ist damit die Geisterbeschwörung schon zu Ende. Der Oberarzt hält Frau Drusse und dem zerknirscht zuhörenden Krogshøj genüßlich ihre 25 Aufenthalte im Reichskrankenhaus vor und identifiziert auf ihrer Computeraufnahme ein »winziges graues Zellklümpchen, das im Volksmund gewöhnlich Gehirn genannt wird«. Außerdem nimmt er ihr übel, daß sie ihr Symptom wörtlich aus einem Einführungsbuch der Neurologie übernommen habe.

An dieser Stelle sind (einschließlich Prolog und Vorspann)

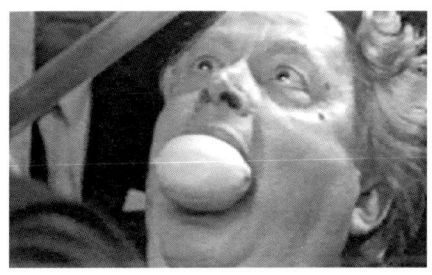

Auch Dr. Helmer muß das Ritual der Ärzteloge absolvieren.

nicht einmal 17 der über 270 Filmminuten vergangen, und Trier/Vørsel haben uns schon ganz eingefangen im Mini-Universum ihres verrückten Krankenhauses. So abstruse Dinge sich darin auch noch entwickeln werden – die Geheimloge der Ärzte mit ihren freimaurerähnlichen Ritualen,

Dr. Krogshøj (Søren Pilmark) und seine Geliebte Judith (Birgitte Raaberg)

der Arzt, der sich eine verkrebste Leber implantieren läßt, der Schabernack, den der Chefarztsohn mit einem Leichenkopf treibt, oder die Schießübungen, die Rigmor, die Eifersüchtige, im Keller an Krankenhausratten unternimmt –, die Autoren achten darauf, daß die Erzählstränge innerlich plausibel bleiben und auch die absurdesten Drehbuchideen nicht die Struktur der Serie gefährden.

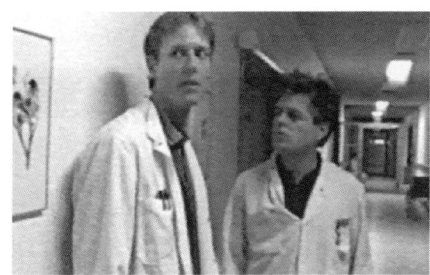

Ein Freund makabrer Scherze: Moesgaards Sohn Mogge (Peter Mygind) und der schüchterne Christian (Ole Boisen)

Das Geflecht der Intrigen und dramatischen Verwicklungen ist so gut und dicht geknüpft, daß es schwer fällt, den Berichten Lars von Triers zu glauben, das Ganze sei wie damals bei den Surrealisten im Prozeß einer *écriture automatique* entstanden. Die Autoren erfüllen souverän die Regeln des Genres und befriedigen auch die vielfältigen Bedürfnisse des durchschnittlichen Serienzuschauers: Geboten werden alle elementaren Gefühlsregungen zwischen Liebe, Antipathie und blankem Haß, dazu fiese Intrigen, komische Situationen, ein nicht zu verwickelter Handlungsverlauf, außerdem schrullige Typen und Charaktere, die zur Identifikation einladen und wie Dr. Helmer geeignet sind, das Publikum zu polarisieren.

Die Keimzelle von GEISTER war, so Trier, etwas sehr Privates: die starken Kindheitserinnerungen an »Belphégor«, eine Gruselserie im Fernsehen, »die mich damals sehr erschreckt hat. Mein nächster Schritt war dann, eine Parallele zum Louvre [wo »Belphégor« spielt, Anm. d. A.] in Kopenhagen zu finden. Der naheliegendste Schauplatz war das große Krankenhaus, das Reichskrankenhaus.«[1]

Die Abweichungen von den Standards der Serienunterhaltung, mit gelegentlichem Bruch von Konventionen, ist ein »dekorativer Verfremdungseffekt«, den Trier schon Jahre vorher in einem Gespräch mit Gunter Göckenjan erläutert hatte. Ganz bewußt nehme er oft seinen Bildern den Hochglanz und mache das Material grobkörnig: Dabei, so Trier, vertrete er eine

»Theorie der kalkulierten Fehler: ein Versuch, immer gegen das Naheliegende und Einleuchtende zu arbeiten. Als Maler, der einen Tisch mit wunderschönem Blattgold überzieht, würde ich nachher mit Schmirgelpapier darübergehen, um es zu vollenden.«[2]

Trier verwendete wohl auch deshalb in GEISTER sehr lichtempfindliches und damit grobkörniges Filmmaterial. Damit sollte Authentizität und ein schein-dokumentarischer, reportagehafter Eindruck vermittelt werden. So konnte mit wenig Technik und Licht an den Originalschauplätzen, in Krankenhauszimmern, Büros und Fluren gedreht werden. Das Material benutzte er aber auch zum ›Abschmirgeln‹ einer allzu aseptisch-›cleanen‹ Krankenhausatmosphäre.

In GEISTER schmirgelte Trier jedoch nicht nur an den Bildern, sondern ebenso an Inszenierung und Schnitt, wobei beides nicht zu trennen ist: Trier ließ Kameramann Eric Kress wie eine zusätzliche Figur, einen Mitspieler agieren. Er zwang ihn damit zu einer ähnlichen Arbeitsweise wie zwei Jahre vorher Woody Allen zum ersten Mal seinen Kameramann Carlo di Palma. Die reportageartig, manchmal hektisch geführte Handkamera in EHEMÄNNER UND EHEFRAUEN (HUSBANDS AND WIVES, 1992) erzeugte darin zusammen mit dem hastig wirkenden Schnitt einen visuellen Erzählstil, der sehr gut die Atemlosigkeit, die Hektik und die Angst in den Beziehungen der beiden Mittelklasse-Paare widerspiegelte.

Auch Triers Kameramann Kress mußte wie bei einer Reportage die Dialoge einfangen. Überraschungen waren für ihn dabei vorgesehen und einkalkuliert. Zum Beispiel in der Szene im Hörsaal: Dr. Bondo (Baard Owe) spricht vor einer Tafel zu seinen Studenten. Dabei geht er im Raum umher, tritt dann wieder plötzlich nach hinten und klopft mit der Kreide an die Tafel. Trier gab

1   THE KINGDOM. Englisches Presseheft.
2   die tageszeitung 7.6.1991.

in den Proben ohne Wissen des Kameramanns dem Schauspieler Instruktionen, wie er sich bewegen, welche Gesten er machen solle. Manchmal versuchten sie dabei sogar, den Kameramann richtig ›auszutricksen‹, sich abzuwenden oder von der Kamera wegzulaufen.[1]

Ebenso wichtig für das ›visuelle Design‹ wie die Kamerabewegungen war der Schnitt: Wie aktuelle TV-Berichte, in denen Inhalt und Atmosphäre wichtiger sind als fließende Schnittfolgen und harmonische Anschlüsse, ließ Trier seine beiden Cutter die Einstellungen zu Szenen montieren. So sind die meisten Sequenzen voller Bewegungen: Es gibt die Bewegung des Kameramanns im Raum, Reißschwenks zwischen den sprechenden und sich bewegenden Protagonisten, dann wieder konventionelle Schnitt-Gegenschnitt-Kombinationen, die aber handwerklich nie ganz korrekt sind. Trier verwendet in einer Szene meist Einstellungen aus mehreren Takes, die von der Kamera aus unterschiedlichen Perspektiven aufgenommen wurden. Dadurch sorgt er bewußt für Irritationen: Manchmal ›springt‹ die Kamera im Raum, manchmal aber auch in der Zeit. Es entstehen Löcher; die Anschlüsse muß der Zuschauer selbst im Kopf herstellen. Trier verändert dabei den Erzählrhythmus und das Tempo und irritiert durch ›emotionale Montagen‹. Er ließ die Schauspieler in mehreren Takes mit unterschiedlichem Ausdruck spielen und produzierte dann in der Montage eine Szene mit abrupten Änderungen der Stimmung und der Atmosphäre. Es war eine amerikanische Fernsehserie, die den Bilderperfektionisten Trier, dazu verführte, völliges Neuland zu betreten:

Montieren ist etwas, was ich früher nie richtig gemacht habe. Ich habe immer sehr genaue Storyboards angefertigt, so daß ich den Film im Grunde schon geschnitten hatte, bevor er gedreht wurde. Deshalb muß ich sagen, daß es da eine andere Inspirationsquelle gab, und die stammte von Mr. Levinson, dem Regisseur der Serie »Homicide«, die ich stilistisch für sehr interessant halte.[2]

Was Lars von Trier früher mit ausgefeilten Kranfahrten durch kunstvoll arrangierte Tableaus ausdrückte, schafft er in GEISTER mit den viel einfacheren und konkreteren Mitteln der Handkamera: Durch unvermittelte Schwenks und Ranfahrten auf Fußböden und Wände oder einfaches Kippen visualisiert Trier ebenso die ›Ermüdungsrisse‹ im Sozialgefüge des Krankenhauses wie die Bewegungen zwischen der normalen Welt und dem Reich der Geister.

Michael Althen versuchte beim Kinostart der Serie 1995 den »Abstieg in die Katakomben der modernen Medizin« und die verschiedenen Einflüsse so auf

---

1   Eric Kress und Baard Owe berichteten über Triers Arbeitsweise am Beispiel dieser Szene in Gesprächen mit mir (in Kopenhagen, Januar 1997).

2   THE KINGDOM. Englisches Presseheft. Interview mit Dietlind Lerner, 28.8.94. Tómas Gislason erzählte Trier nach einem USA-Aufenthalt von der TV-Serie, als dieser ihn nach einer Möglichkeit fragte, wie man schnell und billig eine Serie produzieren könnte. (Gislason im Interview mit dem Autor, August 1998)

den Punkt zu bringen: »THE KINGDOM ist so gruselig wie SHINING, so lustig wie M.A.S.H. und so bizarr wie TWIN PEAKS.«[1]

So schmeichelhaft der Vergleich mit den Filmen Kubricks und Altmans auch ist, Trier erzeugt Spannung und Humor mit ganz anderen stilistischen Mitteln. Auch David Lynchs Fernsehserie sieht völlig anders aus als THE KINGDOM, trotzdem verbindet sie einiges. Lars von Trier selbst nennt als Inspiration nur die Einstellung des Regisseurs zu seinem eigenen Projekt: TWIN PEAKS sei für ihn im Schaffen Lynchs ein »linkshändiges Werk« im positiven Sinn – eines, das der Autor im Gegensatz zu einem neuen Kinofilm ohne die Hypothek eigener Erwartungen und hoher Ansprüche schaffen konnte.

Genau das mußte auch ich tun: etwas finden, das mir nicht so nah und wichtig ist. Denn wenn man mit einem Stoff arbeitet, der für einen selbst nicht so wertvoll ist, fühlt man sich völlig frei und nicht eingegrenzt durch guten Geschmack oder sonst etwas. Man kann einfach hineinspringen, und ich glaube, genau das hat Mr. Lynch getan, und auf jeden Fall ist es das, was ich gemacht habe.[2]

Aber wohin ist Lars von Trier mit THE KINGDOM gesprungen? Warum wohnen die Geister ausgerechnet im Krankenhaus?

Selbstverständlich haben alle Kritiker darüber nachgedacht und in ihren Kritiken Interpretationen angeboten: Offensichtlich, und im Prolog direkt formuliert, war die Kritik an der positivistischen Heilsgewißheit der modernen Medizin, die Anmaßung und Ignoranz der Naturwissenschaftler, die das Erwachen der bösen Geister erst möglich gemacht haben. Das Krankenhaus also als Modell des gesamten rationellen und daher auf besondere Weise dysfunktionalen Gesundheitswesens: Ärzte, Pflegepersonal und Patienten sind alle Gefangene und Opfer dieses ›kranken‹ medizinischen Apparats; Fluchtwege bietet nur die eigene Psyche, Neurosen und Psychosen.

In einer ähnlichen Interpretation erscheint das ›Reichskrankenhaus‹ noch universeller als Modell des skandinavischen Wohlfahrtsstaates, der, von Dummheit, Ehrgeiz, Korruption und Egoismus zerfressen, vor seinem Zusammenbruch steht. Dazu paßt natürlich, beides von Trier selbst verbreitet, das klassische Zitat »Es ist etwas faul im Staate Dänemark« (»Staat« als aktualisierende Übersetzung des englischen »kingdom«), und »Dein Reich komme ...«. Die Bitte im christlichen »Vater unser« bekommt in Triers Auslegung einen apokalyptisch-eschatologischen Beiklang, wenn es (noch stärker in GEISTER II) um Zeichen und Ereignisse geht, die das Ende zumindestens dieser kleinen Welt ankündigen – die Dämmerung der »Götter in Weiß«.

Eine genauere und intensivere Interpretation von GEISTER als allgemeine Betrachtungen ermöglicht ein Blick auf die Arbeitsweise der Autoren. Es gab

1   Süddeutsche Zeitung 22.7.95.
2   Interview im englischen Presseheft zu THE KINGDOM.

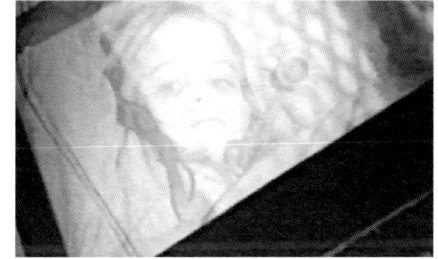

Frau Drusse und ihr Sohn sehen das unglückliche Geistermädchen Mary (Annevig Schelde Ebbe)

eine Menge teilweise trivialer Geschichten und Episoden, die Trier und Vørsel erzählen, außerdem viele Protagonisten und Randfiguren, mit denen sie ihr ›Hospital der Geister‹ innerhalb weniger Wochen bevölkern mußten. Ein Pensum, das nur mit ihrer Art von ›automatischem Schreiben‹ bewältigt werden konnte. Auf diese Weise bekommen wir aufschlußreiche Einblicke in die Psyche und die Neurosen der Autoren, die wir allerdings zum Teil schon aus ihren früheren Filmen kennen.

Erstens: Das Böse. Auch wenn es sich in einem dänischen Krankenhaus eingenistet hat, kommt es trotzdem irgendwie aus Deutschland. Der deutsche Schauspieler Udo Kier spielt, hier noch im Hintergrund, nämlich in den Rückblenden, den skrupellosen Mediziner Dr. Krüger[1], der für den Tod des Mädchens verantwortlich ist, das Frau Drusse im Aufzug weinen hört. Im Gegensatz zu dieser pathetisch überhöhten Freveltat der Vergangenheit inszeniert Trier gegenwärtige Ereignisse wie die Auseinandersetzungen um den grausamen Kunstfehler, den Dr. Helmer einem jungen Mädchen angetan hat, manchmal als burleskes Gaunerstück mit schwarzem Humor.[2]

Zweitens: der Schauplatz und die Institution Reichskrankenhaus. Es besteht aus einer patriarchalischen Gemeinschaft und unterscheidet sich damit nicht von allen anderen Krankenhäusern in der Welt, auch nicht von der Polizei in THE ELEMENT OF CRIME, der Ärzteschaft in EPIDEMIC und der Schlafwagengesellschaft in EUROPA. Frauen treten nur am Rande auf. Und auch dann sind sie nur starke Dulderinnen wie die Ärztin Rigmor oder Objekte männlicher Begierde wie Schwester Camilla, die den geilen Professorensohn in die Geheimnisse der körperlichen Liebe einweiht, und Schwester Judith, die – Roman Polanski und ROSEMARIES BABY lassen grüßen – das Kind des teuflischen Dr. Krüger austrägt. Die einzige starke und aktive weibliche Figur ist die alte Frau Drusse, die jedoch mit ihren Fähigkeiten und Verbindungen zum Übersinnlichen schon am Anfang

---

1 Trier/Vørsels Hommage an die NIGHTMARE ON ELM STREET-Filme?
2 Wenn etwa Dr. Helmer wie ein Kaufhausdieb im Keller des Krankenhauses versucht, die Krankenakte zu klauen.

als eine moderne Hexe dargestellt wird. Sie hält mit ihrer Beharrlichkeit bei der Suche nach den bösen Geistern die Story in Gang.

Drittens: Zersetzung und Verfall. Die ›Ermüdungsrisse‹ aus dem Prolog beziehen sich nicht auf den baulichen Zustand des Gebäudes, sondern auf die Institution und die einzelnen Menschen. Die gesamte Ärzteschaft wirkt angekränkelt und müde – abgenutzt von der medizinischen Routine und vom Leben überhaupt. Jeder versucht als Einzelkämpfer, seine Situation mit ein bißchen Korruption, Nebenverdiensten, Betrugsmanövern und Karriereschachzügen so erträglich wie möglich zu gestalten: kleine Fluchten. Nur der Ausländer, der Schwede Helmer, verfügt über die nötige Energie für echte, schäbige Intrigen. Allerdings wird auch bei ihm dieser innere Antrieb im Lauf der Serie erlahmen (und erst recht in GEISTER II).

Trier/Vørsels morbid-makabre Faszination für Krankheit und Zerfall wird im Reichskrankenhaus konkret von Dr. Bondo verkörpert. Die verkrebste Leber, die er sich aus wissenschaftlichem Forscherdrang implantieren läßt, will er am liebsten gar nicht wieder hergeben, obwohl sein Leben bedroht ist. Das unbekannte, bedrohliche Reich der Zersetzung und der unsichtbaren Erreger zieht ihn genauso magisch an wie die Pest seinen Kollegen Dr. Mesmer in EPIDEMIC und den Polizisten Fisher das Verbrechen und der untergehende Kontinent Europa in THE ELEMENT OF CRIME.

Allerdings sollen wir das alles auch nicht zu ernst nehmen: Lars von Trier persönlich signalisiert uns das mit seinen Auftritten am Ende der vier Folgen von GEISTER, wenn er kurz die Geschehnisse rekapituliert und ahnungsvolle Fragen stellt, die uns Zuschauer unbedingt dazu bringen sollen, auch den nächsten Teil anzuschauen.

Zum Beispiel am Ende der ersten Folge[1], als Frau Drusse und ihr Sohn im Aufzugschacht gerade zum ersten Mal den Geist des toten kleinen Mädchens zu Gesicht bekommen haben. Da erscheint der Regisseur mit Fliege und Smoking vor einem Theater- oder Kinovorhang und spricht uns als plaudernder Moderator direkt an:

Liebe Zuschauer, ich danke Ihnen, daß Sie uns heute beim ersten Teil der ›Geister‹ zugeschaut haben. Wir haben unsere Serie vorsichtig angefangen, damit sich jeder erst einmal eingewöhnen kann. Aber schon von der nächsten Folge an wird hier viel mehr los sein. Denn in diesem Gebäude geschehen merkwürdige Dinge, und irgend jemand ruft um Hilfe. Hat man Sie auch schon oft um Hilfe gebeten? Und wie oft haben Sie geholfen? – Immer, selten oder nie? – Wir befinden uns in dieser Serie im Reich der Phantasie. Aber die ist eng begrenzt. Mit unseren Werken erreichen wir niemals die phantastische Wirklichkeit der Wer-

---

[1]   Der fünfteiligen Arte-Fassung.

ke Gottes. Auch der phantasievollste Künstler ist gegen ihn nur eine Ameise. Mein Name ist Lars von Trier. Ich wünsche Ihnen einen angenehmen Abend. Und wenn Sie auch das nächste Mal dabei sein wollen, dann seien Sie bereit für das Gute und das Böse.

Bei dieser rituellen Verabschiedung macht Trier am Schluß jedesmal einen Kreis aus Daumen und Zeigefinger für das Gute und ein Teufelsgehörn aus Zeige- und kleinem Finger für das Böse. Dann löst sich der Magier Trier vor den Augen des geneigten Publikums in Luft auf.

Der Meister verabschiedet jedesmal persönlich sein Publikum.

Dieser lockere Conferencier-Auftritt à la »Alfred Hitchcock präsentiert« paßt zur familienfreundlichen Gruseldosis, die Trier seinem Publikum verabreicht. Nur manchmal injiziert Dr. Trier einige wirklich unappetitliche Effekte, etwa die quasidokumentarische Fleischbeschau im OP oder den aus der Pathologie geklauten Leichenkopf. Richtig unangenehm wird es auch, wenn der Ekel-Doktor Helmer die Mutter des Mädchens beschimpft, das durch seine Operation einen schweren Gehirnschaden davongetragen hat.

So spielerisch Trier und Vørsels in GEISTER mit dem Übersinnlichen umgehen, so unterhaltsam und beiläufig bauen sie auch die Hypnose in ihre Krankenhaus-Soap ein: Als Dr. Helmer eines Morgens zu einer Gehirnoperation in den OP kommt, findet er dort statt eines Anästhesisten einen Hypnotiseur vor, der den Patienten in Tiefschlaf versetzen soll, weil dieser die üblichen Medikamente nicht verträgt. Seine wütenden Proteste beim Chefarzt helfen nicht, der ungeliebte Kollege darf seine Arbeit tun.[1] Trier/Vørsel verknüpfen dabei die Hypnose mit der Geistergeschichte: Während gerade sein Gehirn operiert wird, wacht der Patient auf und sieht plötzlich das kleine Geister-Mädchen, das ihm mit seinen durchsichtigen Fingern zärtlich die Hand streichelt.

GEISTER ist auch deshalb eine bemerkenswerte Fernsehserie, weil Lars von Trier und Niels Vørsel die Kombination der verschiedenen Genreelemente konsequent betreiben und nicht vor der Konfrontation widersprüchlicher Emotionen zurückschrecken: So kann auf eine gruselige eine slapstick-artig komische und gleich danach eine ernsthaft-realistische Szene folgen. In der Erinnerung des Zuschauers mag eine solche Szene untergehen, doch bei genauer Betrachtung fällt zum Beispiel die ehrliche Mitmenschlichkeit auf, mit der

---

1 Nach EPIDEMIC engagierte Trier für diese Rolle wieder den wirklichen Hypnotiseur Svend Ali Hamann.

Frau Drusse ihre Zimmergenossin Emma am Sterbebett betreut. Ungeschönt offen beantwortet sie deren Frage, ob jetzt der Tod komme, um sie dann aber zu trösten: »Wir überschreiten nur die Grenze zum Reich aller verrückten Geister. Ein wahrer Spiritist stirbt freudig.« Aus dem Zusammenhang gerissen, erscheint ein solcher Dialogsatz makaber und sarkastisch, in der Szene selbst aber wirkt er wahrhaftig. Vor allem, wenn die sonst so wenig sensible Frau Drusse noch einfach hinzufügt: »Und ich komm bald nach, ich bin auch 'ne alte Wachtel.«[1] Selbst durch die spätere Szene, in der Frau Drusse die schon im ›Zwischenreich‹ schwebende Emma hartnäckig nach dem Geist des Mädchens ausfragt, wird dieser Eindruck von Ehrlichkeit nicht zerstört.

Immer wieder streut Lars von Trier Szenen ein, die den normalen Ablauf der Soap aufbrechen und plötzlich erschreckende, abgründige Assoziationen auslösen, Szenen, in denen er Komik und Tragik zusammenführt: Gerade hat Chefarzt Moesgaard dem widerstrebenden Helmer im Krankenhausflur Kinderzeichnungen zum Thema seiner lächerlichen Betriebsklimaoffensive »Operation Morgenluft« gezeigt. Am Ende fährt die Kamera auf ein Bild zu, das nur aus einem riesigen roten Farbfleck besteht; unten rechts steht ein Name: »Mona«. Dann zeigt die Kamera von oben, in ruckartigen Wegsprüngen (von Nah bis zur Totale) und begleitet von Schlagzeugschlägen, die stumm in ihrem Krankenzimmer stehende Malerin des Bildes, die den gesamten Raum mit der roten Farbe beschmiert hat. Mona ist das nach Dr. Helmers Kunstfehler geistig behinderte Mädchen. Obwohl sofort eine Krankenschwester gezeigt wird, die leise stöhnend mit den Säuberungsarbeiten beginnt, glaubt man, den Tatort eines schrecklichen Blutbads vor sich zu haben. Die disharmonischen hohen Streicherklänge, die auch die meisten Geisterszenen begleiten, unterstreichen den erschreckenden Eindruck.

Erst am Ende von GEISTER erzählt Lars von Trier in kurzen Rückblenden die zentrale Geschichte des Mädchens Mary und verbindet dabei die Ästhetik von Geister mit der seiner früheren Filme. In der ersten Rückblende flieht das kleine Mädchen vor ihrem mörderischen Vater durch eine regendurchpeitschte, diffus hell erleuchtete Nacht wie in THE ELEMENT OF CRIME oder in MEDEA. Aufgenommen wird sie dabei aber nicht von einer geschmeidigen Kinokamera, sondern wie die ganze Serie von einer wackelnden und sich hektisch mit den Personen bewegendenen Handkamera.

Die Auflösung des Geister-Rätsels wird durch zwei Szenen aus Nebenhandlungen unterbrochen und hinausgezögert: Dr. Bondo werden Aufnahmen seiner implantierten Krebsleber gezeigt, gleichzeitig hat Mogge, der Sohn des Chefarztes, im Schlaflabor erst schaurige, dann schöne Träume. Zuerst sieht er sich in seinem Bett von Männern umstellt, die ihn bei lebendigem Leib zu

---

1   Frau Drusses Prophezeiung wird sich erfüllen, allerdings erst 1997 in der zweiten Staffel von GEISTER.

Geisteraustreibung im Heizungskeller

verspeisen beginnen, doch dann gelingt es ihm, an etwas Schöneres zu denken: daß Schwester Camilla auf ihn steigt und mit ihm vögelt, während die Menschenfresser zuschauen.

Was Frau Drusse zur gleichen Zeit sieht, ist überhaupt nicht komisch und nimmt Triers und Vørsels Schocktherapie aus früheren Szenen auf. In einer Montage werden Marys Leidensgeschichte und deren Auswirkungen bis in die Gegenwart dargestellt. Zum ersten Mal in der Serie wird hier als illustrierender Kommentar und verfremdendes Mittel wie in EUROPA die Rückprojektion eingesetzt (hier elektronisch realisiert, mit dem Blue Box-Verfahren). Hinter Frau Drusse im Vordergrund, in deren Kopf sich jetzt das Puzzle in assoziativen Bildern zusammensetzt, verwandelt sich der Krankenhausflur in die Regennachtszene, in der Dr. Krüger seine Tochter Mary verfolgt. Dann sieht die nachdenkliche Frau Drusse das Mädchen bei seiner ersten Erscheinung, die alten Fotos und Dokumente, die sie gefunden hat, den fahrerlosen Krankenwagen und die von Geisterhand gelöschte Kerze – das alles verbunden mit einer Toncollage von Dialogen und Geräuschen der entsprechenden Szenen. Am Schluß sagt die gefangene Mary ihrem Peiniger ins Gesicht, daß er sie töten wolle. Und dann: »Dein Verbrechen soll niemals vergessen werden, Aage Krüger!«

Nach Ende dieser Sequenz benutzt Trier wie in früheren Filmen das Stilmittel der Schichtung von Bild- und Erzählebenen: Aus dem Boden des Krankenhausflures greift in Doppelbelichtung Marys Geist nach ihrer Puppe, die Frau Drusse gerade aufheben will. Während beide daran ziehen, beginnt ein Dialog zwischen Mary und ihrer Mutter, die in Doppelbelichtung und Großaufnahme schemenhaft im Gesicht von Frau Drusse erscheint und das ganze Verbrechen Krügers erklärt.[1] Als Mary, wimmernd auf dem Boden liegend, verschwindet und ein roter Blutfleck zurückbleibt, weiß Frau Drusse,

---

1 Auf dieses plötzliche, vielfache Auftauchen der Geister und ihr Eindringen in das Bewußtsein realer Personen im Film bezieht sich wahrscheinlich Michael Althens Beschreibung: »Langsam gewinnt die Logik der Träume die Überhand.« (Süddeutsche Zeitung 22.7.95)

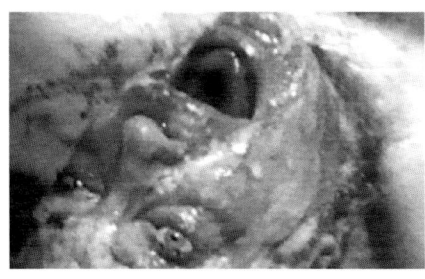

Horrorgeburt à la ROSEMARIES BABY:
Udo Kier als Sohn des Bösen

daß sie etwas tun muß, damit der Geist des Mädchens Ruhe findet und es seine Mutter im Himmel wiedersehen kann. Der letzte Akt kann beginnen ...

Am plötzlich erweiterten Spektrum der filmischen Mittel und an der Zuspitzung der Haupt- und Nebenhandlungen ist zu erkennen, daß sich die letzte GEISTER-Folge (»Der lebende Tote«) von den vorhergehenden unterscheidet: Wie in jeder Soap, die zu einem vorläufigen Abschluß gebracht werden muß, laufen nun die verschiedenen Handlungsfäden zusammen. Trier und Vørsel knüpfen daraus im großen Finale einen dicken Knoten, der am Ende nicht durchgehauen, sondern nur gelockert wird.

In der entscheidenden Nacht muß Chefarzt Dr. Moesgaard die Regierungskommission, die seine »Operation Morgenluft« kritisch prüfen soll, durch ein medizinisches Tollhaus führen. Die einzelnen Geschichten, die im Lauf der Serie ernst und komisch, aber immer glaubwürdig erzählt wurden, erreichen hier einen gemeinsamen absurden Höhepunkt, den wir aus der Perspektive der strengen Prüfer erleben. Das Reichskrankenhaus erinnert jetzt tatsächlich an das Feldlazarett in Robert Altmans M.A.S.H.: Ein Oberarzt (Dr. Krogshøj) mauert im Keller ein Loch zu, während eine Patientin aus der Neurochirurgie (Frau Drusse) danebensteht. In einem Untersuchungsraum der Neurochirurgie wird gerade eine Abtreibung vorbereitet (Judiths Embryo), während im Notoperationsraum im Keller gegen den Willen des Patienten (Dr. Bondo) eine Leber verpflanzt werden soll und im Schlaflabor eine Schwester (Camilla) einen heftigen Liebesakt mit einem Schlafprobanden (Moesgaards Sohn Mogge) absolviert. Der Minister hat nun genug gesehen und strebt allein dem Ausgang zu. Dabei begegnet er einem Geisterzug, der durch ihn hindurchfährt und einen echten, abgeschnittenen Kopf zurückläßt. Sein Schrei leitet die große Schlußmontage ein, in der uns Trier und Vørsel noch einmal richtig erschrecken: Während das ganze Krankenhaus aufmerkt – selbst das schwachsinnige Mädchen blinzelt mit den Augen –, kommt es auf dem Abtreibungstisch zu einer grauenhaften Geburt: Judiths Foetus hat die tödlichen Injektionen überstanden und will nun geboren werden. In einem ekelerregenden, äußerst realistischen Splatter-Trick wird gezeigt, wie sich ein Wesen mit dem Kopf von Dr. Krüger durch die blutige Scheide Judiths schiebt und zu schreien beginnt. Nach einer Weißblende und einigen Sekunden Atempause beginnt die Titelmusik, und wir sehen wieder Lars von Trier in seinem Smoking vor dem Vorhang stehen. Seine Hände hat er zuerst noch vor den

Augen und blinzelt durch die Finger: Ja, die schlimmen Szenen sind vorbei!
Dann sorgt der Meister persönlich für die Entspannung seiner Zuschauer und
hält mit dem gewohnten freundlich-schelmischen Gesichtsausdruck seinen
ironischen Schlußmonolog:

Das Tor zum Königreich hat begonnen, sich zu öffnen. Die kleine Mary
ist heimgekehrt, Judith hat ein Kind geboren, Pläne sind durchgeführt
und Ergebnisse erzielt worden. Dennoch wirkt es mehr wie ein neuer
Anfang, nicht wie ein Schluß. Vielleicht fühlen Sie sich verunsichert
durch das, was wir Ihnen gezeigt haben, aber Sie brauchen keine Angst
zu haben. Wenn Sie Augen und Ohren immer offenhalten, können wir
Sie schon durch ein paar Theatertricks und ein paar Tropfen künstlichen Bluts erschrecken. Wenn Sie aber Ihr Gesicht von der Wirklichkeit
abwenden, haben wir Sie gefangen. Hinter den geschlossenen Augen, da
steckt das wahre Grauen. Übrig bleibt ein einfaches, aber konkretes
Problem: Wie geht es weiter mit diesen Personen und Intrigen? Wie
geht es weiter mit der Geschichte des Reichskrankenhauses? Jede Argu-
mentation läuft auf das gleiche hinaus: Man muß immer seinen Kopf
gebrauchen. (Dabei hebt er an den Haaren einen künstlichen Leichenkopf ins Bild) Mein Name ist Lars von Trier. Ich wünsche Ihnen einen
schönen Abend. Und wenn Sie auch das nächste Mal dabei sein wollen,
dann seien Sie wie immer bereit für das Gute und das Böse.

Bei vielen Zuschauern hat die Schock- und Wechseltherapie von Komik
und Entsetzen, die Trier praktiziert, angeschlagen. Sie sollte noch einmal ganz
in den Bann des verrückten Krankenhauses ziehen, auf daß wir gespannt einige
Jahre auf die Fortsetzung von GEISTER warten.[1] Der euphorische Patrick
Bahners beendete seine Kritik in der Frankfurter Allgemeinen Zeitung mit
den beschwörenden Sätzen: »Dr. von Trier, wir ermahnen Sie bei Ihrem
hippokratischen Eid! Geben Sie uns die nächste viereinhalbstündige Dosis:
The Kingdom strikes back.«[2]

---

1   GEISTER II wurde im Mai und Juni 1998 von Arte gesendet.
2   Frankfurter Allgemeine Zeitung 20.7.95

Die Ameisen in der Weltuhr

»Psykomobile #1 – Verdensuret«: Eine zweimonatige Live-Soap

Parallel zu ihrer Krankenhausserie arbeiteten Lars von Trier und Niels Vørsel ab 1995 an einem spannenden und ungewöhnlichen Projekt, bei dem sie viele Ideen aus ihrer Arbeit an GEISTER aufnahmen und weiterentwickelten. Auf Anregung des Kopenhagener Kunstvereins entstand das Konzept für ein gigantisches Rollenspiel, das gleichzeitig Kunstinstallation und live aufgeführte Soap-Opera werden sollte. Realisiert wurde eine Art zwei Monate dauernde »Lindenstraße«, initiiert und inszeniert im Rahmen der Kulturaktivitäten, mit denen sich Kopenhagen als »Europäische Kulturhauptstadt 1996« präsentierte.

Lars von Trier selbst erklärt sein »Psykomobile #1« so:
Eine Gruppe von Schauspielern, die sich in mehreren Räumen aufhalten und nicht von einem Regisseur geleitet werden, sondern einige Impulse bekommen, die zufällig gegeben werden. Unser ›Zufallsgenerator‹ waren Ameisen in New Mexico, die Impulse an einen Computer gaben, der sie an die Schauspieler weitergab. Alles basierte darauf, daß sie einen vorgegebenen Charakter hatten und untereinander verschiedene Beziehungen, die in einem großen Skript festgelegt waren. Der Gang der Handlung wurde durch die Impulse beeinflußt: Man könnte es eine ›Soap‹ nennen.«[1]

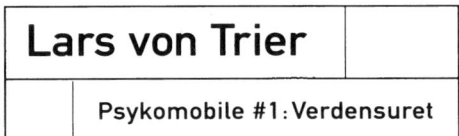

Lars von Trier

Psykomobile #1: Verdensuret

»Die Weltuhr«, so der Haupttitel der Aktion, funktionierte wie ein selbstregelndes kybernetisches System oder, soziologisch betrachtet, wie ein kleines Alltagsuniversum, dessen Regeln, Naturgesetze und Kreaturen Trier und Vørsel vor dem ›Zeitbeginn‹ geschaffen hatten. Sie legten ein 1500 Seiten umfassendes ›Konzeptbuch‹ vor, in dem nicht die Handlung, aber die notwendigen Voraussetzungen dafür genau festgelegt waren. Alle 53 Figuren des Spiels wurden darin mit ihren Gewohnheiten, Schwächen und Eigenarten charakterisiert.[2] Zusätzlich wurden ihnen, noch exakter als bei einem normalen Rollenspiel, nicht nur familiäre Zuordnungen, sondern die wichtigsten Beziehungen zu den anderen Figuren zugewiesen – Sympathien, Antipathien, Liebe, Haß oder Feindschaft. In dieser kleinen Welt, die zwei Monate lang, von Anfang Oktober

---

1   Im Gespräch mit mir, Januar 1997.
2   Diese und einen großen Teil der anderen Informationen über »Die Weltuhr« gab mir in Gesprächen im Januar 1997 und August 1998 der Designer und Fotograf Jesper Jargil, der die schriftlichen Dokumente gesammelt, die Aktion begleitet und mit einer Kamera so umfassend wie möglich dokumentiert hat. Tatsächlich nahmen 50 Schauspieler an dem Projekt teil.

bis Anfang Dezember 1996, an 50 Spieltagen jeweils drei Stunden in 19 verschiedenen Räumen des Kopenhagener Kunstvereins existierte, waren Geld, Waffen und Rauschgift in Umlauf. Trier und Vørsel hatten ihre Charaktere so angelegt, daß es im Laufe dieser Zeit nicht langweilig werden konnte: Eifersucht, Ehebruch, Krankheit, familiäre Gewalt – das alles hatten sie ihren Figuren schon mit auf ihren kurzen Lebensweg gegeben. Trotzdem hatten die Schauspieler alle Freiheiten, die Handlung selbst zu erfinden, zu verändern, neue Beziehungen zu knüpfen, andere einschlafen zu lassen, allerdings nur im Rahmen ihrer Charaktervorgaben.

Die Überwachung des Ablaufs der Aktion übernahm der Filmregisseur Morten Arnfred, Triers Co-Regisseur bei GEISTER und Regie-Mitarbeiter bei BREAKING THE WAVES. Es gehört zu den Eigenheiten der Persönlichkeit Triers, daß er (ebenso wie Co-Autor Niels Vørsel) nicht ein einziges Mal bei einer der Aufführungen der »Welturh« zugegen war. Peter Schepelern spricht von einer »Krise im Projekt«, zu der es im August 1996 kam, und berichtet, daß Arnfred kurzfristig die Regie übernahm und mit Trier nur über Handy in Verbindung stand.[1]

Die Impulse der Ameisen in New Mexico, von denen Trier erzählt, waren Bewegungen und Massierungen, die ein Computer aufgrund eines via Satellit gesendeten Kamerabildes in festen Zeitabständen festhielt. Wurde ein bestimmter rechnerischer Wert erreicht, so gab der Computer an alle Spielorte akustische und visuelle Signale: einen Sirenenton (ähnlich wie bei Dreharbeiten vor der Aufnahme) und das Aufleuchten farbiger Lampen. Für diese Unterbrechungen des Rollenspiels hatten die Autoren in ihrem Konzept Vorschriften und Regeln erfunden, die den Fortgang der Handlung veränderten, allerdings ohne daß sie selbst die Konsequenzen kennen konnten. Die Schauspieler mußten bei Ertönen der Sirene ihre Bewegungen einfrieren und nach etwa 20 Sekunden je nach der Farbe der Lampe (rot, grün etc.) bestimmten Handlungsanweisungen folgen, die aber für jede Figur unterschiedlich waren: Es konnte zum Beispiel passieren, daß eine Person, die gerade eine andere tätlich angriff, nach der ›Ameisenpause‹ völlig friedlich mit dieser Person kommunizierte, während eine andere mitten in einer Liebesszene plötzlich in Lethargie verfiel und eine weitere plötzlich zwanghafte Bewegungen ausführte. Dramaturgisch betrachtet, bauten Trier und Vørsel mit diesen Unterbrechungen ›Bruchstellen‹ in das Rollenspiel ein, die eine ähnliche Wirkung hatten, wie die Montage in GEISTER I und II: In der Serie hatte Trier eine Szene mehrmals mit unterschiedlichem emotionalem Ausdruck spielen lassen und die Takes dann montiert. Im »Psychomobile« konnte er durch die unerwarteten Unterbrechungen eine sprunghafte Montage innerhalb einer Szene herstellen und dabei extreme emotionale Veränderungen provozieren.

---

[1]   Schepelern, S. 163.

Justine (Helene Branderup) und Body (Sean Kelly Nelson): Die determinierende Macht des Zufalls: ...

Die dänischen Kritiken über das Projekt »Verdensuret« waren ausgezeichnet, und das Publikum reagierte begeistert. Im Lauf der Wochen kamen immer mehr Besucher in den Kopenhagener Kunstverein, um Trier/Vørsels theatralische Soap live mitzuerleben. In den letzten Tagen drängten sich so viele Zuschauer in den Räumen und Fluren, daß die Schauspieler ihre kleine Welt kaum verteidigen und nur noch mit Mühe ihre unterschiedlichen Spielorte erreichen konnten. Für das Finale, am letzten Spieltag, hatten sich die ›Puppenspieler‹ Trier und Vørsel etwas Besonderes einfallen lassen: Eine Figur, die Ehefrau eines gewalttätigen Schurken, hatte in ihrem persönlichen Konzept die geheime Anweisung, ihren betrügerischen Ehemann zu erschießen, wenn dies im Lauf des Spiels nicht schon ein anderer getan habe. Das überraschende Ende dieser Geschichte und des »Psychomobiles« am 1. Dezember 1996: Der Ehemann war noch lebendig, die Ehefrau legte die Pistole an – und traf zusätzlich einen völlig unbeteiligten Protagonisten, der zu seinem Unglück in die Schußbahn geraten war ...

Die Verwandtschaft der beiden formal so unterschiedlichen Projekte GEISTER und »Weltuhr« ist noch enger, als es auf den ersten Blick scheint. Beide sind bestimmt durch den Blick, mit dem Lars von Trier und Niels Vørsel die Figuren ihrer Geschichten betrachten: Sie liefen hin und her wie Ameisen in einem Ameisenhaufen, in den jemand einen Stock hineingesteckt hat. Das sagt in einer Szene von GEISTER II der junge Mann mit dem Down-Syndrom, der immer wieder als allwissender Kommentator der Ereignisse auftritt, über die

... 50 Darsteller in einem Rollenspiel mit 19 Schauplätzen. Regine Estrup in der Rolle der Aa.

anderen Figuren der Serie. Und das scheint nicht nur seine Meinung zu sein, schließlich repräsentiert er ebenso wie der schicke, ironische Conferencier die Autoren und den Regisseur.

Die Figuren des »Psychomobiles« empfingen von echten Ameisen in Amerika durch die farbigen Lampen dramatische Schlüsselreize und setzten diese in Bewegung um. Sind auch die Figuren in Trier/Vørsels Filmen für die Autoren also nur Ameisen in einem Ameisenhaufen, in den dramaturgische Stöcke gesteckt werden? Determinierte Menschen, denen durch Zufallsimpulse signalisiert wird, was sie mit dem Rest ihres ›freien Willens‹ anstellen sollen? Entspricht das dem Weltbild des Regisseurs? Ich fragte Lars von Trier, warum er als Christ ein derart kaltes, zynisches Bild des Räderwerks einer Weltuhr gezeichnet hat:

Zuerst haben wir überlegt, Meereswellen als Impulsgeber zu nehmen. Da man aber doch nicht einfach eine Kabelverbindung zu Gott herstellen kann, können die kleinen Ameisen mit ihrer Existenz doch sehr gut Gottes Willen repräsentieren. Ich finde die Idee überhaupt nicht zynisch, sondern sehr religiös. Natürlich könnte man es auch als eine schreckliche Vorstellung sehen, daß alles von jemand anderem gesteuert wird. Aber es paßt gut zu meinen religiösen Ideen«[1]

---

1   Im Rahmen des Interviews im Januar 1997, das in diesem Buch abgedruckt ist.

Das Ende der Alpträume

BREAKING THE WAVES

Endlich gelangte es in einen Wald, und es war schon dunkel geworden, da kam noch eins und bat um ein Hemdlein, und das fromme Mädchen dachte: Es ist dunkle Nacht, da sieht dich niemand, du kannst wohl dein Hemd weggeben, und zog das Hemd ab und gab es auch noch hin. Und wie es so stand und gar nichts mehr hatte, fielen auf einmal die Sterne vom Himmel und waren lauter harte, blanke Taler; und ob es gleich sein Hemdlein weggegeben, so hatte es ein neues an, und das war vom allerfeinsten Linnen. Da sammelte es sich die Taler hinein und war reich für sein Lebtag. (Grimms Märchen: Die Sterntaler)

Als Lars von Trier im Mai 1991 in Cannes seinen ersten großen Kinofilm EUROPA präsentierte, kannte Lars von Trier wie jeder kreative Filmautor schon genau sein nächstes Projekt, obwohl er das Treatment erst im Oktober jenes Jahres fertigstellte.[1] Zum ersten Mal seit seinem Diplomfilm BILDER DER BEFREIUNG schrieb Trier das Drehbuch allein, ohne Mitwirkung seines Co-Autors Niels Vørsel.[2] Schon diese Entscheidung weist darauf hin, daß Lars von Trier mit BREAKING THE WAVES ein sehr persönliches Projekt realisieren wollte. Was ihn nicht davon abhielt, in derselben Zeit mit Vørsel intensiv und produktiv wie bisher an den Büchern der GEISTER-Serie und dem Soap-Rollenspiel »Die Weltuhr« zu arbeiten.[3]

Über den Ursprung und die Entstehung von BREAKING THE WAVES hat Lars von Trier in zahlreichen Interviews und Statements übereinstimmend immer dasselbe erzählt – so oft, daß er sich danach lange weigerte, überhaupt noch Interviews zu geben.[4] Um nicht falsch interpretiert zu werden, stellte Trier für die Journalisten jedes Mal die Mosaiksteine für die Interpretation selbst zusammen: Nach so vielen Filmen über das Böse in der menschlichen Existenz habe er endlich einmal einen Film über »das Gute« drehen wollen. Dabei habe er an das Märchen »Goldherz«[5] gedacht, die Geschichte eines naiven Mädchens, das viele Verluste und Rückschläge hinnehmen muß, seine

---

1   Schepelern, S. 195. Ein Jahr zuvor hatte Trier bereits die Figuren- und Handlungskonstellation von BREAKING THE WAVES mit allen charakteristischen Elementen skizziert (vgl. Kapitel »Wahrhaftigkeit gibt's nur im Kino«).

2   Vørsel erzählte, daß Trier mit ihm niemals über das Projekt gesprochen habe (Interview mit mir, Januar 1997). Peter Schepelern nennt zwei Autoren, den Dramatiker Peter Asmussen und den englischen Drehbuchautor David Pirie, die 1993/94 zwei Treatments schrieben, deren Inhalt jedoch keinen Eingang in Triers endgültige Drehbuchversion fand (S. 197).

3   Vgl. Kapitel »Die Ameisen in der Weltuhr«.

4   Vgl. Kapitel »Wahrhaftigkeit gibt's nur im Kino«.

5   Peter Schepelern erklärt in seinem Trier-Buch die skandinavische Entwicklung des Märchenstoffs, der unter anderem auf das Grimmsche Märchen »Die Sterntaler« zurückgeht, aber auch das Hauptmotiv von »Hans im Glück« enthält.

Fröhlichkeit und seine Hilfsbereitschaft aber nicht verliert, obwohl es am Ende nackt und bloß, nur noch mit seinem ›goldenen Herzen‹ dasteht. Trier hatte das Märchen in seiner Kindheit mit Begeisterung immer wieder gelesen – zum Entsetzen seines fortschrittlich-aufgeklärten Vaters, für den das »Schund der übelsten Art« war.[1] Deshalb hält Lars von Trier BREAKING THE WAVES für eine späte »Jugendrevolte«, eine endgültige Abnabelung vom rationalen Elternhaus, in dem alles Emotionale, Irrationale und Übernatürliche tabu war. Fast stolz erzählte er Stig Björkman, daß seine ganze Familie den Film ablehne und sein Onkel, der dänische Filmregisseur und –produzent Borge Host, der ihn bei allen früheren Filmen unterstützt hatte, BREAKING THE WAVES »von Anfang bis Ende für völlig mißlungen« halte.[2]

Mit seinem Film präsentierte Lars von Trier inhaltlich nichts völlig Neues. Eine Reihe von Motiven und Themen wirken wie Übernahmen aus seinen früheren Werken: Die Unterdrückung individueller Freiheit durch machtvolle Institutionen spielte schon in EUROPA eine große Rolle.[3] In BREAKING THE WAVES ist es eine versteinerte Religionsgemeinschaft, verkörpert von den Ältesten, die auf ewig die Sünder verfluchen.

Das Thema des Opfers zieht sich durch das gesamte Werk Triers; in jedem seiner Filme werden Unschuldige bewußt oder unbewußt geopfert: in BILDER DER BEFREIUNG stirbt der deutsche Soldat als Sühne für die Verbrechen seines Volkes. In MEDEA opfert eine Frau ihre Kinder für ihre Rache. In GEISTER gibt das Monsterbaby (»Kleiner Bruder«) Frederik lieber für die Menschheit sein Leben, als sich den Kräften des Bösen anzuschließen. Und selbst, wenn Fisher in THE ELEMENT OF CRIME das kleine Mädchen ermordet und in EUROPA der idealistische Leopold Kessler ertrinkt, haben diese Todesfälle in ihrer Unausweichlichkeit etwas von einem mythischen Stammesopfer.

Das Vorbild von BREAKING THE WAVES ist aber vor allem das Gesamtwerk eines Filmregisseurs: Carl Theodor Dreyer – und Triers Film eine unmaskierte, große Hommage an ihn.[4] BREAKING THE WAVES erzählt eine Geschichte, die man als Weiterentwicklung und Spiegelung zahlreicher Dreyer-Filme lesen kann. Den Vergleich zwischen Bess' unendlicher Liebe und der grenzenlosen Hingabe einer Frau an die Liebe in Dreyers letztem Werk GERTRUD (1964) hat Trier selbst gezogen. Gertrud ist aber nur eine von vielen emotional starken Frauen in den Filmen Dreyers, die freiwillig Opfer bringen oder sie

---

1   Lars von Trier unter anderem im Interview mit Stig Björkman (in »Sight and Sound« und in Lars von Trier: »Breaking the waves«, S.6).
2   Sight and Sound, Oktober 1996.
3   In Stig Björkmans Dokumentarfilm TRANCEFORMER spricht Trier über seine traumatischen Erlebnisse in der Schule, in der im Gegensatz zu seinem Elternhaus Bevormundung und Gängelung Erziehungsmethode waren.
4   In dem Interview für Cahiers de cinéma (Nr. 524), das Stig Björkman im März 1998 führte, nennt Lars von Trier als Inspiration für BREAKING THE WAVES Niels Malmros' 1995 gedrehten Film KÄRLEKENS SMÄRTA (Der Schmerz der Liebe), in dem Anne Louise Hassing die Hauptrolle spielt. In DIE IDIOTEN ist sie eine der wenigen professionellen Schauspieler(innen).

Eine Wesensverwandte von Bess: Nina Pens Rode als Hauptfigur in Carl Theodor Dreyers letztem Film GERTRUD *(1964)*

bringen müssen.[1] Bei Dreyer wie bei Trier gibt es den ewigen Konflikt zwischen institutionellem Glauben und persönlicher Frömmigkeit. In DAS WORT (1954) kommt es zum existenziellen Konflikt zwischen zwei Familien, weil der Leiter einer religiösen Sekte seine Tochter auf keinen Fall mit einem Christen der anderen Glaubensrichtung verheiraten will. Solche dogmatisch-religiösen Konflikte werden in BREAKING THE WAVES überwunden in der Person der ›naiven Heiligen‹ Bess.

Der Film ist eine Hymne auf die individuelle Religion des reinen Herzens: eine Feier jenes Irrationalen, das in Triers Elternhaus so vehement abgelehnt wurde. Bess ist ›ein reiner Tor‹ wie der geistig beschränkte, religiös erleuchtete Sohn Johannes in DAS WORT. Und beide erinnern an die Jesus- und Heilsgestalten in den Filmen Luis Buñuels, an VIRIDIANA, NAZARIN und SIMON IN DER WÜSTE, die den absurden Glauben haben, ›Berge versetzen zu können‹, uns aber gerade in ihrem Scheitern anrühren.

»Der ganze Film ist eine tief katholische Meditation über moderne Heiligkeit, über die Kraft von kindlicher Unschuld und kindlichem Glauben«, schrieb Mark van de Walle 1996 in der amerikanischen Zeitschrift »Artforum« und setzte in Klammern als Erklärung hinzu: »Trier ist seit kurzem ein Bekehrter.«[2] Neu im Werk Triers ist tatsächlich die ungebrochen »romantische Stimmung und (der) heilige Ernst«, mit dem er die Geschichte von BREAKING THE WAVES erzählt. Stand hier also ein ganz neuer, religiös erleuchteter Mensch hinter der Kamera? Und ist deshalb sein Film »ein Glaubensbekenntnis als Abschiedsbrief an die Aufklärung«, wie Christiane Peitz in der »Zeit« schrieb?[3]

1   Vgl. Trier-Interview (»Die Freude zurückgewinnen«).
2   Mark van de Walle: »Heaven's Weight«, in: Artforum 35 (3), New York 1996, Seite 82-85.

Unterschiedliche Schwestern: Bess (Emily Watson) und Dodo (Katrin Cartlidge)

In Wirklichkeit ist alles weniger dramatisch, als diese Fragen vermuten lassen: Lars von Trier hatte sicher nicht vor, »die Aufklärung zu verabschieden«. Sein Melodram gibt nur seine persönliche Einstellung zum Katholozismus wieder. Er sei nicht Katholik wegen des Katholizismus geworden, sagte Trier Stig Björkman in einem Interview, sondern weil er in Abgrenzung zu seinem atheistischen Elternhaus »das Bedürfnis gespürt« habe, »zu einer religiösen Gemeinschaft« zu gehören. Deshalb will er auch die Ältesten in BREAKING THE WAVES nicht als grundsätzliche Ablehnung kirchlicher Institutionen interpretiert wissen. Die Religion hat hier eine dramaturgische Funktion: Sie dient »als passendes Hindernis«, um wirksam inszenieren und das Melodram richtig entfalten zu können.[1]

Trier folgte damit der klassischen Drehbuchregel, daß der Held mit mächtigen Widerständen konfrontiert werden muß, damit sein Konflikt glaubhaft wird. Unter diesem Gesichtspunkt hat Lars von Trier auch Bess' Martyrium einem christlichen Vorbild nachgestaltet: wenn sie, wie Jesus mit dem Kreuz auf dem Weg nach Golgatha, von Kindern mit Steinen beworfen wird, und wenn sie ihr Mofa den Berg zu der Kirche hinaufschiebt, aus der man sie vertrieben hat. Biblisch sind auch ihre Zweifel an der eigenen Heilsmission

6   Beide Zitate: Die Zeit, 4.10. 96
1   Sight and Sound, Oktober 1996; vgl. auch Trier-Interview (»Die Freude zurückgewinnen«).

kurz vor der Vollendung des Opfergangs. Parallelerfahrungen: »Mein Gott, mein Gott, warum hast Du mich verlassen?«, schrie Jesus am Kreuz. Bess sitzt allein in der Kirche und schreit: »Vater, wo, bist du?«, als ihr Gott zum ersten Mal nicht mehr wie gewohnt zu ihr spricht. Auch bei ihr ist mitten in den schlimmsten Gewissensnöten der persönliche Kontakt zu Gott abgebrochen. Erst auf der letzten Überfahrt zu dem Todesschiff kommt sie wieder in Kontakt mit ihm. Danach ist sie glücklich und wieder sicher, das Richtige zu tun. Am Ende dieser Szene blickt sie, wie immer ihrem seelischen Zustand entsprechend, ruhig und heiter in die Kamera. Trier schreibt und inszeniert das so, wie es in der Bibel heißt: Ihr Glaube hat ihr geholfen.

Schon lange vorher hatte Bess ihrer Schwägerin anvertraut, daß Glauben ihre größte Stärke sei: »Gott gibt jedem etwas, was er gut kann. Ich war immer dumm, aber bei dieser Sache bin ich gut. Gott gibt jedem ein Talent.«

Vor ihrer Todesfahrt hatte Bess Dodo noch gebeten, Gott um ein Wunder zu bitten, damit Jan »geheilt werden möge, von seinem Bett aufstehe und wandele«.[1] Später auf dem Krankenhausbett, als sie hört, Jan gehe es nicht besser, sagt sie schlicht und ohne Resignation: »Vielleicht habe ich mich doch geirrt.« Doch einige Minuten später, kurz vor ihrem Tod, bekommt Bess noch einmal Angst und wimmert verzweifelt: »Jan!« und »Es ist alles falsch!« – Aber nichts ist falsch, Bess hat in ihrer alles überwindenden Liebe alles richtig gemacht. Und deshalb sind natürlich auch am Tag nach Bess' Meeresbestattung die Glocken am Himmel nicht nur irgendeine übersinnliche Erscheinung, sondern eine Epiphanie – ein Wunder, eine göttliche Offenbarung, ein Loblied auf die Liebe und den naiven Glauben daran.

Lars von Trier erweist sich in BREAKING THE WAVES wieder einmal als ein Meister der Synthese: Mit Mitteln des Dokumentarfilms und mit den Zutaten für einen psychologischen Problemfilm schafft er ein quasi-religiöses Melodram, dessen Wirkung sich trotz innerer Widerstände nur wenige Zuschauer und Kritiker entziehen konnten und wollten.

Daß es sich bei BREAKING THE WAVES um ein gewagtes Projekt handelte, war offenbar allen klar, die mit dem Drehbuch konfrontiert wurden. Erkennbar ist das an den großen Finanzierungsproblemen der »Zentropa«-Produzenten Peter Aalbæk Jensen und Vibeke Windeløv. Obwohl Trier in Cannes gezeigt hatte, daß er ohne Riesenbudget einen großen, technisch perfekten Kinofilm inszenieren kann, schreckten potentielle Co-Produzenten und Geldgeber zurück. EUROPA war nicht gerade ein Publikumsrenner geworden und hatte auch keinen überwältigenden Erfolg bei der Kritik gehabt. Außerdem:

---

1 Filmmanuskript (Lars von Trier: Breaking the Waves), S. 122. Die Übersetzung ist angelehnt an die biblischen Vorlagen, auf die sich Bess (Trier) bezieht: z.B. die Wunderheilung Jesu am See Bethesda: »Stehe auf, nimm dein Bett und gehe hin!« (Johannes 5, 8) und die Heilung eines Lahmen durch die Jünger Petrus und Johannes: »Im Namen Jesu Christi von Nazareth stehe auf und wandle!« (Apostelgeschichte 3, 6)

raffiniertes, vielschichtiges Kunstkino traute man Lars von Trier zu, aber eine Liebesgeschichte, ein Melodram, das von einer geistig zurückgeliebenen Frau handelt, die versucht, die perversen Wünsche ihres voyeuristischen, querschnittgelähmten Ehemanns zu erfüllen ... Jahrelang bot Jensen den Stoff wie ›sauer Bier‹ an. Aber erst nach dem internationalen Erfolg von GEISTER glaubte man Lars von Trier endlich, daß er Filme in ganz unterschiedlichen Genres zu inszenieren vermag.[1]

Peter Aalbæk Jensen brachte das Produktionsbudget schließlich in einer ›Patchwork-Konstruktion‹ mit über zwanzig Mittel-, Klein- und Kleinstproduzenten zusammen. Eine hochkarätige Besetzung konnte damit aber nicht erkauft werden, denn keine prominente Schauspielerin wollte mit der Rolle einer geistesschwachen Frau ihr Renommee aufs Spiel setzen. »Sie hatten Angst vor der Eigenart dieses Films«, sagt Lars von Trier, vor der »merkwürdigen Mischung aus Religion, Erotik und Besessenheit«.[2] Im letzten Moment zog auch Helena Bonham Carter (ZIMMER MIT AUSSICHT, WIEDERSEHEN IN HOWARDS END, GELIEBTE APHRODITE) ihre schon gegebene Zusage zurück.

Doch das scheinbare Manko des Films, eine Besetzung ohne große Stars, erwies sich schließlich als besonderer Glücksfall. In nur wenigen bedeutenden Kinofilmen der letzten Jahre konnte man ein junges Ensemble international unbekannter oder wenig bekannter Schauspieler auf so hohem Niveau und so gut zusammen spielen sehen wie in BREAKING THE WAVES. Die großartige Emily Watson, die Trier nach einem Video-Casting entdeckte, wurde für ihre Darstellung der Bess später wie der Film selbst mit dem Europäischen Filmpreis »Felix« ausgezeichnet. Neben ihr spielten Katrin Cartlidge (Schwägerin Dodo), bekannt geworden durch Mike Leighs NAKED und 1998 in Cannes für ihre Rolle in CLAIRE DOLAN gefeiert, sowie der Schwede Stellan Skarsgård als Jan. Skarsgård, kein internationaler Star, aber ein bedeutender skandinavischer Schauspieler, der schon 1982 einen Silbernen Bären in Berlin gewonnen hatte (DER EINFÄLTIGE MÖRDER, Regie: Hans Alfredson, Schweden 1981) spielte früher ironischerweise ausgerechnet in jenen sozialkritischen skandinavischen Spielfilmen, die Trier so gering schätzte, darunter Bo Widerbergs DER WEG DER SCHLANGE AUF DEM FELSEN (1986), Kjell Gredes GUTEN ABEND, HERR WALLENBERG (1990) und Sven Nykvists DER OCHSE (1992).[3] Als Darsteller aus früheren Trier-Filmen gehörten in BREAKING THE WAVES Jean-Marc Barr (EUROPA) und Udo Kier (MEDEA, EUROPA, GEISTER) zur Besetzung.

1   Peter Aalbæk Jensen im Gespräch mit mir (Januar 1997) und Vibeke Windeløv im Buch zum Film (Lars von Trier: Breaking the Waves), S.16.
2   Sight and Sound, Oktober 1996.
3   Seit seiner Rolle GOOD WILL HUNTING ist Skarsgård auch in Hollywood kein Unbekannter mehr.

Die erste Hauptdarstellerin, zu der Lars von Trier ein Vertrauensverhältnis entwickelte: Emily Watson

Die Schauspieler gewannen die Kraft für ihre herausragenden Leistungen aber nicht allein aus sich selbst: Der wichtigste Grund liegt beim Regisseur und seinem persönlichen Neuanfang, der sich in einem völlig veränderten Umgang mit seinen Schauspielern äußerte. Bei der Fernsehserie GEISTER, dem »Erfolg mit der linken Hand«[1] hatte sich Trier zum ersten Mal auf seine Schauspieler und ihre individuellen Persönlichkeiten eingelassen und erlebt, wie entspannend und fruchtbar eine Inszenierungsarbeit sein kann, wenn alle Beteiligten – Kameramann, Regisseur und Darsteller – zur Improvisation bereit sind und nicht von der Filmtechnik eingeengt werden. Deshalb beschloß Lars von Trier, auch in der bitteren Liebesgeschichte von Bess und Jan »die Freude am Leben und am Filmemachen auf die Leinwand zu bringen«. Dazu gehörten seine neuen Vorsätze »Zuhören, hinschauen und etwas dafür Zurückbekommen«.[2]

Wie bei GEISTER mußte sich die Kamera anpassen und den Darstellern folgen, die in ihren Bewegungen im Raum und in der Interpretation ihrer Rollen große Freiheit hatten. Trier setzte diese Freiheit allerdings gezielt ein. Mit den erfahrenen Filmschauspielern arbeitete er anders als mit Emily Watson von der Royal Shakespeare Company, für die BREAKING THE WAVES der erste Spielfilm

1   Kapitelüberschrift im Buch von Peter Schepelern.
2   Vgl. Trier-Interview (»Die Freude zurückgewinnen«)

war. Sie mußte langsam ›aufgebaut‹ werden und steigerte sich dann mit jedem Take. Dagegen erwies sich bei ihrer Partnerin Katrin Cartlidge jeweils die erste Aufnahme als die beste.[1] Die Unerfahrenheit und das Vertrauen Emily Watsons, die sich ihm ganz öffnete, beutete Lars von Trier in genialer Weise für sich, für den Film und für sie selbst aus: Nach den ersten Sexszenen, vor denen Emily Watson große Angst gehabt hatte, sagte ihr Produzentin Vibeke Windeløv, sie brauche sich keine Sorgen zu machen, denn sie sei »wirklich gut« gewesen. Am nächsten Morgen, erzählt Vibeke Windeløv, sei Lars auf sie zugerannt und habe sie angefahren: »Tu das nie wieder!« Und als sie überhaupt nicht wußte, was er meinte: »Sag' niemals einer Schauspielerin, sie sei gut gewesen! Ich will nicht, daß sie fühlt, sie spiele gut, wenn ich es ihr nicht sage. Und wenn ich sie damit unsicher mache, dann tue ich das mit Absicht. Denn auch das ist ein Mittel, sie eine Szene in der richtigen Art spielen zu lassen.«[2] Zum ersten Mal folgte Trier in dieser Hinsicht seinem Meister Dreyer, über den Paul Schrader schrieb: »Er setzt großes Vertrauen in seine Schauspieler; er preßt keine Stilisierung in seine Schauspieler *hinein*, wie der Expressionismus oder der transzendentale Stil, sondern lockt Expression aus ihnen *heraus*.«[3]

»Er heißt Jan.« – Das sind die ersten Worte, die Bess im Film sagt. Sie steht vor den Ältesten ihrer Gemeinde. Auf die Frage, ob sie auch nur eine gute Sache kenne, die die Fremden jemals mitgebracht hätten, antwortet sie: »Ihre Musik.« Obwohl einer der Männer ihr mit einem finsteren Blick zeigt, was er von dieser Antwort hält, lächelt ihn Bess wie ein Kind an, das sich freut, die richtige Antwort auf eine schwierige Frage gefunden zu haben. Sie wird hinausgeschickt. Draußen vor dem Haus schaut Bess in die helle Sonne eines Sommer- oder Frühlingstags. Die Kamera nimmt sie nah von der Seite auf, hinter ihr sehen wir eine Küstenlandschaft. Bess (Emily) schaut kurz nach unten, als ob sie kurz über etwas nachdenke, dann dreht sie leicht den Kopf nach rechts und schaut direkt in die Kamera, zuerst neutral, ein bißchen neugierig, dann lächelt sie.

Die Kamera ist in BREAKING THE WAVES wie eine zusätzliche Person, die manchmal auch die Rolle des kritisch registrierenden Regisseurs einzunehmen scheint. Wenn Bess in die Kamera blickt, flirtet sie mit ihm, als ob sie sich seiner Zustimmung versichern wolle. Gleichzeitig gilt ihr Flirt aber auch dem Kameramann und uns Zuschauern. Das eben beschriebene erste »Kamera-Lächeln« Bess', das nicht zufällig als Umschlagfoto für das Buch zum Film[4] ausgewählt wurde, macht die Kamera, das heißt uns, schon zu Komplizen der Protagonistin, bevor die Handlung überhaupt richtig begonnen hat. Nicht

1   Trier im Interview mit Stig Björkman, Sight and Sound, Oktober 1996.
2   Vibeke Windeløv im Gespräch mit mir (Januar 1997).
3   Eine Vorwegnahme von Überlegungen im letzten Kapitel dieses Buches: Paul Schrader: Transcendental Style in Film: Ozu, Bresson, Dreyer. Berkeley/Los Angeles/London 1972.
4   Lars von Trier: Breaking the Waves, London 1996.

Neugierig auf ein Leben zu zweit: Bess (Emily Watson) und Jan (Stellan Skars-
gård)

zufällig setzt Lars von Trier in dieses Lächeln hinein den Schnitt, der den
Prolog beendet, zum ersten Kapitelbild »Bess Gets Married«. (Bess heiratet)

Ihre gelegentlichen Blicke in die Kamera[1] sorgen im Lauf des Films immer
wieder für Einverständnis zwischen Bess und dem Zuschauer. Sie bringen uns
dazu, ihr emotional überallhin zu folgen, bis in ihre religiösen Heils- und
Wundervorstellungen hinein.

Als die Mutter sie auffordert, sich anständig zu verhalten und sie vor der
Verstoßung durch die Gemeinde warnt, hält Bess die Augen zuerst schuldbewußt nach unten gerichtet, dann läßt sie sie langsam durch den Raum
wandern, und bei den letzten Worten der Mutter – »Das wird dich umbringen, Bess!« – blickt sie traurig und hilfesuchend direkt in die Kamera: so
bleiben wir mitleidende Mitverschworene. Wir können nicht helfen, empfinden aber umso stärkeres Mitgefühl mit Bess, deren Gewissenskonflikt auch
uns unlösbar erscheint.

Lars von Trier hat bei der Montage, vielleicht auch schon vor den Dreharbeiten, sein ursprüngliches Drehbuch an vielen Stellen gerafft und gekürzt. Am
Anfang verzichtete er zum Beispiel auf die Vorstellung von Bess' Bräutigam an
seinem Arbeitsplatz, auf der Ölplattform. Wir sehen vielmehr Jan im Film erst

---

1   Trier fordert sie aussdrücklich in einer Vorbemerkung seines Filmmanuskripts (S. 23).

auf dem Flugplatz, wo ihn Bess und ihre Schwägerin Dodo erwarten. Bess ist wütend, daß ihr Bräutigam zu spät ankommt. Nachdem der Hubschrauber gelandet ist, und Jan aussteigt, geht sie in ihrem Brautkleid gleich mit den Fäusten auf ihn los. »Bess ist derart außer sich, daß sie weder von Dodo noch von der Kamera eingefangen werden kann und mit ihrer Energie selbst die Breite des Cinemascope-Formats sprengt. Nie stellt der Bildkader dabei eine Begrenzung im Sinne einer Einengung dar, immer greift die schauspielerische Energie und Intensität auf das nicht Sichtbare über und entlarvt das Bild als winzigen, subjektiven Ausschnitt aus einem Kontinuum.«[1] Die Kamera ist ein Beobachter auf dem Rollfeld, der uns als Zuschauer teilnehmen läßt, dabei aber nicht vorgibt, alles zu wissen und zeigen zu können.

Jan reagiert auf Bess' Angriff, als handele es sich um ein Spiel, und verwandelt ihn in eine große, lange Umarmung, in die sich Bess sofort hineinfallen läßt. Als er sie losläßt, fällt ihr jedoch wieder ihre Wut ein, und sie schlägt weiter nach ihm, mit rudernden, fliegenden Armen, wie ein kleines Kind. Dodo zieht sie an die Seite, versucht, sie zu beruhigen und die für eine Braut unwürdige Szene durch Umarmungen zu beenden.

1   Thomas Beyer: Zur Handkamera im Spielfilm. Magisterarbeit an der Ruhr-Universität Bochum, Fakultät für Philologie, Institut für Film- und Fernsehwissenschaft 1997, S. 82.

Schon in dieser ersten Gruppenszene sind alle Hauptfiguren des Films versammelt und präzise charakterisiert: Bess zeigt, daß ihre Spontaneität und Emotionalität mindestens so stark sind wie ihr Glaube und ihre Naivität. Jan erweist sich als der klare, unkomplizierte und sensible Mann mit dem großen Herzen, der die Reinheit und Tiefe der Gefühle seiner Braut erkennt und sie dafür umso mehr liebt. Und ihre Schwägerin Dodo ist schon hier Bess' praktischer Schutzengel. Als junge Witwe hat sie die gesellschaftlichen Diskriminierungen in der kleinen Dorfgemeinschaft kennengelernt. Sie weiß, daß Bess mit der Offenheit und Reinheit ihrer Gefühle ein potentielles Opfer ist. Deshalb versucht sie, zwischen ihr und der Gesellschaft und deren unbarmherzigen gesellschaftlichen Regeln zu vermitteln. Allerdings kann Dodo ihr am Ende nur noch ihre Liebe anbieten, weil sie im Gegensatz zu uns Zuschauern Bess' Gedanken und Gefühlen nicht mehr folgen kann und will. Bess' Mutter ist nicht mit zum Flugplatz gekommen. Wir sehen sie erst in der nächsten Szene, als sie bei der Hochzeitszeremonie dem Bräutigam einen skeptischen Blick zuwirft. Die Mutter ist in Bess' Leben nicht mehr als eine Nebenfigur, eine Statistin. In ihren wenigen Auftritten im Film, in denen Dodo sich teilweise schützend vor Bess stellt, läßt sie ihre Tochter immer spüren, daß sie ihr nie verziehen hat, nicht mit ›normalem‹ Intellekt auf die Welt gekommen zu sein. Einen Vater gibt es überhaupt nicht in Bess' Leben, nur den Großvater, der in einer fast dialoglosen Rolle erscheint, obwohl er als einer der Kirchenältesten eine wichtige Funktion hat und die Stelle des Familienoberhaupts einnimmt.[1] Wir sehen ihn zum ersten Mal, wenn er die Braut zum Altar führt. In einer späteren Szene befiehlt er Bess zu schweigen, als sie sich darüber beklagt, daß Frauen im Gottesdienst nicht sprechen dürfen. Am Schluß akzeptieren er und die Mutter schweigend Bess' Verstoßung.

Das erste Kapitel des Films inszeniert Trier noch mit ungetrübter Leichtigkeit. Mit Vergnügen beobachten wir die Lebensfreude bei der Hochzeit und die komische Konfrontation der steifen Kirchenmänner mit den derben Arbeitern von der Ölplattform. Wenn dabei Terry (Jean-Marc Barr) in einem Trink-Zweikampf mit einem der Ältesten aus Spaß seine Bierdose zerdrückt und sein Gegner daraufhin mit ernstem Gesichtsausdruck sein Saftglas in der Hand zersplittern läßt, kann man allerdings schon die unbarmherzige Härte der Puritaner erahnen.

Wir erleben gerührt und amüsiert die Entjungferungsszene in der Toilette, wenn Bess ›es endlich wissen will‹ und sich überwältigen läßt von ihrer Lust und von der Freude an dieser neuen Erfahrung. Nachdem die Kamera das Paar zuerst halbnah durch den Spiegel beobachtet hat, schwenkt sie nach einem Schnitt von Bess' rauschendem Hochzeitskleid auf ihr Gesicht. Darin spiegeln

---

[1] Vielleicht ein Hinweis auf Triers Kindheitserfahrung: die Abwesenheit eines Mannes, der die traditionelle Vaterrolle einnimmt.

sich in den folgenden 60 Sekunden alle Gefühle des ›ersten Mals‹. Bess hat
keine Angst; sie weiß, daß das, was jetzt kommt, sein muß und daß es gut sein
wird. Zuerst blickt sie Jan unverwandt an, dabei aber halb abwesend, in sich
hineinlauschend. Wir sehen in ihrem Gesicht, daß Jan sie berührt und sie nun
etwas Ungewohntes, nie Erlebtes spürt, das sie innerlich tief bewegt. Diese
Szene wirkt wie reines *cinéma verité*, entstand aber durch intensive, konzen-
trierte »Einsicht in das Innenleben der Gestalt«[1], aus dem Geist der Schauspiel-
lehrer Stanislavky und Strasberg.

Als Bess zum ersten Mal vor Lust die Augen schließt, folgt ein deutlich
hörbares Knacken und ein Schnitt, mit dem sich die Kamera ein Stück zurück-
zieht und Jan, der nun mit ihr schläft, von hinten aufnimmt. Wir sehen, wie
Bess mit geöffnetem Mund und großen Augen, sprachlos vor Erstaunen regi-
striert, was da mit ihr geschieht. Dieses Gefühl teilt sie uns auch direkt mit, als
sie am Ende der Szene kurz, und ohne dabei ihren Ausdruck zu verändern, in
die Kamera blickt. Auf der Treppe beobachtet später Dodo, wie Jan weggeht
und Bess in der Toilette Blut aus ihrem Kleid wäscht. Als Bess dann herauskommt, gibt es eine liebe- und verständnisvolle Umarmung der beiden Frauen
und dann kein gemeinsames Weinen wie im Filmmanuskript, sondern nur

---

1   M.A. Čechov: Die Kunst des Schauspielers, Stuttgart 1990, S.18.

eine belustigte Reaktion Dodos auf diese merkwürdige ›Hochzeitsnacht‹, mit einem Schulterzucken und einem kurzen »Tja...!?«

Schamlos, voyeuristisch und gleichzeitig sensibel wie bei der Entjungferung nimmt die Kamera auch Jans ›Stripteaseszene‹ auf: Bess schaut beeindruckt und belustigt zu, wie er sich auszieht, und wir schauen mit ihr. Nicht aus einer der bekannten Hollywood-Bett-Perspektiven, sondern nur in einfachen Schwenks, mit denen die Kamera der Hand Bess' folgt, wie sie seine Brust abtastet und dann zwischen seine Beine wandert. Dann sehen wir ihr Lächeln und anerkennendes Nicken, bis sie sich kichernd nach hinten aufs Bett fallen läßt.

Vor allem die Liebesszenen enthalten viele Details, die nicht im Filmmanuskript stehen und die deshalb so eindrucksvoll sind, weil sie offenbar aus der Improvisation der Darsteller entstanden. Wenn zum Beispiel Jan Bess zärtlich in die linke Brustwarze kneift, blickt sie ihn ungläubig an, mit der stummen Frage: Was soll das?[1] Dann sehen wir sie beide auf dem Bett; Jan liegt auf Bess und schläft mit ihr. In den anschließenden Moment der Entspannung und Erschöpfung hinein sagt Bess leise: »Danke!« – Jan: »Was ist?« – Sie wiederholt: »Danke!« In der nächsten Naheinstellung sehen wir Bess auf dem Bauch liegen, über ihr der laut schnarchende Jan. Sie hält sich ein Ohr zu, lacht amüsiert und glücklich und schaut dabei wieder einmal komplizenhaft in die Kamera.

Die Szene, die das Drama in Gang setzt, ist Bess' Trennung von Jan. Sie zeigt beipielhaft, wie Trier im Zusammenspiel von Kamera (Robby Müller[2]) und Schnitt (Anders Refn) die maximale Intensität und Wirkung aus einer Szene ›herausholt‹ und uns zu Beobachtern macht, die sich mitten im Geschehen befinden: Bess, Dodo, Jan und seine Arbeitskollegen kommen im Auto auf dem Flugplatz an, wo schon der Hubschrauber bereit steht, der die Männer zur Ölbohrinsel bringen wird. Die Stimmung ist hektisch und aufgekratzt. Der Kameramann steht zwischen dem Wagen und dem Helikopter. Er nimmt Jan und Bess auf, die Arm in Arm langsam nach links zum Hubschrauber gehen. Ein Umschnitt zeigt, wie Jan seine Sachen in den Hubschrauber legt, dann geht er zurück zu Bess und umarmt sie noch einmal zum Abschied. Ein Zwischenschnitt aus einem anderen Take zeigt sie beide in einer innigen Kreisbewegung, wenn

---

1 Im Manuskript hatte Trier Bess' sexuelle Neugier umgekehrt und weniger originell visualisiert: Da zieht Bess sich aus und fordert Jan auf, ihr »alles Wichtige« beizubringen.

2 Mit Müller suchte sich Trier einen der profiliertesten Kameramänner aus, der Kompromisse ablehnte: Bei der Kino-und TV-Produktion »Der Zauberberg« (1981) wurde Müller von dem Produzenten Franz Seitz nach wenigen Drehtagen gefeuert, weil er sich nicht von seinem ästhetischen Konzept abbringen ließ und konsequent *low key*, mit geringer Ausleuchtung, arbeitete. (An seiner Stelle stieg Michael Ballhaus in die laufende Produktion ein.) Der 1940 auf den niederländischen Antillen geborene Robby Müller ist mit etwa 40 Filmen seit 1969 einer der bedeutendsten Kameraleute der Welt: Er photographierte einige der wichtigsten Filme von Wim Wenders, von dessen erstem Spielfilm »Summer in the City« (1969) über »Alice in den Städten« (1973), »Falsche Bewegung« (1974) und »Im Lauf der Zeit« (1975) bis zu »Paris, Texas« (1984) und »Bis ans Ende der Welt« (1991). Für Jim Jarmusch führte er die Kamera bei »Down by Law« (1986), »Mystery Train« (1988) und »Dead Man« (1995).

Jan in der Umarmung Bess um sich herumfliegen läßt. Wieder aus der vorherigen Perspektive beobachten wir, wie Jan ihr einen letzten Kuß gibt, zum Hubschrauber läuft und einsteigt, nur ein Stück weit gefolgt von der Kamera. Im Gegenschnitt sehen wir Bess neben Dodo auf dem Rollfeld stehen. Jetzt eilt die Kamera auf sie zu, bis ihre Gesichter ganz nah in Großaufnahme und angeschnitten im Bild sind. Durch einen Reißschwenk nach links, auf den eine Nahaufnahme der drehenden Rotorblätter des Hubschraubers folgt, und zurück auf die beiden Frauen wird noch einmal das Spannungsfeld räumlich erfaßt. In den folgenden 20 Sekunden, während das Rotorgeräusch zunimmt und der Winddruck Bess' Haar zerzaust, bleibt die Kamera ganz bei ihr, so daß wir sehen und spüren, wie sich in ihr ein immer größerer emotioneller Druck aufbaut. Der entlädt sich schließlich in einem archaischen Schrei, und Bess rennt auf den startenden Hubschrauber zu. Dabei taucht sie nach unten aus dem Bild und ist wie bei Jans Ankunft von der Kamera nicht zu ›halten‹. Eingeschnitten ist Dodos hilfloser Schrei »Bess!«, dann sehen wir sie schon die Luke öffnen. Wie die Kamera eilt auch Dodo herbei. Doch Jan, mit entsetztem und hilflosem Gesichtsausdruck, ist schon nach draußen gekommen; er hält die nun wimmernde, aufgelöste Bess im Arm und küßt sie. Die Kamera zeigt die beiden ganz nah in ihrer Umarmung, bis Dodo die nun völlig starre und entkräftete Bess nach rechts wegführt. Dabei ›springt‹ die Kamera auf die andere Seite; die beiden Frauen kommen, mit dem

Hubschrauber im Hintergrund, auf sie zu. Am Ende dieser Sequenz sehen wir hinter ihren Köpfen den Hubschrauber starten. Ein kurzer Kamerablick aus dem Hubschrauber, aus Jans Perspektive, und die kleine Hilfsaktion Dodos, die Bess Beruhigungstabletten gibt, bilden den Mini-Epilog dieser dramatischen Abschiedsszene, die das Filmkapitel »Leben mit Jan« abschließt.

Ein wichtiger technischer Schritt auf dem Weg zurück zur »Freude am Filmemachen« begann für Lars von Trier mit der Entscheidung, in diesem Film »die Technik vollständig rauszuschmeißen«. Deshalb der Einsatz der Handkamera, »die uns frei machte«.[1] Damit markiert BREAKING THE WAVES einen klaren Bruch Triers mit seiner eigenen künstlerischen Vergangenheit: Es war mehr als nur ein stilistischer Schritt von den perfektionistisch polierten und wieder aufgerauhten, mit Kränen und Rückprojektionen hergestellten Studiobildern EUROPAs zu der entfesselten Handkamera in BREAKING THE WAVES, die instinktiv, bei normalem Tageslicht im Freien oder in realistischen Interieurs Schauspieler aufnahm, die teilweise improvisieren und sich frei und ohne Rücksicht auf die Technik bewegen durften. Die Entscheidung für die nicht kontrollierbare Handkamera spiegelt Triers neue Gelassenheit wider, »Dinge einfach geschehen zu lassen«[2] und die Kontrolle als Regisseur ganz bewußt teilweise aufzugeben.

Daran ändert auch die Tatsache nichts, daß Lars von Trier die Technik durch die Hintertür doch wieder hineinließ: Die so authentisch wirkenden Innenräume wurden alle in Kopenhagen im Studio aufgebaut, und in der Post-Production ließ er das Filmmaterial auf Video und zurück auf 35mm kopieren, um die Bilder »nicht zu schön« erscheinen zu lassen.

Allerdings weisen diese Widersprüche auf das Dilemma hin, das sich seit EUROPA durch das Werk Triers zieht: In jedem neuen Film sucht der Regisseur einen neuen Inszenierungsweg zwischen Gelassenheit/Freiheit/Intuition und Präzision/Kontrolle/Expression. Die Widersprüche zwischen Theorie und Praxis, zwischen einem kinematographischen Neubeginn (»die Technik wegwerfen«) mit dem Anspruch, die Kontrolle aufzugeben, und der praktischen Durchführung kontrollierender Nachbearbeitung sollten sich bei DIE IDIOTEN noch weiter verschärfen.[3]

Die Handkamera wirkt in BREAKING THE WAVES deshalb so revolutionär, weil der Regisseur mit ihr wieder einmal ästhetische ›Dissonanzen‹ produziert. Lars von Trier setzt sie nicht gelegentlich und beiläufig ein, als ein filmtechnisches Mittel unter vielen, sondern etabliert sie mit mit radikaler Konsequenz als erzähltechnisches Instrument. Er verbindet die hektischen, flatternden

1   Trier-Interview (»Die Freude zurückgewinnen«).
2   Schauspieler Baard Owe (Dr. Bondo) über Regieanweisungen Triers bei den Dreharbeiten zu GEISTER (Interview mit mir, Januar 1997).
3   Vgl. die folgenden Kapitel »Die listigen Dogmatiker« und »Rolle rückwärts, Kopfstand und Schlußsprung«.

Lars von Trier und Katrin Cartlidge (Dodo)

Bilder der Handkamera mit CinemaScope, dem Filmformat der großen Kinoepen, der Totalen und Landschaften und der dramatischen Figurenkonfrontationen. Trier bricht hier also wie schon oft zuvor mit Kinokonventionen. Doch die Handkamera hatte eine wichtigere Funktion, als nur dem Film ein ausgefallenes ›Design‹ zu verschaffen. Tatsächlich hing von ihr die Wirkung des gesamten Melodrams ab. Lars von Trier hatte mit seinem Gespür für filmische Wirkungen erkannt, daß dieses vor Gefühlen überbordende Märchen – dieser Stoff, der sehr schnell in Kitsch und Sozialklischees abrutschen konnte, mit ungewöhnlichen stilistischen Mitteln erzählt werden mußte. Er wußte, daß diese Geschichte von einer ›normalen‹ Kamera in sorgfältig ausgestatteten Räumen mit schön kadrierten Einstellungen aufgenommen, »unerträglich« (Trier) geworden wäre. Deshalb strebte Trier eine »so realistische Form wie möglich an, mit einem eher dokumentarischen Touch«.

Die Kamera, die oft fahrig und scheinbar unsicher den Figuren und der Handlung folgt, erzeugt zusammen mit der Montage und dem grob wirkenden Filmmaterial eine Rauheit und dokumentarische Authentizität, die scheinbar nicht zu einem Filmmelodram paßt. »Normalerweise wählt man für einen Film einen Stil, der die Story hervorhebt«, sagt Lars von Trier. »Wir haben genau das Gegenteil getan. Wir haben einen Stil gewählt, der gegen die Geschichte arbeitet, der ihr keine Gelegenheit gibt, sich hervorzuheben.«[1] Dieser unruhige, quasi-dokumentarische Erzählstil verhindert weitgehend, daß wir die in uns ausgelösten Gefühle als artifizielle identifizieren und als übertrieben oder kitschig ablehnen. Christiane Peitz hat also Recht, wenn sie Lars von Trier als »genialen Manipulator« bezeichnet. In ihrer »Zeit«-Kritik konnte sie dem Films nur »Haßliebe entgegenbringen«, weil sie in ihm vor allem »das Loblied auf die selbstzerstörerische Demut einer Frau« sah. Triers Erklärungen bestätigten Christiane Peitz nur in ihrem Verdacht, daß Trier als ein »Meister der Demagogie den Zuschauern hier nur fragwürdige Ansichten unterjubelt«.[1] Weil er »falsche« Inhalte transportiere, wirft sie ihm seine Stilsicherheit vor. Dabei hat der ›Demagoge‹ Trier dasselbe wie jeder vernünftige Regisseur getan: Er suchte sich die stilistischen Mittel aus, mit denen er seine Geschichte am wirkungsvollsten erzählen konnte.

Die Methode und die handwerklichen Mittel, mit denen Trier den Film zum Fließen, meist aber zum Tanzen bringt, sind dieselben wie in GEISTER[2]: Trier arbeitet produktiv mit den Reißschwenks und Wacklern der Kamera und erzeugt mit seinem Cutter Anders Refn in der Montage ganz bewußt Brüche, Leerstellen und ›Löcher‹. In GEISTER beschleunigte er damit vor allem das Erzähltempo, in BREAKING THE WAVES dient die Montage dagegen meist der Konzentration und Fokussierung. Die Beziehung zwischen Menschen – meist sind es nur zwei – wird im Filmschnitt wie mit einem Schnitzmesser herausgearbeitet: die kleinen Unsicherheiten und Ablenkungen genauso wie die Höhepunkte in den Gefühlskurven.

Trier benutzte wie bei GEISTER immer mehrere *Takes* einer Szene, um deren Gehalt in einer ›Gefühlsmontage‹ zu destillieren. Patchworkartig setzte er dann die besten und eindrucksvollsten Takes zusammen, selbst wenn sie nach den orthodoxen Montageprinzipien, etwa wegen Achssprüngen und Perspektivwechseln, nicht zusammenpaßten. In GEISTER montierte Trier häufig unterschiedliche Emotionen einer Figur, hier arbeitete er mit Hilfe der Montage an der Gesamtwirkung einer Szene, intensivierte und modellierte die Emotionen. So holte sich Trier in der Montage einen Teil der Kontrolle zurück, die er vorher bei den Dreharbeiten aufgegeben hatte.

Während wir in den ersten drei Kapiteln des Films zusammen mit Bess das Schöne und Neue erleben, bringt uns Lars von Trier nach Jans Unfall auf einen rationalen und emotionalen Schleuderkurs: Zuerst werden wir Komplizen von Dodo und Jan, die Bess »ins Leben zurück« bringen wollen. Für Jan heißt das, ihr einen anderen Mann zu verschaffen. Diese Herausforderung nimmt er an und wendet eine List an, die wir sofort verstehen. Die Taktik ist grausam, aber rational schlüssig, weil die schlichte Bess offenbar nicht erkennen kann, daß es

6   Sight and Sound, Oktober 1996.
1   Die Zeit, 4.10.96
2   Wie in GEISTER nutzte Trier auch in BREAKING THE WAVES harte Tonschnitte für die Montage. Zum Beispiel, wenn Bess durch den lauten Krankenhausflur in das Ärztezimmer geführt wird, in dem man sie über Jans aussichtslosen Gesundheitszustand aufklären wird. Noch in die Bewegung des Hineingehens schneidet Trier auf die schon im Zimmer sitzende Bess, die zögernd in eine spannungsgeladene Stille hinein fragt: »Wird er leben?«.

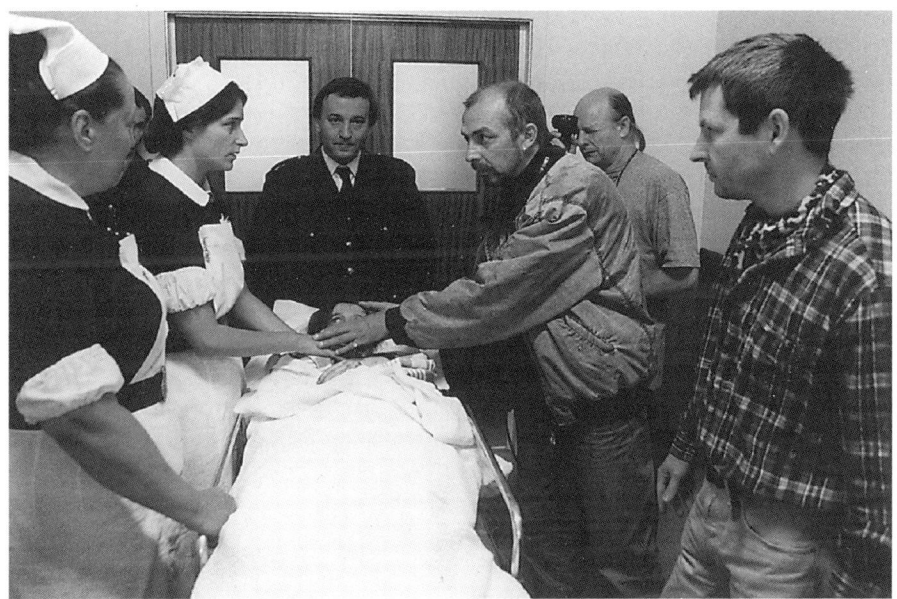
Viel mehr als ein Regieassistent: Morten Arnfred mit Lars von Trier

ein normales, erfülltes Leben mit Jan nicht mehr geben wird. So erwarten wir gespannt, ob und wie sie die Ablösung von Jan schaffen wird. Dabei sind wir vorbereitet auf Tragik, Traurigkeit und Entsagung. Triers Drehbuch, vor allem aber die Kamera versetzt uns jedoch in Bess' Perspektive. »Wie der Blick von Bess ist auch jener der Kamera naiv und voller Neugier, er kennt keine Konventionen und keine Sehgewohnheiten. Es ist ein Blick, der sich noch wundern kann.«[1]

Die kompromißlose Direktheit, mit der die Kamera die Geschichte erzählt, bestimmt die Art unseres ›Mit-Gefühls‹. Wir verfolgen nicht als Außenstehende den tragischen Verlauf einer unglücklichen Liebesgeschichte, sondern sind Beteiligte. Dabei kann auch der rationalste Betrachter zu einem Mitwisser und beinahe Gläubigen werden.

Trotz seiner Verachtung für die ›psychologisierenden‹ Filme des skandinavischen Sozialrealismus arbeitete Lars von Trier in BREAKING THE WAVES sehr subtil mit psychologischen Motiven, um die Handlungsweise seiner Figuren zu begründen. So gibt er auch deutliche Hinweise, wie Bess zu ihrer fixen Idee kommt, sie könne Jan retten: Wenn Dodo Jan sagt, Bess werde alles für ihn tun, bringt sie ihn darauf, wie er Bess »ins Leben zurückbringen« kann. Und zu Bess sagt Dodo kurz darauf: »Warum versuchst du nicht darauf zu hören, was er sagt,

1   Lars-Olav Beier: Respektvolle Nähe, pulsierende Lebendigkeit. Die bewegende Kamera in »Breaking the Waves«, in: Karl Prümm u. a. (Hrsg.) Kamerastile, Schüren, Marburg 1998.

Bess?« – Wenn es also einen ›Wahn‹ bei Bess gibt, dann hat er hier seinen Ursprung: Dodo selbst provoziert Bess' bedingungslose Hingabe an Jan und den Gehorsam, den sie später nicht mehr versteht. Für sie wie für Dr. Richardson ist Jan dann nur noch ein kranker Mann, dessen perverse Phantasien Bess beherrschen. Bess verhält sich in ihren Augen »wahnhaft« nach dem Muster einer psychisch Kranken. In dieser Phase des Films haben wir Zuschauer uns durch die magische Blickverbindung zwischen Kamera und Hauptfigur aber schon so weit mit Bess identifiziert, daß uns die ›Normalen‹ als die eigentlich Begriffsstutzigen erscheinen. Im Gegensatz zu den Menschen in Bess' Umgebung erkennen wir in ihren scheinbaren Wahnvorstellungen eine ›Wahrheit‹, die als Ausdruck ihrer Gefühle über allen rationalen Zweifeln steht.

Trier verläßt sich aber nicht allein darauf, daß wir uns durch die Kamera mit Bess identifizieren, sondern suggeriert zusätzlich einen Zusammenhang zwischen Jans Zustand und Bess' ›Hilfsaktionen‹ zum Beispiel durch eine Parallelmontage: Als Jan noch einmal operiert wird, geht Bess in geliehener, aufreizender Kleidung in eine Kneipe und sucht sich dort einen Mann aus. Während sie sich später neben einer Holzhütte von ihm ficken läßt, gelingt es im Krankenhaus den Ärzten, Jans Herz wieder zum Schlagen zu bringen.

Die Reißschwenks der Kamera erfüllen in BREAKING THE WAVES oft die Funktion des Schnitts (oder sie ermöglichen einen anschließenden Schnitt), sind in der Szene aber meist spontane Reaktionen auf Ereignisse und Geräusche. Dabei reagiert die Kamera manchmal wie ein allzu neugieriger Beobachter: Als Bess den gelähmten Jan zärtlich küßt, bleibt sie zuerst in diskretem Abstand, dann nähert sie sich den beiden immer mehr, bis sie bei einem Geräusch von der Tür wie ein ertappter Voyeur einen Reißschwenk nach rechts macht: Dodo ist hereingekommen.

Die Kamera repräsentiert uns immer wieder als Beobachter, die nicht nur durch die Ereignisse, sondern auch emotional hin- und hergerissen werden. Zum Beispiel in der Kirche, aus der Bess herausgeschleppt wird, und kurz darauf, als zwei Polizisten sie mit Gewalt aus dem Krankenhaus führen. In beiden Fällen zeigt die Kamera zuerst Bess zusammen mit ihren Gesprächspartnern, macht dann aber den dramatischen Konflikt sichtbar, indem sie sich, nur durch wenige Schnitte akzentuiert, zwischen den Kontrahenten bewegt. Die Position der Kamera im Raum bestimmt die Position, die wir als Zuschauer einnehmen; ihre physischen beeinflussen unsere emotionalen Bewegungen. Zuerst folgt die Kamera sehr nah der verzweifelt schreienden Bess, die zum Ausgang geschleift wird und ihrer Schwägerin zuschreit: »Wie konntest du das tun. Du hattest auch einen Ehemann ...« Dann, in einem anderen *Take*, bewegt sie sich auf Dodo zu, die vor Scham und Mitgefühl mit den Händen ihr Gesicht bedeckt. In diesem Moment sind wir nicht nur räumlich ganz nah bei Dodo. Wir sehen nicht nur ihr Entsetzen und ihre Gewissensnot, sondern fühlen sie mit ihr. Wir wissen wie Dodo, daß Bess nicht verrückt ist und Dodo an deren ›Wahn‹ Mitverantwortung trägt.

Im Gegensatz zu solchen dramaturgisch und emotional bedeutenden Szenen ist in anderen Sequenzen des Films die Montage und die Kameraführung ganz konventionell: Wenn Bess etwa im Bus den älteren Mann befriedigt, aussteigt und sich übergibt, dann montieren Trier und Refn diese Episode einfach in einzelnen Nahaufnahmen und mit traditionellen Gegen- und Zwischenschnitten.

Bedeutende Kunstwerke zeichnen sich nicht durch Perfektion und Makellosigkeit aus, sondern sind gerade an ihren kleinen Fehlern und Abweichungen von der Norm, vom scheinbar perfekten Maß zu erkennen. Das größte Verdienst von Emily Watson in BREAKING THE WAVES ist es, sich als Schauspielerin so weit ›fallen zu lassen‹, daß sie die Schwächen und Fehler ihrer Figur in den Film ›hineinspielen‹ konnte. Und Triers Verdienst ist der Mut, Emily Watson darin bestärkt zu haben. Einer dieser Fehler, den Trier sicherlich ganz bewußt in den Film aufgenommen hat, passiert am Ende des Selbstgespräch-Gebets, in dem Bess ihre Schuld an Jans Unfall diskutiert. Nachdem Gott sie beschuldigt hat, bedankt sich Bess, schon fast in Tränen ausbrechend, bei ihm, daß er Jan habe leben lassen. Die Antwort spricht sie vor Rührung und Aufregung nicht mit ihrer tiefen ›Gottesstimme‹, sondern ganz normal in ihrer eigenen Tonlage: ›You're welcome, Bess‹. Dann kommen ihr die Tränen, und sie wirft uns für Sekundenbruchteile einen schuldbewußten Blick zu, bevor das nächste Panoramabild mit dem Song »A Whiter Shade of Pale« das folgende Kapitel »Jan's Illness« (Jans Krankheit) einleitet.

So treffend Lars von Trier selbst die stilistische Funktion der Handkamera in BREAKING THE WAVES beschrieben hat, nämlich »gegen« das Melodram zu arbeiten, auf visuelle ›Hervorhebungen‹ hat er trotzdem nicht verzichtet. Denn in den acht langen ›Kapitel-Einstellungen‹ ist dieser unruhige Kinofilm plötzlich ganz still und meditativ. Als Kontrapunkt zu den hektischen physischen Bewegungen der Handkamera und den dramatischen Bewegungen der Geschichte entschied sich Lars von Trier für »Titelbilder«, die den einzelnen Kapiteln des Films vorangestellt sind. Es sollten Bilder sein, die an romantische Gemälde mit ›idealen Landschaften‹, aber auch ganz literarisch an die Kapitelbilder in alten Romanen erinnern. Da Trier genau wußte, was er wollte, aber nicht, wie diese ›Panoramaszenen‹ aussehen sollten, engagierte er den Maler Per Kirkeby, der seinen Auftrag so beschreibt: »Sie sollten 'der Blick' sein, Panorama-Ansichtskarte, Natur, mit archetypischer Stimmung, von quälender Banalität.«[1] Auf Triers Frage nach dem Wesen romantischer Malerei versuchte er ihm zu erklären, daß es in den Bildern etwa eines Turner »innere Bewegungen« gebe, die in den heutigen elektronischen Bilderwelten verlorengegangen seien. Ausgerechnet mit solchen elektronischen Mitteln und der Unterstützung von zwei Computerdesignern (Søren Buus und Steen Lyders Hansen) begann Per Kirkeby, diese inneren Bewegungen subtil in äußere zu verwandeln. Damit ging der Computerskeptiker den umgekehrten Weg wie sein Auftraggeber Trier, der den größten Teil der Filmtechnik über Bord geworfen hatte: Kirkeby freundete sich vorsichtig mit den Computern an, weil die Maschinen genauso wie er als Maler sehr viel Zeit für ihre Arbeit brauchten und bei der pixelgenauen Herstellung der langen Titelsequenzen »wochenlang stöhnen und treten« (Kirkeby) mußten.

Das Ergebnis dieser Mensch-Maschine-Kooperation sind acht faszinierende und verstörende Landschaftspanoramen, die wie große Gemälde wirken, in Wirklichkeit aber kleine Kurzfilme sind. Wie Trier und sein Kameramann Elling in den frühen Filmen generierten Kirkeby und seine Mitarbeiter aus abgefilmten Hügeln, Wiesen, Wolken und Sonne im Computer seltsam ruhige, künstliche Landschaften, die in extremem Kontrast zu den meist nahen Handkamera-Aufnahmen und den engen Innenräumen stehen, in denen der Film spielt. In diesen Cinemascope-Stilleben gibt es langsame Bewegungen, die man manchmal erst nach längerem Hinschauen bemerkt: Wolken, die durchs Bild ziehen, Lichtveränderungen oder ein in der Ferne fahrendes Auto. Die Künstlichkeit dieser Bilder fällt nicht sofort auf, und wenn man sie dann wahrnimmt,

---

[1]   »They were to be the view, the panoramic picture postcard, nature, the archetypal mood, the agonising banality.« (Per Kirkeby in: L.v.Trier: Breaking the Waves, London 1996, S. 12) Per Kirkeby, Ehemann von »Zentropa«-Produzentin Vibeke Windeløv, ist als Maler auch in Deutschland bekannt.

stört sie nicht. Denn die Kapitelbilder sind meditative Ruhepunkte der Erzählung und Projektionsflächen für unsere Gedanken. Während wir schauen und die vorangegangenen Szenen weiter auf uns wirken lassen, hören wir klassische Popsongs der 60er und 70er Jahre wie »Goodbye Yellow Brick Road« und »Child in Time« – Musik, die nichts mit der Geschichte, aber viel mit Bess' Lebensgefühl zu tun hat. Die *bigger than life*-Schönheit der Bilder und die Nostalgie der Songs sind eine ästhetische Antithese, eine »Dissonanz«[1] zum Erzählstil des Films.

Statt sie auf diese dramaturgische Funktion zu beschränken und ihnen ihre Rätselhaftigkeit zu lassen, hat Lars von Trier in seiner hintergründigen und ironischen Art von ›Selbstmythologisierung‹ den Fans und Kritikern erklärt, diese Bilder bedeuteten »das Auge Gottes«, das auf die Erde herabblickt. Das klingt nun wirklich nach dem religiösen »Schmarren«, für den Christiane Peitz den ganzen Film hält. Und Trier denkt diese Idee tatsächlich zu Ende und inszeniert sie: Im letzten Kapitelbild »Epilogue - The Funeral« erkennen wir zuerst nur eine Brücke über einen Fluß, dahinter eine im Dunst kaum sichtbare Landschaft. Dann verändert sich allmählich das Licht, die Berge werden sichtbar, und am Ende dieser mit 78 Sekunden längsten Kapiteleinstellung des Films[2] schauen wir jetzt aus dem Dunkel durch den Brückenbogen wie durch

---

1   Vgl. Interview mit L.v.Trier (»Die Freude zurückgewinnen«)
2   Die Länge der Kapiteleinstellungen steigert sich, ausgehend von 25 Sekunden, in der Folge der Kapitel

ein Tor auf den nun deutlich sichtbaren, glitzernden Flußlauf in einer sonnen-
durchfluteten Landschaft. Es ist offensichtlich der Weg in eine neue, hellere
Welt, das Versprechen eines besseren Lebens nach dem Tod.

Lars von Trier war sich der Gefahr, mit solchen musikalisch emotional
aufgeladenen Bildern in den Kitsch abzurutschen sehr wohl bewußt. Im Interview mit Stig Björkman sagte er: »Wenn man zum Beispiel eine Person oder
eine Situation, mit einem Heiligenschein aus Sonnenstrahlen versieht, wird
das sofort rührselig und banal. Mit welcher Leichtigkeit man in dieses Dilemma geraten kann, habe ich bei den Dreharbeiten von BREAKING THE WAVES
festgestellt. Ich habe wirklich versucht, ihm zu entgehen, aber man sieht diesen
Hang zur Romantik noch sehr deutlich in den Bildern, die den Kapiteln
vorangestellt sind.«[1]

Es gehört zu den Qualitäten von BREAKING THE WAVES, daß sich Trier
genau da zurückhält, wo er am leichtesten Emotionen hätte erzeugen können.
In der emblematischen, titelgebenden Szene des Film sehen wir Bess auf einem
riesigen Felsen stehen, an dem sich die Meereswellen brechen. Sie rudert
verzweifelt mit einem Arm und schreit ihren Kummer über die Abwesenheit
Jans in einem verzweifelten, langen »Nein!« heraus, während die Gischt einer
großen Welle über sie hinwegfegt. Trier läßt dieses Bild, eine der visuell
eindrucksvollsten Einstellungen des Films, nur acht Sekunden auf uns wirken,
gerade so lange, bis wir die Situation erfassen können. Mitten in einem weiteren Aufschrei Bess' schneidet er schon zur nächsten Szene, in der sie das in
ihren Augen entscheidende fatale Bittgebet zum Himmel schickt.

Auch Bess' Seebestattung zeigt Trier ganz unprätentiös und schnörkellos.
Ohne musikalische Untermalung und künstliche Emotionalisierung beobachtet die Kamera, wie Jan die tote Bess umarmt und küßt und sie nicht loslassen

allerdings nicht stetig: 25", 32", 32", 51", 43", 40",43", 78".

1   Cahiers du cinéma Nr. 524, Mai 1998.

will. Von Jans Versuch, mit Gott zu sprechen (im Filmmanuskript), ist nur noch ein Satz übriggeblieben: »Paß gut auf sie auf!« Dadurch wirkt die Schlußszene um so stärker. Aber auch das ›Glockenwunder‹ wird aus einer Alltagssituation heraus erzählt: Nachdem Terry Jan geweckt hat, geht er mit ihm erst in die Funkzentrale, um ihm zu zeigen, daß der Radarschirm keine Objekte in der Nähe ihrer Plattform anzeigt. Dann stehen sie auf dem Deck und erleben das Wunder des Glockengeläutes über dem Meer. Dabei beobachten wir Jans Erstaunen und seine innere Bewegung, die sich in Freude verwandelt, weil Bess sich ihren Wunsch erfüllt und die Glocken wieder ›hingehängt‹ hat – das ist eine Szene, die selbst viele »coole« Filmkritiker gerührt hat. Bei manchen mag sie aber auch Unsicherheit und Abwehr provozierte haben, weil ein Kritiker ja nicht seine Gefühle wiedergeben kann, indem er »seine Blätter mit Tränen benetzt« (Peter Körte), sondern den Film emotional und rational verarbeiten muß. Die beiden läutenden Kirchenglocken in der Schlußeinstellung des Films wirken wie ein zusätzliches, bewegtes Kapitelbild, das erstmals tatsächlich eine Himmelsperspektive simuliert. Die religiöse Ernsthaftigkeit dieses Glockenwunders und den Eindruck von Feierlichkeit, den schon die sanften Popsongs der Kapitelbilder provoziert hatten, verstärkt Trier hier durch eine schlichte, romantisch arrangierte Bach-Sonate, die auch den Abspann begleitet.[1]

1   Im Filmmanuskript hatte Trier vorgesehen, die Bedeutung dieser Einstellung noch zu verdeutlichen

und eine Panoramaaufnahme des leeren Glockenturms der Dorfkirche folgen zu lassen (Szene 230, S. 127).

Trotz der eindeutig religiösen Symbol- und Metaphernsprache und ohne dabei Lars von Trier auf den katholischen Leim zu gehen, kann man BREAKING THE WAVES als wirkungsvolles Melodram und als Kunstwerk schätzen. Wie der dänische Filmwissenschaftler Peter Schepelern, der in Trier weniger einen religiösen, gläubigen Menschen als den Spieler und Experimentator sieht, den vor allem emotionale Wirkungen und Effekte interessieren – im Kino wie in der Kirche.[1]

So inhaltlich fragwürdig und vieldeutig sein religiöses Melo auch manchem erscheinen mag: Nach all seinen düsteren, ironischen und stilisierten Filmen hat Lars von Trier mit BREAKING THE WAVES, seinem ersten Film »über das Gute«, für sich persönlich etwas Neues und Wichtiges erreicht. Er hat zumindestens vorläufig seine Ängste und Alpträume aus dem Kino gedrängt: »Breaking the Dreams«.

---

1   Im Interview mit mir, Januar 1997.

151

Krankenwagen-Rallye
Noch mehr Blut und Komik im Königreich: GEISTER II

Der weltweite Erfolg von GEISTER traf mit der Vorbereitung und den Dreharbeiten des Spielfilms BREAKING THE WAVES zusammen, auf dessen Realisierung Lars von Trier so lange hatte warten müssen. Wohl auch deshalb dauerte es eineinhalb Jahre, bis das Drehbuch von GEISTER II fertig war.

Die Ärzte und andere Mitarbeiter des echten ›Riget‹, des Reichskrankenhauses in Kopenhagen, hatten auf die Serie in einer Weise reagiert, wie sie in Deutschland kaum vorstellbar wäre: mit Humor. Statt sich über die unvorteilhafte Darstellung ihres Berufsstandes zu beschweren und gerichtliche Schritte anzudrohen, gründeten die Ärzte nach dem Vorbild der Serie an ihrem Krankenhaus tatsächlich eine Ärzteloge. Nur die Verwaltungsangestellten des ›Riget‹ protestierten energisch, weil in GEISTER viele Schwestern und einige Pfleger, aber kein Vertreter ihres Berufsstandes aufgetreten war. Trier und Vørsel setzten die Kritik um und schrieben in die Fortsetzung der Serie eine neue Figur hinein: Frau Svendsen, die freundliche, aber äußerst begriffsstutzige Assistentin des Chefarztes, die penibel darauf achtet, daß die Ärzte ihre bürokratischen Pflichten nicht vergessen. Bei soviel Anteilnahme und Sympathie der ›Riget‹-Mitarbeiter konnte selbstverständlich auch der zweite Teil von GEISTER, soweit technisch und organisatorisch möglich, an Originalschauplätzen im echten Reichskrankenhaus gedreht werden. Offenbar freuten sich alle Beteiligten über die große, kostenlose PR-Kampagne durch die Fernsehserie.

GEISTER II beginnt mit einem trailerartigen Zusammenschnitt, einer Art ›Best of‹-Auswahl von skurillen und komischen Szenenausschnitten aus der ersten Staffel, in denen die bisherigen Konflikte und Ereignisse skizziert werden und auch der besondere Erzählstil der Serie vorgeführt wird. Nach der letzten und schrecklichsten Einstellung aus GEISTER I, der Geburt des Wesens mit dem Männerkopf (Udo Kier) folgt derselbe Vorspann wie in den Folgen von GEISTER I: der Prolog im Sumpf, in dem die Geschichte des Krankenhauses referiert und auf das Erscheinen der übersinnlichen Kräfte vorbereitet wird. Allerdings veränderte Trier ein bedeutungsvolles Detail: Aus der Holzwand, auf der vor jeder Folge der Haupttitel eingeblendet wird, bricht diesmal nicht nur allmählich wie in GEISTER I, sondern sehr heftig und gleich an mehreren Stellen der Strom der roten (Blut-)Flüssigkeit, die den Horror der folgenden Ereignisse ankündigt.

Wie im ersten Teil gibt es zwischen den Szenen der Handlung eingeschnittene Flugaufnahmen des Krankenhauses, die mit dramatisierenden Sounds immer wieder auf die parallel existierende Welt der Geister verweisen. Sie sind in der ersten Folge von GEISTER II wie in der ersten Staffel monochrom braun eingefärbt, später jedoch erscheint das Hospital manchmal in einer realisti-

schen Nachtaufnahme. Gleichzeitig gab Trier der Serie eine neue Grundfarbe für das Übersinnliche und damit ein verändertes visuelles Design: Die Geisterwelt erscheint nun in einem giftigen, transparenten Grün, das die rätselhaften, einmontierten Doppelbelichtungen bestimmt. Erst beim zweiten oder dritten Mal erkennt man darin die Makroaufnahme eines zuckenden Auges mit Pupille und Retina, auf der schemenhaft reale Bilder aus dem Krankenhaus zu sehen sind. Später zeigen die grünen Bilder vollständige Augäpfel, Gesichter, Köpfe und eine Gruppe von Gestalten, die wie eine stumme Kommission die realen Geschehnisse beobachten: die Geister des Reichskrankenhauses.

Lars von Trier und Niels Vørsel folgen am Anfang der ersten Folge von GEISTER II besonders streng dem TV-Gesetz, wonach dem Serienzuschauer eine lückenlose Wiedererkennbarkeit geboten werden muß. Unverändert in vielen Details, variieren sie die ersten Szenen von GEISTER I: Wieder sieht der Pfleger in der Nacht auf dem Bildschirm am Eingang einen Krankenwagen vorfahren, der diesmal allerdings schon verschwunden ist, als er auf die Straße tritt. Und wieder kommentiert der junge Mann mit dem Down-Sydrom und dem ›zweiten Gesicht‹ vor seiner Kollegin in der Abwaschküche die erste Geistererscheinung. Die Fans von GEISTER I können sich gleich wieder heimisch fühlen: Die Personen, die Schauplätze, der Montage- und Inszenierungsstil sind fast unverändert, und das Leben im verrücktesten Krankenhaus südlich des Polarkreises geht seinen gewohnten Gang. Der trottelige und gutmütige Chefarzt Moesgaard hat noch immer kaum einen Schimmer, was hinter seinem Rücken alles passiert, Dr. Helmer ist noch immer das faszinierende schwedische Ekelpaket, das unterschiedliche hinterhältige Absichten verfolgt, Dr. Bondo kämpft mit seiner verkrebsten Leber im Leib weiterhin für den Fortschritt der Wissenschaft, und Dr. Krogshøj produziert noch immer Kokain. Die Handlungsfäden vom Ende der ersten Staffel werden wieder aufgenommen und weitergesponnen.

Dr. Helmer hat seinen ersten komischen Auftritt wieder bei seiner morgendlichen Ankunft am Krankenhaus. Er kommt zwar ohne Auto – das hatte sich ja in der ersten Staffel endgültig in Schrott verwandelt – und stolpert auch nicht wie damals über eine Gehwegplatte, sondern fährt auf Rollschuhen wie in einem Slapstickfilm in die Tiefgarage des Hospitals. In Trier/Vørsels be-

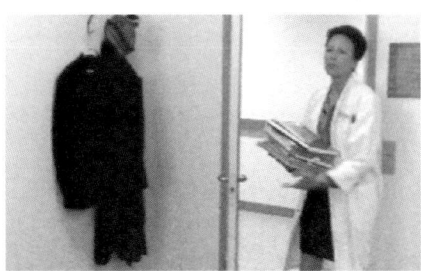

Dr. Helmer rollt auf seine Weise zu sei-
nem Arbeitsplatz.

Neu im Personal: Verwaltungsangestell-
te Svendson (Birthe Neumann)

kannter Schocktherapie aus Komik und Entsetzen wird Sekunden später am selben Ort Frau Drusse von einem Krankenwagen erfaßt und schwer verletzt, weil sie, von diesem Schauspiel verwirrt, auf die Straße gelaufen ist. Mit diesem ironischen Drehbucheinfall verwandeln Trier und Vørsel die kerngesunde Simulantin und Geisterjägerin, die sich am Anfang der ersten Staffel im Krankenhaus aufnehmen ließ und jetzt die Klinik tatsächlich verlassen wollte, in eine echte Patientin und schaffen neue Ausgangspositionen für die Fortsetzung der Serie. Allerdings ist der Unfall und das zeitweilige Ableben von Frau Drusse nur ein Drehbuchschlenker, weil sie im Geisterreich nur neue Anweisungen für ihre spiritistische Vermittlertätigkeit bekommt.

Als ich mich im Januar 1997 in Kopenhagen nach der Fortsetzung von THE KINGDOM erkundigte, die damals gerade geschnitten wurde und deren Inhalt ein streng gehütetes Geheimnis war, bekam ich von den Beteiligten widersprüchliche Auskünfte: Die neuen Folgen seien »blutiger«, härter, mit fast schon splatter-ähnlichen Elementen, so Co-Autor Niels Vørsel und die Produzenten Vibeke Windeløv und Peter Aalbæk Jensen; die Serie würde noch verrückter, humorvoller und komischer, sagten dagegen Kameramann Eric Kress und Lars von Trier. Neun Monate später, nach der Premiere bei den Filmfestspielen in Venedig, konnte man sich davon überzeugen, daß sie alle recht hatten. Und man kann als weitere widersprüchliche Aussage noch hinzufügen: GEISTER II ist dramatischer und ernsthafter als GEISTER I, und es gibt mehr wirklich bewegende und tragische Szenen. Wie diese Elemente in der Serie zusammengeführt werden und wie sich dabei Slapstick und Schrecken begegnen können, zeigt schon der beschriebene Unfall von Frau Drusse.

Zentrale Figur im Hospital der Geister: Frau Drusse (Kirsten Rolffes)

Lars von Trier und Niels Vørsel haben in den neuen Folgen das innere und äußere Spektrum ihrer Figuren noch erweitert und ihre Grusel-Soap in einzelnen Episoden noch stärker pointiert und überdreht, aber immer im Rahmen ihrer selbstgesteckten Grenzen. Wie üblich im eleganten Smoking hält Lars von Trier nach einer der Folgen eine blutige Fleischmasse vor die Kamera – ein Riesensarkom, wie das von Dr. Bondo, teilt er uns beiläufig mit – und absolviert dabei seine übliche sanfte Abmoderation und Verabschiedung des Publikums, das »hoffentlich beim nächsten Mal wieder dabei sein wird, wenn es um das Gute und das Böse geht«.

Der Wahnwitz und Klamauk, der in den jeweiligen Szenen mehr angedeutet als ausgespielt wird, verläßt nie die ›Geschäftsgrundlagen‹ der Serie, nämlich die Einheit des Ortes und die Identität der Figuren. Wenn zum Beispiel Dr. Helmer sein Elektroauto durch die Krankenhausflure lenkt und es später neben einem OP parkt und an eine OP-Steckdose anschließt, wie der leidgeprüfte Krankenhausdirektor resigniert feststellt, dann ist das, nüchtern und realistisch betrachtet, blühender Unsinn. Genau wie die Sequenz, in der Helmer das geistig behinderte Mädchen Mona in einem Wäschesack aus dem Zimmer schmuggelt und, so wie die Pfleger ihre Bierkästen, auf ein Förderband setzt, um sie aus dem Weg zu schaffen. Nach dem Psychogramm des Dr. Helmer und im Kontext der Serie sind diese Szenen jedoch stimmig und

Bei den Dreharbeiten zu GEISTER

logisch. Sie zeigen wieder einmal die Skrupellosigkeit des Schweden, in kleinen wie in großen Dingen: Sein Fortbewegungsmittel ist ihm wichtiger als Menschen im allgemeinen und Patienten im besonderen, und natürlich ist er auch bereit, eine mögliche Zeugin aus dem Weg zu räumen. Dr. Helmer will sie zwar nicht ermorden, aber auf dreiste Art erst einmal verschwinden lassen, damit der Kunstfehlerprozeß gegen ihn nicht zustande kommt.

Einmal lassen die Autoren seine Rücksichtslosigkeit jedoch auf ihn selbst zurückfallen: Die Sekretärin Frau Svendsen hat wegen eines Schranks auf Helmers Veranlassung hin die Tür seines Zimmers verkleinern lassen, weil es dem Arzt sowieso recht ist, daß ihn nun keine Patienten im Rollstuhl mehr aufsuchen können. Nachdem er nach seiner Schußverletzung selbst auf den Rollstuhl angewiesen ist, kann Dr. Helmer nicht mehr in sein eigenes Zimmer und muß deshalb ein vertrauliches Gespräch mit seinem schwedischen Anwalt in die Patiententoilette verlegen.

Ein weiteres lebendiges Beispiel für die gute Abstimmung der Charaktere bietet der gutmütige Chefarzt Moesgaard. Abgesehen von der selbst schon absurden Voraussetzung, daß ein solcher machtunlustiger und weicher Mediziner es in der Realität bis zum Chefarzt bringen könnte, entsprechen die Szenen, in denen man über ihn lachen kann, sehr genau seinem Charakterprofil. Erst durch eine brutale Gruppentherapie, die in der Darstellung therapeutischen Psychoterrors eine eigene kleine Satire darstellt, findet Dr. Moesgaard zu sich selbst. Als Schwacher muß er eine persönliche Strategie entwickeln, um das zu tun, was er will. So erscheint es garnicht ungewöhnlich, daß Moesgaard statt mit dem Direktor erst einmal energisch mit einem Stuhl spricht, um seine Aggressionen abzuleiten. Daß ihn der Direktor dabei beobachtet, macht dann die Komik dieser Szene aus.

In einer anderen Szene läuft Dr. Moesgaard mit einem Dildo in der Hand hinter einer Ärztin her. Dieser unerhörte Vorgang hat eine ganz normale Erklärung: Moesgaard hat in der Selbsterfahrungsgruppe seine Männlichkeit neu entdeckt und deshalb entsprechende Symbole in seinem Zimmer aufgestellt, die er ab und zu zärtlich streichelt. Als er in einer solchen Situation von seiner Mitarbeiterin Rigmor überrascht wird, der er etwas mitzuteilen hat, eilt ihr der Chefarzt mit dem oben erwähnten Gegenstand nach – ganz der ›zerstreute Professor‹, wie wir ihn kennen. Als ihm schließlich die Peinlichkeit der Situation bewußt wird und er den Dildo hinter einem Vorhang versteckt, inszenieren Trier und Vørsel einen der Drehbucheinfälle, die nicht »weggeworfen« werden durften – hier: zum Glück. Durch eine entsprechende Beleuchtung entsteht ein Schattenspiel, in dem die verblüffte Ärztin und der ebenfalls anwesende Dr. Helmer bei ihrem Chef eine mächtige Erektion zu erkennen glauben.

Überhaupt zeigen Lars von Trier und Niels Vørsel in GEISTER II noch weniger Scheu vor Geschmacklosigkeiten und absurden Kalauern als in der

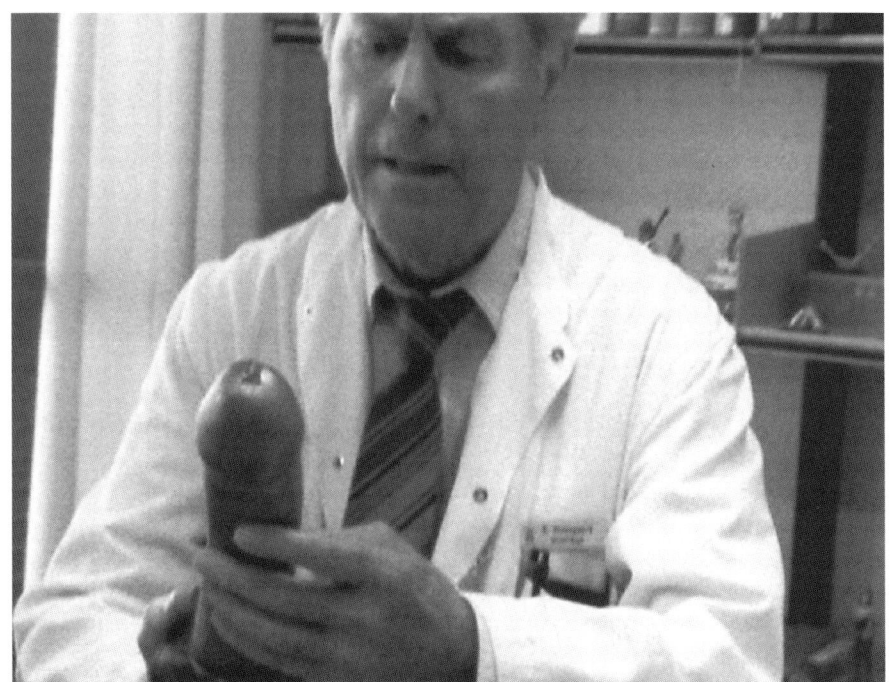

Der Chefarzt entdeckt seine Männlichkeit: Dr. Moesgaard (Holger Juul Hansen)

ersten Staffel: Wenn zum Beispiel der fragwürdige philippinische Wunderchir-
urg Philip Marco – ein makabres Wortspiel mit dem Namen des blutrünstigen
Diktators des Inselstaates – den angeblichen Tumor von Frau Drusse aufißt
und dann als Begründung angibt, das benutze er als Vitaminnachschub, seit
man aus dem dänischen Lager-Bier das Vitamin C entfernt habe. Frau Drusses
Sohn Bulder schaut daraufhin erstaunt auf die Bierflasche in seiner Hand. Nur
einige Szenen später folgt beiläufig die Erklärung für die unerhörten Vorgänge:
Auf dem Flur sagt Frau Drusse ihrem Sohn, Philip Marco könne zwar nicht
operieren, aber er sei ein »guter Show-Mann«. So wird die ganze blutig-maka-
bre Szene (auch die mit Dr. Bondo) im doppelten Sinn als Theatertrick entlarvt: auf der Realitätsebene der Serie, in der Geschichte, aber auch vor uns, den
Zuschauern. Die Szene bleibt ohne Folgen und hat keine dramaturgische
Bedeutung; sie ist einfach geboren aus einer spielerischen Idee, die nach den
Regeln der Autoren einfach vorkommen mußte.

Trier und Vørsel führen damit eine besondere Form der selbstironischen
Inszenierung vor: Sie nehmen zusammen mit dem Genre auch sich selbst auf
den Arm. Nicht die Handlung ist wichtig, sondern das augenzwinkernde Spiel
zwischen den Autoren und den Zuschauern, nicht der ›Plot‹, sondern die
überraschenden Wendungen und Umwege der Story. Dabei muß man die

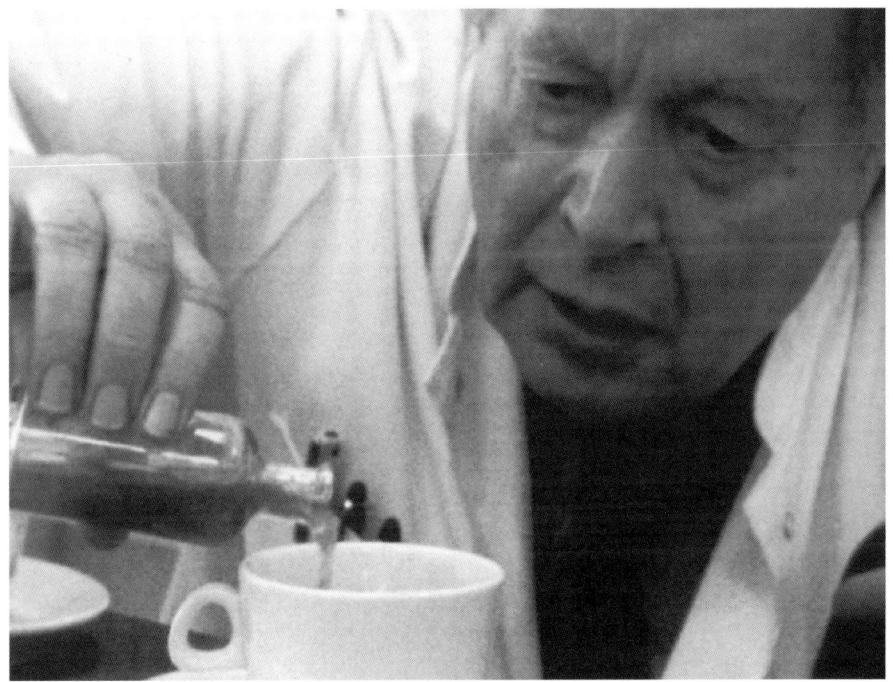

Dr. Helmer als Giftmischer (Ernst-Hugo Järegård)

Insider-Gags der Drehbuchautoren nicht unbedingt erkennen, um über die Szenen lachen zu können.[1]

Als Gegengewicht zu dem lockeren, spielerischen Umgang mit der Geschichte lassen Trier und Vørsel in GEISTER II mehr Blut fließen – in kleinen, aber wirkungsvollen Dosen wie bei den Blutspuren von »Kleiner Bruder«, der sich durch die Flure geschleppt hat, oder drastisch wie bei der splatterartigen Ermordung des Krankenhausgeistlichen. Indem er den Schuldigen benennt, bringt der junge Mann mit dem Down-Syndrom die Situation im Chaos-Krankenhaus auf den Punkt: »Zwischen all der Albernheit steckt das Böse.« – Und das Gute und Erhabene: Der GEISTER-Filmkomponist Joachim Holbek hat für die neuen Folgen ein stilles, romantisches Geigenmotiv geschrieben, das intime, ernste Szenen, meist nach Phasen vollständiger Stille, leise begleitet – Musik, die intensiver ist als die übliche Musikuntermalung bei Soaps und anderen Fernsehserien.

---

1   Etwa wenn Frau Drusse kurz nach ihrer Wiedergeburt unter ihrer Sauerstoffmaske klagt, daß die Geister niemals »Klartext« reden, sondern immer in merkwürdige alte »Klischees« verfallen. Aber, so sagt sie sich selbst und uns, das »gehört wohl zu ihrer Tradition«.

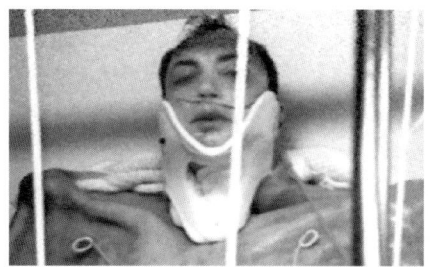

»Kleiner Bruder« (Udo Kier) als leidende Kreatur mit seiner liebenden Mutter Judith (Birgitte Raaberg)

Wie in der ersten Staffel in der Sterbeszene von Frau Drusses Freundin geben Trier/Vørsel in GEISTER II noch häufiger Raum für Mitmenschlichkeit, Nächstenliebe und esoterische Gotteserfahrung. Die ruhige Zärtlichkeit, mit der Frau Drusse in einer Szene die weinende Judith im Arm hält und tröstet, unterscheidet sich kaum von den Emotionen in BREAKING THE WAVES, wenn Bess von ihrer Schwester umarmt und getröstet wird. Und wenn Frau Drusse in dem abstürzenden Flugzeug die Geister angeruft, die eigenhändig dafür sorgen, daß sie alle unverletzt neben dem Krankenhaus landen, dann erinnert das an das Glockenwunder in BREAKING THE WAVES.

Die Methode der abrupten Drehbuchwendungen eröffnet bei Judiths Monsterbaby, dem »kleinen Bruder« der toten Mary, überraschend neue moralische Perspektiven. Nachdem am Ende des ersten Teils mit seiner Geburt klar zu sein scheint, daß hier das Böse wiedergeboren wurde, erweist sich das viel zu schnell wachsende Wesen – ein Alien mit dem Kopf des mörderischen Aage Krüger (Udo Kier) – in GEISTER II nach und nach als eine empfindsame leidende Kreatur. »Kleiner Bruder« ist bereit, sein Leben zu opfern, anstatt sich vom Bösen, seinem Vater Krüger, retten zu lassen. Judith, der Mutter des Märtyrers, kommt dabei eine besondere Aufgabe zu: Sie sieht auf einmal wie Frau Drusse die Geister, die sich im Krankenzimmer von »Kleiner Bruder« versammelt haben, und erkennt, daß sie jetzt ihr größtes Opfer bringen muß. Ihren geliebten Sohn, auf den sie ihr ganzes Leben gewartet hat, muß Judith töten. Sie war schon fast so weit, mit Aage Krüger ein Geschäft zu machen, einen Teufelspakt. Doch dann erkannte sie, was richtig ist, und spricht nun die Worte ihres Sohnes nach: »Wir alle sind Bestandteil von etwas Größerem, und die Tatsache, daß wir auf die Seite des Guten gehören, läßt alles andere bedeutungslos werden.« Nach diesem religiösen Bekenntnis ist es keine Überraschung, daß Judith bereit ist, ihren Sohn auf seinen Wunsch hin noch zu taufen. »Kleiner Bruder« will Frederik heißen wie der Kronprinz und wie alle Babys, deren Name unbekannt ist. Judith schüttet Flüssigkeit aus einem Infusionsbehälter in eine medizinische

Die eifersüchtige Rigmor (Ghita Nørby)

Metallschale und tauft ihren Frederik, während die im Zimmer zuschauenden Geister niederknien. Dann nimmt sie eine Spritze, um ihren Sohn durch eine Injektion zu töten. Doch Frederik beschwört sie; er will bei wachem Bewußtsein sterben. Judith soll ihn losschneiden, losmachen: erlösen. »Glaubst du, wir können es tun?«, fragt sie. Und Frederik antwortet: »Ich weiß, daß wir es tun können. – Zusammen.« Als Judith die ersten Schnüre durchtrennt und Frederik vor Schmerzen zu schreien beginnt, weil seine Gliedmaßen ihn fast auseinanderreißen, bittet er seine Mutter, für ihn zu singen. Und so singt sie die Zeilen eines Kinderliedes, während Frederiks Riesenkörper schreiend zu Boden stürzt.

Diese Szene, die in der Zusammenfassung vielleicht noch den Eindruck von Kitsch und Trivialität vermitteln mag, hat Trier so ernst und bewegend inszeniert wie die intimsten und stärksten Szenen in BREAKING THE WAVES, wenn die zärtliche Nähe von Bess und Jan oder Bess und ihrer Schwester gezeigt wird. Und in beiden Filmen wurden sie aufgenommen von einer bewegten Handkamera und dargestellt in ähnlich rauhen Bildern. Frederiks Sterben ist ein Opfertod und ein Liebesopfer für die Allgemeinheit. Dasselbe Thema, die Errettung aus auswegloser, verzweifelter Situation durch die Kraft des Guten, stand auch im Zentrum von BREAKING THE WAVES, mit dem Lars von Trier im Jahr zuvor seinen größten internationalen Erfolg gefeiert hatte.

Die ernsthaften, bewegenden Szenen in GEISTER I und II sind irritierend und verstörend, weil uns Trier und Vørsel damit einmal mehr den Boden unter den Füßen wegziehen. In THE ELEMENT OF CRIME und EUROPA zerstörten die komplizierten inneren Bildmontagen und die Kamerabewegungen die Sicherheit festgelegter, realistischer Räume. In GEISTER, wie vorher schon in EPIDEMIC, entziehen uns die Autoren die Grundlagen, nach denen wir gewohnt sind, Spielfilme und Fernsehserien wahrzunehmen und zu verarbeiten. Weil Trier und Vørsel ihre Serie nicht nur zwischen mehreren Genres angesiedelt haben, sondern sie dauernd hin und her ›wandern‹ lassen, verhindern sie, daß wir uns für eine Zuschauerhaltung entscheiden. Mischungen aus Grusel, Spannung und Komik begegnen uns täglich im Kino und im Fernsehen, aber eine solche enge Verbindung von tiefer emotionaler Rührung und Soap-Kitsch, wie sie in GEISTER präsentiert wird, ist etwas Ungewöhnliches, Einmaliges. Manche Figuren gehören fest zur Sphäre der komischen Soap und sind eng verbunden mit bekannten Klischees, etwa die betrogene und ausgenutzte, hartnäckige Ärztin Rigmor, die ihr geliebtes Scheusal mit Pistolenkugeln und weiblichen Tricks in ihren Ehehafen drängelt. Oder Dr. Helmer, das merkwürdige Objekt ihrer Begierde, der vor lauter Haß und Intrigen tatsächlich keiner wirklichen mitmenschlichen Regung fähig zu sein scheint – aber wer weiß, vielleicht wird sich ja auch das in der dritten und letzten Staffel von GEISTER ändern ...[1].

Andere Figuren, wie Dr. Bondo und Dr. Moesgaard, werden mit all ihren skurrilen Charakterfacetten dargestellt, unter der komischen Oberfläche jedoch als vielschichtige Persönlichkeiten ernst genommen. Und es gibt Figuren wie Frau Drusse und Frederik, bei denen die Autoren ganz auf die Gestaltung geschlossener Persönlichkeiten verzichtet haben, die sie in ganz unterschiedliche Charakter- und Genrekostüme schlüpfen lassen: Frau Drusse, die schrullige alte Geistermuse, die sich für nichts anderes als für übersinnliche Phänomene zu interessieren scheint, Mutter eines ödipal geschädigten 40jährigen Sohnes, Bulder, den sie ständig weiter herumkommandiert – diese trotz vieler Gags fast eindimensional angelegte, dramaturgisch im Dienst der Geisterhandlung stehende Figur erweist sich in mehreren Szenen als sensibler, tief mitfühlender Mensch. Und die Krankenschwester Judith, die mit ihrer unverständlichen Mutterliebe zu dem Monsterbaby zuerst nur tragikomisch wirkt, entwickelt sich in den letzten Szenen mit ihrem Sohn Frederik zu einer dramatischen Persönlichkeit, deren Tragik wir plötzlich mitempfinden können.

Lars von Trier und Niels Vørsel kehren nach diesen Exkursen allerdings immer wieder verläßlich zur Soap und ihren Regeln zurück. Das Prinzip der Unterbrechung an der spannendsten Stelle (›Fortsetzung folgt‹) treiben sie auf

---

1   Der Darsteller des Dr. Helmer, der herausragende schwedische Schauspiler Ernst-Hugo Järegård ist im
     Spätsommer 1998 an Krebs gestorben. Die Fertigstellung der schon verzögerten dritten Staffel von
     GEISTER ist durch seinen Tod zumindest in Frage gestellt.

Zum Finale: Mogge (Peter Mygind) und Sanne (Louise Fribo) in einem Autocrash und eine Aufzugsfahrt in die Unterwelt)

die Spitze. Am Schluß lassen sie alles offen, das bedeutet, bis zur dritten Staffel der Serie; alle wichtigen Fragen bleiben unbeantwortet: Ist »Kleiner Bruder« tot oder wird er in GEISTER III noch eine Rolle im zu erwartenden Show-down mit seinem Vater Aage Krüger spielen? Wer ist der Teufelsanbeter, der den Geist Krügers angerufen hat und in den Katakomben des Krankenhauses schwarze Messen feiert? Mogge, der freche und gerissene Sohn Dr. Moesgaards, oder Dr. Krogshøj, der sich durch das Gift Helmers offenbar in einen Zombie verwandelt hat, oder jemand ganz anderes? Was macht Frau Drusse in der Unterwelt und wie soll sie ihre Mission erfüllen? – Lars von Trier hat genügend ›Cliffhanger‹ eingebaut, um alle GEISTER-Fans bis zur Auflösung aller (?) Rätsel in gespannter Erwartung zu halten.

Trotzdem erscheint zur Beruhigung wie nach jeder Folge auch am Ende von GEISTER II wieder der Regisseur persönlich im Smoking, um uns Zuschauer würdig zu verabschieden. Doch nachdem gerade das Krankenhaus mit allen Insassen fast in die Luft geflogen ist, wirkt es eher provozierend als beruhigend, wenn er nun unvermittelt ein Kinderlied mit neuem Text singt:

Die Sonne ist so rot, Mam,
Und die Nacht sie ist so schwarz.
Kleiner Bruder ist tot, Mam,
Und Mona kommt nicht zurück.
Aage schleicht dort draußen rum,

So verschließen wir die Türn.
Ein Luftzug weht über mein Kissen,
Wird das Königreich so sein wie zuvor?

Dann wünscht Lars von Trier noch den ›obligatorischen‹ Guten Abend und hofft, daß wir trotz der Ereignisse weiterhin dem »schlingernden« Kurs des »Königreichs« folgen, »noch mehr Zeit mit unserer kleinen Gemeinschaft« verbringen und den »leichtfertigen Bemerkungen dieses Gentlemans« zuhören werden. Und um »Satans willen« sollen wir wieder bereit sein – mit den entsprechenden Handzeichen – »für das Gute und das Böse«.

Die listigen Dogmatiker
DIE IDIOTEN – Triers »Dogma 95«-Film

Im Frühjahr 1995, als weltweit der 100. Geburtstag des Kinos gefeiert wurde, trafen sich in Kopenhagen vier dänische Regisseure und definierten in einem gemeinsamen Manifest die Regeln des Filmemachens neu. Dabei folgten sie in Stil und Sprache mehr den Texten des Expressionismus und dem »Dadaistischen Manifest« als etwa dem nüchternen »Oberhausener Manifest«, mit dem 1962 bundesdeutsche Filmemacher, den »alten Film« für tot erklärten und ihren Anspruch erhoben, »den neuen deutschen Spielfilm zu schaffen«.[1] Die Forderungen der neuen skandinavischen ›Rettungsaktion‹ aber knüpften an die »Nouvelle Vague« an: »1960 reichte es! Das Kino war tot und rief nach Auferstehung. Das Ziel war richtig, aber nicht die Mittel! Die neue Welle erwies sich als Kräuseln, das an den Strand lief und sich in Mist verwandelte.«[2] Der Ruf nach Individualismus und Freiheit habe einige Werke hervorgebracht, aber keine Veränderungen. Das anti-bürgerliche Kino sei bürgerlich geworden, weil auch die Autorenidee auf »bürgerlicher Romantik« beruhe und deshalb falsch sei. »Für ›Dogma 95‹ ist Kino nicht individuell«, schreiben die Regisseure und unterstreichen diesen Satz. Weil in der Welt heute ein »technologischer Sturm tobt« und zum ersten Mal jeder seine eigenen Filme machen könne, sei es wichtig, daß eine Film-Avantgarde darauf ganz im militärischen Sinn mit Disziplin antworte: »Wir müssen unsere Filme in Uniform stecken, denn der individuelle Film wird per Definition dekadent sein!« Dessen höchstes Ziel sei es, den Zuschauer zu täuschen. Der individuelle Filmemacher greife in seine persönliche Trickkiste, um mittels Illusionen Emotionen zu vermitteln. »Ist es das, worauf wir so stolz sind? Ist es das, wohin uns die ›100‹ Jahre gebracht haben?«, fragen die aufgebrachten Manifestschreiber. »Vorhersagbarkeit (Dramaturgie)« sei das »goldene Kalb«, um das alle tanzten. Weil das Innenleben von Charakteren als Rechtfertigung der Geschichten als »zu kompliziert« abgelehnt werde, bekämen »oberflächliche Filme mit oberflächlicher Action alles Lob«. Mit der neuen Technologie könne jedermann »in tödlicher Umarmung durch die Sensation auch noch die letzten Körner von Wahrheit wegwaschen«. Hinter den Illusionen könne sich der Film dann verstecken. Deshalb legten die »Brüder«, wie sich die vier »Dogma 95«-Regisseure manchmal nennen, ihr Glaubensbekenntnis, »The Vow of Chastity«, das »Gelöbnis der Keuschheit« ab. Die Unterzeichner schwörten, daß sie sich den folgenden »nicht diskutierbaren Regeln« von »Dogma 95« unterwerfen:

---

1 Zu den 26 Unterzeichnern des Manifests, das am 28. Februar 1962 auf den Westdeutschen Kurzfilmtagen in Oberhausen veröffentlicht wurde, gehörten Alexander Kluge, Edgar Reitz und Peter Schamoni.
2 Übersetzt aus der englischen Fassung von »Dogma 95« (s. Anhang)

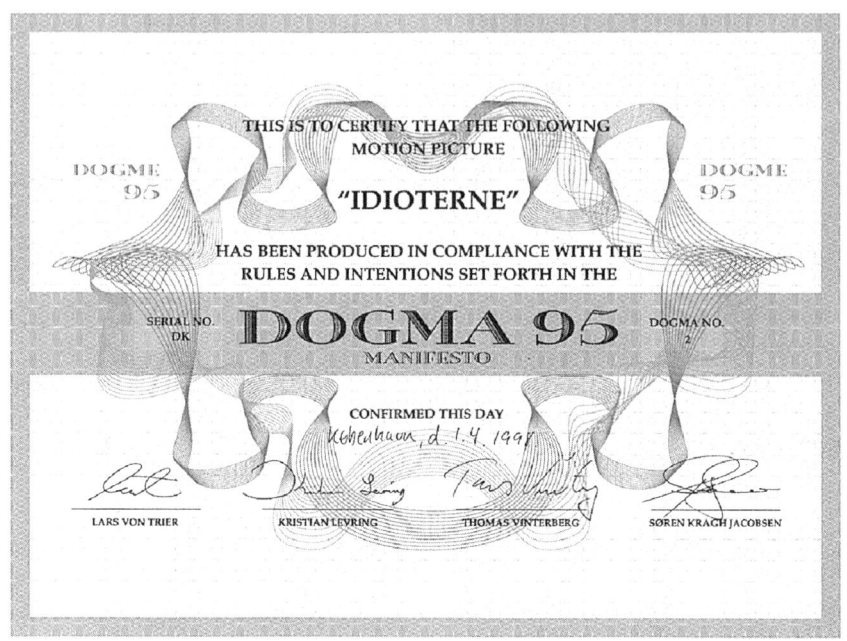

THIS IS TO CERTIFY THAT THE FOLLOWING
MOTION PICTURE

DOGME 95   "IDIOTERNE"   DOGME 95

HAS BEEN PRODUCED IN COMPLIANCE WITH THE
RULES AND INTENTIONS SET FORTH IN THE

SERIAL NO.   DOGMA 95   DOGMA NO.
DK   MANIFESTO   2

CONFIRMED THIS DAY

LARS VON TRIER   KRISTIAN LEVRING   THOMAS VINTERBERG   SØREN KRAGH JACOBSEN

1. Drehen nur an Originalschauplätzen ohne mitgebrachte Requisiten
2. Nur Originalton, Musik nur in der Szene
3. Nur Handkamera
4. Drehen nur auf Farbfilm, ohne Kunstlicht
(notfalls eine Lampe auf der Kamera)
5. Keine optischen Hilfsmittel und Filter
6. Keine oberflächliche Action (Morde, Waffen etc.)
7. Keine zeitliche und geographische Verfremdung
(der Film findet hier und jetzt statt)
8. Keine Genrefilme
9. Nur Normalformat, 35mm
10.Der Regisseur wird nicht genannt.[1]

Das »Dogma 95« sollte kein »Papiertiger« bleiben. Zuerst hatte Triers Firma »Zentropa« versucht, staatliche Förderungsgelder für das Projekt von vier »Dogma«-Filmen zu bekommen, zu denen es allerdings noch keine Drehbücher gab. Doch das verboten die dänischen Förderungsrichtlinien: ohne Skript keine Kronen.[2] Zum Glück sprang dann Svend Abrahamsen ein, der Verantwortliche

---

1   Vgl. englische Fassung von »Dogma 95« im Anhang.
2   Eine ähnliche Situation wie in Triers Film EPIDEMIC, wenn Claes Kastholm Hansen vom Dänischen
     Filminstitut als Vertreter der staatlichen Filmförderung den Autoren mitteilt, daß ein förderungs-

für Co-Produktionen bei »Danmarks Radio TV«, der 1992 Initiator und Auftraggeber von GEISTER gewesen war. Er suchte und fand mehrere skandinavische Produktionspartner und konnte daher die Projekte auch ohne fertige Drehbücher unterstützen. So bereiteten die vier »Dogma«-Regisseure schon bald ihre vier Low-Budget-Filme vor, die streng nach den Regeln des Manifests gedreht werden sollten. Die beiden ersten »Dogma«-Filme wurden im Mai 1998 bei den Filmfestspielen in Cannes gezeigt: Thomas Vinterbergs FESTEN (Das Fest) und Lars von Triers IDIOTERNE (Die Idioten).

Vor der ersten Einstellung von DIE IDIOTEN erscheint ein Insert, das an staatliche amerikanische Zensurzertifikate, mit seinen fein gezeichneten und ziselierten Ornamenten und der graphischen Gestaltung aber auch an eine Aktienurkunde oder einen Geldschein erinnert. Darin ist auf englisch zu lesen: »Dies Zertifikat bestätigt, daß der folgende Film IDIOTERNE nach den Regeln und Intentionen des ›Dogma 95‹-Manifests produziert wurde. Bestätigt:« Dann folgen die Unterschriften der vier »Dogma 95«-Regisseure, neben Lars von Trier und Thomas Vinterberg, den Autoren des Manifests, Kristian Levring und Søren Kragh-Jacobsen, der im Sommer 1998 den dritten Manifestfilm DOGMA 3 drehte.[1]

Doch was bestätigt die Urkunde am Anfang von DIE IDIOTEN wirklich? Sie dokumentiert ein pathetisches Bekenntnis für ein ›reines‹ Kino, das man auch als eine weitere Triersche Stilisierung der eigenen Rolle als Künstler verstehen kann. Genauso kann man darin aber auch einen hintersinnig-ironischen *practical joke* sehen, wie zwei Jahre zuvor die weihevolle Geheimniskrämerei um den Inhalt von GEISTER II: Nur wenige ›Eingeweihte‹ durften damals die Drehbücher lesen und mußten, wie Peter Schepelern berichtet, als Zeichen ihrer Verschwiegenheit einen Fingerabdruck abgeben. Ein für die Medien interessantes, aber unsinniges Verfahren, weil die zweite Staffel der Serie schon Monate vor der Ausstrahlung im dänischen Fernsehen im September 1997 vor der internationalen Presse bei den Filmfestspielen in Venedig gezeigt wurde.

Szene 55 in Triers Drehbuch zu DIE IDIOTEN zeigt, daß »Dogma 95« vor allem eine Sammlung der Wünsche und Vorstellungen der beiden Autoren war. Und sie beweist auch, daß Trier die Forderungen des Manifests nicht besonders ernst nahm. In der Drehbuchszene wird nur kurz beschrieben, daß Susanne und Axel in Lyngby (dem Stadtteil Kopenhagens, in dem Trier lebt) Dekorationen, Luftballons und einen kleinen Cassettenrekorder für Stoffers Geburtstagsparty einkaufen. Dazu schreibt Trier als Vorbemerkung: »Diese Szene wird aus dem endgültigen Film herausgeschnitten werden und wird nur

        würdiges Drehbuch mindestens 150 Seiten umfasse und ihr dünnes Manuskript nicht ausreiche.
1   Die »Dogma 95«-Teilnahme des 1947 geborenen Regisseurs, der an der Prager Filmhochschule FAMU
        Dokumentarfilm studierte, ist überraschend, weil Søren Kragh-Jacobsen seit 1977 sensible, aber aus-
        schließlich konventionell inszenierte Filme gedreht hat, vor allem über Kinder- und Jugendliche (zum
        Beispiel EMMAS SCHATTEN, 1991).

gedreht, um Bruder Vinterbergs ziemlich dogmatischer Einstellung zu Dogma gerecht zu werden.«[1]

Aber auch Vinterberg hat zugegeben, daß es schwierig, vielleicht sogar unmöglich ist, einen Film zu drehen, der in allen Punkten dem strengen Gelübde gerecht wird. Im Presseheft zu seinem Film FESTEN bekennt er, gegen welche der Regeln er verstoßen hat. Der Inhalt der kleinen »Sünden«[2] ist bei weitem nicht so interessant wie die Inszenierung seiner Reue: Vinterberg widmet ihr im Presseheft eine Seite unter dem Titel »Beichte« und unterschreibt diese persönlich »mit der Bitte um Absolution«. Damit betreibt er eine ähnliche und ebenso wirksame PR-Arbeit wie »Dogma«-Bruder Trier, der noch zwei Jahre zuvor (bei BREAKING THE WAVES) mit seiner Reisephobie und seiner Abwesenheit in Cannes zum Gesprächsthema wurde. Diesmal aber trat er wieder auf im Glamour- und Medienzirkus an der Croisette und setzte mit »Dogma 95« ganz anachronistische historische Akzente: Bei seiner Ankunft zur Premiere im Festivalpalais ließ er die »Internationale« spielen, und auch das Pressematerial zu DIE IDIOTEN stellte eine Verbindung mit der versunkenen roten Vergangenheit her. Die Plastikcassette trägt eine dem Kyrillischen nachempfundene Schrift wie auf sowjetischen Plakaten der 20er Jahre, und auf dem roten Presseheft sind die Schauspieler in einer Jubelszene mit erhobenen Fäusten zu sehen.[3]

Kritischer Pulverdampf

Trier und Vinterberg als junge dänische Eisensteins und Wertows, die dem Rest der Filmwelt erklären, wie sie ihre Filme schneiden und wo sie ihre Kamera hinstellen soll? – Mancher in Cannes hielt die beiden Regisseure für größenwahnsinnig und unverschämt, aber Lars von Trier hatte die Absurdität und die komische Übersteigerung dieser kleinen Festivalinszenierung sicherlich einkalkuliert, vor allem das große Medienecho. Mit dem Kino-Pamphlet wie auch mit seinem Film ist es Lars von Trier mal wieder hervorragend gelungen, seine Kritiker zu provozieren und zu polarisieren. Das Geheimrezept seiner Provokation liegt darin, daß er beide Seiten mit reichlich Munition versorgt, das heißt, ihnen die Argumente anbietet, mit denen sie aufeinander und auf den Filmemacher schießen können. Der dabei entstehende Medienpulverdampf hat Lars von Trier noch nie geschadet. Im Gegenteil: Triers und Vinterbergs Filme, zwei kleine dänische Low-Budget-Produktionen, wurden zusammen in den Wettbewerb des wichtigsten Filmfestivals der Welt eingela-

---

1   Triers Regelverstoß bezieht sich auf Regel Nr. 1, nach der nur ohne mitgebrachte Requisiten gedreht werden darf, das heißt, daß diese erst in den Film eingeführt werden müssen (in diesem Fall durch den Kauf). Zitat: englisches Drehbuch »The Idiots«, S.100.
2   Zum Beispiel hatte Vinterberg für die Kamera unerlaubt ein Fenster zugehängt, ein anderes Mal eigens einen Tisch aufgebaut, außerdem hatte ein Schauspieler ein Handy benutzt, das nicht ihm gehörte.
3   Das Bild auf dem Umschlag ist identisch mit dem beigelegten Pressefoto: eine Szene vom ›Skispringen‹ der Idioten.

Spiel mit dem »Dogma«-Image: die Freude der »Idioten« als revolutionäre Geste im Pressematerial

den, und der eine wurde sogar preisgekrönt. Auch Søren Kragh-Jacobsen dürfte mit seinem DOGMA 3-Film noch von diesem Erfolg profitieren.

Der weihevoll vorgetragene Anspruch, mit Hilfe eines so unausgegorenen, offensichtlich spontan zu Papier gebrachten Manifests wie »Dogma 95« das Filmemachen zu erneuern, war natürlich eine wunderbare Vorlage für die Kritiker, die bei Betrachtung des Films sich geradezu aufgefordert fühlen mußten, wie das Kind im Märchen zu rufen: »Das sollen des Königs neue Kleider sein? Schaut doch nur hin: Er ist nackt!«

Wie bei BREAKING THE WAVES gab es auch bei den IDIOTEN in Cannes keinen Kritiker, der den Film mit Desinteresse und Gleichgültigkeit behandelte. Auf der einen Seite schlugen die Wellen der Empörung hoch über den unverfroren vorgeführten »Dilettantismus« des »Scharlatans« Trier. Der Regisseur hatte selbst noch ein bißchen Öl ins Feuer gegossen, indem er erklärte, dies sei »ein Film von, für und über Idioten«. Andreas Kilb resümierte in der »Zeit« als Vertreter derer, die es schon immer gewußt haben: »Wer so viel zu jonglieren hat, hat wenig zu sagen. ›Idioterne‹ ist, nicht anders als von Triers frühere Filme, eine Sammlung virtuoser Mätzchen, nur diesmal im rauhen Frei- statt im gefälligen Studiostil. Eine Maskerade. Ein Trick. Ein Betrug.«[1]

---

1   Die Zeit, 28.5.98.

Aber was ist das nur für ein Hütchenspieler, der seinem Wettpublikum bereitwillig vorführt, wie und wohin er die Bällchen rollen läßt?

Auf der anderen Seite standen die Kritiker, die sich im Gegensatz zu Kilb auf Triers widersprüchliches Filmexperiment einließen und ihre positiven und negativen Irritationen formulierten: »In seinen besten Momenten ist der Film lustig, schockierend und entlarvend zugleich, dann wieder kommt er wirklicher Idiotie recht nahe«, schrieb Tobias Kniebe in der Süddeutschen Zeitung.[1] »›Die Idioten‹ ist ein politischer Film«, konstatierte Samuel Blumenfeld in »Le Monde«, »aber man weiß nicht, um welche Politik es sich handelt: Ist die Utopie des Lars von Trier kollektivistisch (der Phalanstère Fouriers führt zum Glück) oder individualistisch (die Idiotie als Mittel des Rückzugs aus der Welt)? Man kann auch die verstörendste Hypothese nicht ausschließen, die der Regisseur selbst beharrlich verbreitet, daß die Dummheit auf die oberste Stufe gesetzt werden sollte.«[2] Peter Körte sieht in DIE IDIOTEN die Darstellung eines »Orientierungsverlust(es) in einer Welt, die irgendwie verkehrt ist, ohne daß man wie in Spiegelschrift das Gegenbild noch entziffern könnte«. Außerdem weist er auf die »Selbstkasteiungskomponente« von »Dogma 95« hin: »Ein Idiot daher, wer im filmischen Flagellantentum des konvertierten Katholiken von Trier nicht die größte Selbstüberbietung erkennt.«[3]

Paradoxien des Dogmas

Man braucht das »Dogma 95«, dessen wenige Regeln selbst die vier Unterzeichner unterschiedlich auslegen, gar nicht genau zu analysieren, die Widersprüche sind auch so offensichtlich: Was hat es zum Beispiel für einen Sinn, wie Vinterberg zu fordern, daß der Regisseur nicht genannt wird – eine Regel, die Trier von Anfang an nicht unterstützte –, den eigenen Namen im Film zu eliminieren, sich aber dann im Presseheft und in der internationalen Medienöffentlichkeit eines Filmfestivals unter seinem Namen feiern zu lassen? Und natürlich war es auch der Regisseur Thomas Vinterberg, der den Ruhm für seinen Film erntete und am Ende den Spezialpreis der Jury[4] in Empfang nahm.

Trier hat bewußt und nachdrücklich immer gegen die Regel Nr. 10 des »Keuschheitsgelöbnisses« verstoßen. Noch in BREAKING THE WAVES stellte er wie in allen früheren Filmen seine Autorenschaft übergroß heraus[5]: In unscheinbaren weißen Buchstaben im Hintergrund, aber überdimensional groß steht da »Lars von Trier«, davor in dunkler, aber viel kleinerer Schrift der Titel des Films.

1   Süddeutsche Zeitung 23.5.98.
2   Samuel Blumenfeld: Les mille et une manières de jouer au débile dans un village. Le Monde, 22.5.98.
3   Frankfurter Rundschau 23.5.98.
4   Ex aequo mit Claude Millers LA CLASSE DE NEIGE.
5   Vgl. auch die Gestaltung des Titelinserts in MEDEA.

In DIE IDIOTEN folgte Trier dagegen dem »Dogma« bis fast zur Selbsteliminierung: Am Anfang liest man nur den Titel »Dogma 2: The Idiots« mit Kreide auf einen Parkettfußboden geschrieben, am Schluß gibt es als Credits (»made by«) nur die Namen der Mitwirkenden, obwohl das »Gelübde« doch nur die Nichtnennung des Regisseurs und nicht die des Autors fordert: Eine wirksame Koketterie, denn ein Name, der absurderweise verschwiegen wird, kann natürlich auch den Ruhm mehren.[1]

Andere »Dogma«-Regeln befand Trier dagegen für weniger wichtig. Zum Beispiel Nr. 7: Alle Interviewteile, die das Geschehen aus der Rückschau kommentieren, und die in den Nachspann eingefügten Bilder von Szenen, die nicht in den Film aufgenommen wurden, verstoßen gegen die Forderung, den Film nur »hier und jetzt stattfinden« zu lassen. Auch die Regel Nr. 9 (Das Filmformat muß Academy 35mm sein) legte Trier sehr frei so aus, daß damit nur das Vorführformat gemeint sei, und arbeitete ausschließlich mit kleinen Videokameras.[2] Dagegen befolgte Lars von Trier Regel Nr. 8 (keine Genrefilme), die ebenso aufgesetzt wie unüberlegt erscheint: Denn wo verlaufen die Grenzlinien eines Genres? Ist Ingmar Bergmans FANNY UND ALEXANDER, den Thomas Vinterberg bewundert und den er in seinem FESTEN inhaltlich und formal kräftig zitiert, nicht auch ein prägendes Meisterwerk des Genres ›Familienhistorienfilm‹?

Zu einem der Vorsätze von »Dogma 95«, nämlich der »Vorhersagbarkeit (Dramaturgie)« zu entkommen sagte Lars von Trier: »Das ist allerdings so schwierig, wie im Leben das Atmen zu vermeiden. Die Begriffe widersprechen sich, denn welche Wahl man auch trifft, es führt zu einer Dramaturgie. ›Dogma 95‹ enthält einige unmögliche, paradoxe Regeln, aber das gilt auch für die religiösen Dogmen.«[3]

Wenn auch BREAKING THE WAVES schon einen Teil der Ideen von »Dogma 95« transportierte und das Manifest selbst durch die Erfahrungen bei GEISTER beeinflußt war, dogmatisch hat Trier keinen seiner Filme gedreht, auch nicht DIE IDIOTEN. Wer also die Widersprüche in »Dogma 95« und den beiden Dogma-Filmen benennt, hat zwar Recht, trifft aber weder den Kern der Sache noch die Filmemacher, die dem Kritiker wahrscheinlich selbst Recht geben würden.

---

1   Stig Björkman in seinem Text über DIE IDIOTEN: »Aber daß der Film (durch die Nichterwähnung des Autors; Anm. d. A.) anonym bleiben könnte, stellt selbstverständlich ein Hirngespinst dar. Lars von Trier wird zweifellos weiterhin mit seinem Mythos leben müssen.« (Cahiers du Cinéma Nr. 524)

2   »Die Crew (...) hielt eine 35-Millimeter-Kamera für zu schwer und unhandlich unter diesen Bedingungen. Also wurde 16 Millimeter vorgeschlagen, unter der Annahme, daß die Vorschrift nur für den Verleih galt (...) Unter dieser Voraussetzung konnte man genauso gut auf Video drehen und dann eine 35-Millimeter-Kopie für die Vorführung herstellen.« (Cahiers du Nr. 524, Mai 1998)

3   »L'homme qui voulait renoncer au contrôle« (Interview mit Peter Øvig Knudsen im französischen Presseheft).

Nicht nur ein ästhetisches, sondern auch ein gruppendynamisches Experiment: Lars von Trier am Drehort der Schwimmbadszenen

Bedürfnis nach Unterwerfung

Trier unterscheidet offensichtlich klar zwischen dem, was er die Medien durch geschickte Informationspolitik aus der »Dogma 95«-Idee machen ließ und dem, was dieses Manifest für ihn und seine Arbeit in der Praxis bedeutet. »Dogma 95« war und ist ein theoretischer Denkanstoß und auch eine Provokation gegen seine eigenen früheren Filme. Noch mehr als BREAKING THE WAVES sind DIE IDIOTEN ein Ausdruck der Befreiung vom Korsett der Technik und eine Demonstration der neuen Leichtigkeit des Filmemachens.[1] Lars von Trier: »Die Idee für ›Die Idioten‹ wurde in demselben Moment wie das ›Dogma‹-Projekt geboren. Einerseits sind die ›Dogma‹-Regeln aus einem Bedürfnis entstanden, mich einer Autorität und Regeln zu unterwerfen, was ich in meiner humanistischen und linkskulturellen Erziehung nicht erfahren habe. Andererseits drücken sie den Wunsch aus, etwas ganz Einfaches zu machen. In einer normalen Filmproduktion wird man behindert, wenn man schwer kalkulierbare Dinge wie Filter und Farben entscheiden und kontrollieren muß. Im Grunde sagen die ›Dogma‹-Regeln, daß man auf all das verzichten kann.«[2]

---

1   Wie sie Lars von Trier auch im Interview in diesem Buch beschreibt.
2   Trier im Interview im französischen Presseheft.

Für Trier war das Ganze von Anfang an ein Experiment, das er nach den positiven Erfahrungen mit der neuen Einfachheit in GEISTER und BREAKING THE WAVES durchführen wollte. Warum sollte er nicht einmal versuchen, der Ursprünglichkeit des Filmemachens und der Begeisterung am bewegten Bild noch näherzukommen? Daß Trier ohne schlechtes Gewissen in Zukunft aber auch wieder mit großem Aufwand und moderner Technik drehen würde, hatte er schon nach BREAKING THE WAVES gesagt.

Wie sich Lars von Trier bei diesem Experiment persönlich gefühlt hat, erzählt er in einem Interview im französischen Presseheft: Die sechs Wochen Drehzeit, die er mit seinen Schauspielern verbrachte, seien »die intensivste Filmerfahrung gewesen, die (er) jemals gemacht« habe.[1] Diese Atmosphäre gibt auch das Foto wieder, das neben dem Text steht: der Regisseur, mit nacktem Oberkörper vor seinen Darstellern im Schwimmbad; entspannt und locker und mit einem schelmischen Lachen hinter vorgehaltener Hand blickt er in die Kamera. Trier begleitete die Dreharbeiten selbst mit einer Videokamera, so daß der fertige Film zu 80 bis 90 % aus Szenen besteht, die er selbst gedreht hat. »Es war interessant, sich darauf einzulassen. Weil ich in manchen Szenen Musik wollte, mußten wir die Instrumente mit an den Set bringen (›Dogma‹-Regel Nr. 2; Anm.d.A.). Es ist wie in den Frühzeiten des Kinos. Am Drehort muß entschieden werden, ob eine Szene stumm, ohne Ton ablaufen soll. So erlebt man das Wunder des Filmemachens noch einmal ganz neu. – Es ist sehr inspirierend.«[2]

Exposition mit groben Strichen

Eine junge Frau, Karen, steht zögernd in einer Glücksradbude, die Kamera bewegt sich mit ihrem Blick zum Spielleiter, der über Lautsprecher das Drehen des Rades begleitet: »Die Spannung steigt, durchschlägt das Dach und fällt mit einem Knall wieder zu Boden.« Noch bevor das Rad stillsteht, sind wir – Schnitt – schon wieder draußen, in einer Kutsche. Karen sitzt allein auf der Bank, mit verschränkten Armen; neugierig und ein bißchen ängstlich betrachtet sie die Gegend, wie eine Frau, die nach langer Krankheit zum ersten Mal wieder die Welt draußen wahrnimmt. Als die Kamera nach oben schwenkt, sehen wir, daß sie vor einer weiteren Kutsche langsam durch einen Park fährt. Dazu ertönt, von einer einzelnen Okarina gespielt, die Melodie von Camille Saint-Saens' »Schwan«. Sie bleibt das einzige Filmmusikthema dieses Films. Wenn wir uns gerade auf diese Szene mit ihrer melancholischen Stimmung eingelassen haben und das Thema zum zweiten Mal einsetzt, bricht die Musik ab, und der Film springt in ein Restaurant. Karen sitzt an einem kleinen Tisch an der Wand und

---

1 Wie er sich bei seinen Vorbildern gewünscht hätte, schrieb Lars von Trier bei den Dreharbeiten ein Tagebuch (von Diktaphonbändern abgeschrieben und von ihm selbst nicht redigiert), das auch auf englisch, französisch und deutsch herausgebracht wird. Das Tagebuch enthält auch Details über Lars von Triers zeitweilige Verliebtheit in eine der Schauspielerinnen.
2 Trier im Interview mit mir (1997).

bestellt einen Salat. Der Kellner bietet ihr als Hauptgericht Lachs an. Als sie ihm sagt, daß sie sich das nicht leisten könne, fragt er arrogant, ob sie sich denn ein Mineralwasser leisten könne oder ob es lieber Leitungswasser sein solle? Nein, sagt sie freundlich, sie wolle doch ein Mineralwasser.

Eine Exposition in rund einer Minute und drei Szenen: Wie ein Maler mit einigen groben Pinselstrichen[1] skizziert Lars von Trier stilistisch sein »Dogma 2« und macht gleichzeitig klar, was wir in diesem Film nicht erwarten können und nicht bekommen werden. Der Satz des Schaustellers am Anfang erweist sich als pure Ironie: Dramatische Genre-Spannung wird nicht geboten werden. Weder in geschmeidiger Montage, in fließenden, schön fotografierten Bildern, noch mit dramatischer oder einschmeichelnder Musikbegleitung wird hier erzählt. Es geht nur ums Wesentliche: um die Geschichte, die Charaktere und die Schauspieler, die sie verkörpern: Filmemachen pur, ohne stilistische Spielereien und ästhetischen Firlefanz. DIE IDIOTEN steht offensichtlich in extremem Gegensatz zu den Filmen, mit denen Lars von Trier seine Karriere begann. Mit dem Einsatz der Handkamera und der sprunghaften Montage geht Trier handwerklich-stilistisch den Weg weiter, den er in GEISTER begann und in seinem vorigen Spielfilm fortsetzte. Mit BREAKING THE WAVES sind DIE IDIOTEN auch thematisch verwandt, weil Trier hier weiter seiner Faszination für psychische Abnormalität nachgeht. Die beiden Filme stellen zum Teil dieselben Fragen: Was ist normal? Wer ist normal? Und sind nicht die vermeintlich Normalen die größten Ignoranten? Samuel Blumenfeld zieht einen direkten Vergleich zwischen den Hauptfiguren der beiden Filme, Karen und Bess: »Der Glaube an Gott, der die letztere beseelte, ist von derselben Art wie die immer mehr angenommene Konversion Karens zu echter Schwachsinnigkeit. Lars von Trier stellt einmal mehr die Frage nach dem Glauben in einer Welt der Skeptiker und beschreibt wieder einmal den merkwürdigen Weg einer Figur, die das Ziel ihres Glaubens erreicht, ohne daß man begreift wie.«[2]

Trotzdem sind DIE IDIOTEN ganz anders: Während in BREAKING THE WAVES der knapp erzählte Anfang dazu dient, uns schnell zum emotionalen Zentrum zu führen, der naiv erfahrenden und liebenden Bess, sorgt Trier hier dafür, daß genau das nicht passiert. DIE IDIOTEN ist ein kühler Film. Fragmentarisch, in einzelnen, aneinandergereihten Szenen schildert Trier, wie Karen mit den Aktionen der »Idioten« konfrontiert wird und in die Gruppe hineinwächst. Das wirkt teilweise so direkt und roh wie die Videodokumentation einer sozialtherapeutischen Fallstudie und manchmal wie nach Brechts Theorie vom »epischem Theater« inszeniert: Wir sind nicht aufgefordert mitzuempfinden, uns einzufühlen, sondern sollen beobachten, prüfen, abwägen. Erst allmählich, wenn wir die

---

1   Im Drehbuch wird Karen in drei kurzen Sequenzen, von denen nur diese Einstellungen übriggeblieben sind, genauer vorgestellt – als eine Frau, die sich bewußt treiben läßt und sich amüsieren will.

2   Le Monde, 22.5.98.

Protagonisten genauer kennengelernt haben, wird uns gestattet, Sympathien und Antipathien zu empfinden. Und indem Trier erst in den letzten Einstellungen des Films die tragische Geschichte Karens erzählt, verhindert er bis zum Schluß, daß wir uns emotional mit ihr identifizieren.

Trotzdem ist Karen eine wichtige Figur, weil sie als Stellvertreter fungiert. Lars von Trier führt uns ein soziales Experiment vor, dessen Versuchsanordnung wir zusammen mit Karen kennenlernen. Stoffer, der Sprecher der Gruppe, erklärt sie ihr: Mit ihren Aktionen wollen sie sich nicht über wirklich Behinderte lustig machen, sondern etwas Wichtiges über sich selbst erfahren. Idioten sind wie Engel, sagt Stoffer: Sie können nicht lügen, mit ihren Gesten, Bewegungen und ihren Emotionen sagen sie immer die Wahrheit. Die Ablehnung der Gesellschaft zeigt auch deren Angst vor Engeln, vor Leuten, die immer die Wahrheit sagen. Früher, in der Steinzeit seien die »Idioten« gestorben, heute könnten wir sie uns leisten. Ein Idiot zu sein, sei ein Luxus, ein Schritt vorwärts: »Idioten sind die Menschen der Zukunft!«

Stoffer

Der Mann, der Karen die ›ideologischen Grundlagen‹ der »Idioten« erklärt, könnte nicht weiter entfernt sein von dem friedlichen Ideal, das er angeblich vertritt. Stoffer ist ein Ideologe, ein Stalinist.[1] Ihm geht es vor allem um Kontrolle: über sich selbst und über andere. Für Stoffer, den kalten Verstandesmenschen, ist das ›Idiotenspielen‹ eine ernste Angelegenheit, die nichts mit Sympathie und Mitgefühl zu tun hat: eine nüchterne Studie, eine Provokation der Gesellschaft, ein anti-bürgerliches, tabu-brechendes Erforschen innerer Befindlichkeiten.

Stoffer will den anderen zeigen, daß man alle moralischen Bedenken fallenlassen muß. Als die Mitglieder der Gruppe vorsichtig den teuren Kaviar essen, den Katrine mit Axels Kreditkarte gekauft hat, bringt er alle dazu, sich die teure Paste ins Gesicht zu schmieren. Karen, die Bescheidene, Nachdenkliche, gibt zu bedenken, daß es Menschen gibt, die hungern müssen.[2] Darauf entgegnet Stoffer, es gebe keine Menschen, die hungern, das sei das Geheimnis. Dabei klopft er sich an den Kopf, was wohl bedeuten soll: Man darf nur nicht daran denken. Die Konfrontation mit den ›echten Idioten‹, von deren Offenheit und Liebenswürdigkeit alle überwältigt sind, ist ihm unangehm: bloß Gefühlsduselei und Sentimentalität.

Stoffer manipuliert, intrigiert und schüchtert ein, um seine Ansichten durchzusetzen. Seinem Haß gegen die Scheinheiligkeit und Feigheit der braven Bürger

---

1 Axels entsprechender Dialogsatz im Drehbuch »Du verwandelst dich in einen Stalinisten« kommt im Film nicht vor. Auf Katrines Vorwurf, ihm sei gleichgültig, daß Josephine gegen ihren Willen von ihrem Vater abgeholt wurde, sagt er nur: »Sie hat Recht, Stoffer.«

2 Wie schon voher im Wald, wo sie ihm die moralische Frage stellte, ob man denn ›Idioten‹ nachahmen dürfe.

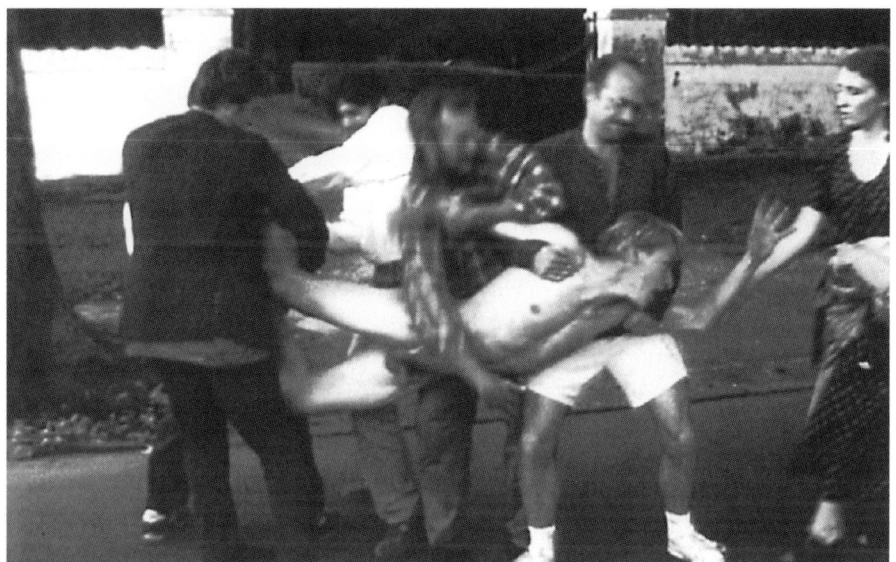

Der manisch-aggressive Wortführer und Spielmacher Stoffer (Jens Albinus) verkörpert das »alter ego« des Regisseurs.

läßt er freien Lauf in seinem dreisten Coup mit den »Weihnachtsgestecken«: Er bringt einen Anwohner dazu, für die primitiv zusammengebundenen Zweige und Kerzen Geld zu zahlen, weil auf seinem Grundstück angeblich einer der ›Idioten‹ gestürzt sei. Der Mann will sich aus der peinlichen Situation befreien und hinterfragt überhaupt nicht die Legitimität der Forderung.

Aber Stoffer ist kein kühler Rationalist. Einen Streit mit Axel, dem Windhund und Opportunisten, beendet er so: »Du bist der größte Schweinehund, aber ich bin ein Psychopath.« Axel: »O.k., einverstanden.«[1] Stoffer stellt diese Selbsteinschätzung eindrucksvoll unter Beweis, als er schreiend und nackt den Bezirksabgeordneten verfolgt. Dabei läßt er seine ganzen Aggresionen heraus (»Søllerøder Faschisten!«), richtet sie dann aber auch noch gegen die eigene Gruppe. Offen bleibt, ob es sich dabei um einen echten psychopathischen Anfall handelt oder einen weiteren rücksichtslosen Akt von Selbstbefreiung, psychischer Reinigung: Katharsis durch Gewalt.

Jedes Mitglied der Gruppe führt eine andere Form von ›Idiotie‹ vor: Ped ist der geistig Zurückgebliebene im Rollstuhl, Nana die Debil-Frivole, Henrik der autistische Geistesschwache, Josephine die Schizophrene, Miguel der Idiot mit dem Helfersyndrom. Jeder von ihnen hat andere Gründe, bei den ›Idioten‹ mitzumachen. Bei einigen werden sie angedeutet: Neugier, Experimentierfreude,

---

1   Englisches Drehbuch, Szene 46, S. 85.

Lust an der Provokation. Aber außer Stoffer ist keiner von ihnen ideologisch verbissen. Die Gruppe wirkt wie ein realistisches ›Sample‹ junger Dänen: Sie sind offen, spontan, entschlußfreudig, nicht anarchisch, aber individualistisch. Jeder soll tun dürfen, was er will. Sie wehren sich gegen jede Bevormundung, auch durch Stoffer, obwohl sie seine Führungsrolle lange Zeit akzeptieren. Aber was bedeutet den Gruppenmitgliedern eigentlich ihr ›Idiotenspiel‹? Stoffer stellt diese Frage kurz vor dem Zerfall der Gruppe. Er selbst beantwortet sie genauso wenig wie die anderen; seine eigenen Motive bleiben bis zum Schluß unbekannt.[1] Aber Stoffer beobachtet: Ped macht dauernd Aufzeichnungen, vielleicht wird eine Doktorarbeit daraus; Henrik, der Kunstlehrer, hat Anregungen für seine künstlerische Tätigkeit gesucht und gefunden. Stoffer konstatiert das wie eine Beleidigung; er vermißt Entschlossenheit und Idealismus. Und bald darauf, wenn durch Flaschendrehen bestimmt wird, wer als nächster in seiner Privatsphäre den ›Idioten spielen‹ muß, stellt sich heraus, daß Stoffer Recht hat.

Axel

Axel laviert sich immer durch, deshalb ist er auch der erste, der aus der Gruppe aussteigt. Er will keine Opfer bringen. Schon im Schwimmbad ist Axel der einzige, der aus der ›Idioten‹-Rolle springt, um an sein Handy zu gehen, auf dem ihn seine Frau anruft. Als er sich vom Taxi abholen läßt, um zu seiner Werbeagentur zu fahren, sagt er: »Hier kommt die Realität.« Er ist ein Hasardeur, der sich jedoch immer ein Hintertürchen offenhält. Nachdem er sie kurz zuvor nicht mehr in seiner Nähe dulden wollte, erzählt er Katrine, daß er sie liebe. Familie interessiere ihn nicht: ob Katrine ihn sich denn einen Kinderwagen schiebend vorstellen könne. Eine eingeschobene Interviewsequenz aber zeigt ihn zu Hause bei seiner Frau und seinem Kind. Als ihn der Interviewer auf seine »ungewöhnliche Einstellung zur Mittelklasse-Ideologie« anspricht, spielt Axel weiter die Rolle des Ahnungslosen. In einer anderen Intervieweinstellung sehen wir ihn jedoch mit schuldbewußtem Gesicht und hören, wie ihn seine Frau beschimpft, er habe mit Katrine geschlafen, obwohl er ihr das Gegenteil erzählt habe. Es wird deutlich: Axel wird sein Doppelleben aufrecht erhalten.

Jeppe, Josephine, Susanne

Psychologisch sehr genau gezeichnet sind auch Susanne, Jeppe und Josephine. Susanne ist die immer fröhliche Krankenschwester, die ganz hinter ihrer Daueraufgabe als Betreuerin zurücktritt, ohne daß man dabei den Eindruck hat, sie würde sich aufopfern. Jeppe ist ein schüchterner junger Mann, der sich offenbar gerade in seiner Rolle als »Idiot« entfalten kann. Stoffer drückt es so

---

1   Eine offensichtliche Gemeinsamkeit zwischen dem Regisseur und seiner negativen Hauptfigur. Sowohl Jens Albinus, der Darsteller des Stoffer, als auch Lars von Trier sehen in Stoffer ein alter ego des Regisseurs (im Interview mit mir, August 1998).

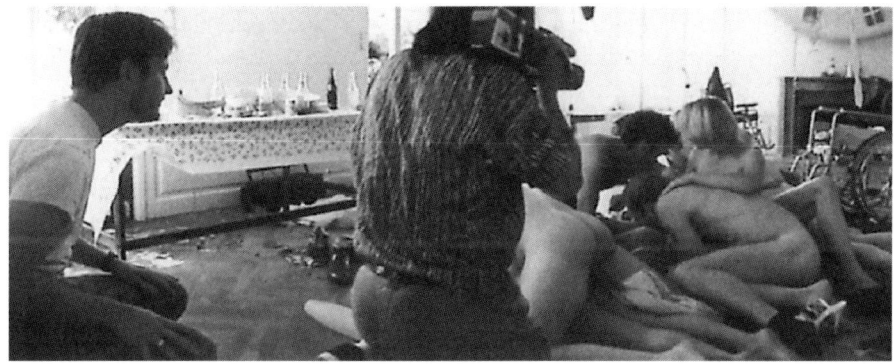

Hardcore im Wohnzimmer: Die Sexszenen in den IDIOTEN *sind echt, nur für den Koitus im Bild wurden professionelle Porno-Darsteller engagiert.*

aus: »Manuel ist ein glücklicher Idiot, weil er ein glücklicher Mann ist. Jeppe ist ein langweiliger Idiot, weil er ein langweiliger Mann ist.«[1] Josephine ist in der Gruppe das unscheinbare stille Mädchen, in das sich Jeppe heimlich verliebt hat. Sie rückt erst bei Stoffers ›Geburtstagsparty‹ in den Mittelpunkt.

Gruppensex
Als Stoffer bei seinem »Geburtstagsfest«[2] ein Gesellschaftsspiel aussuchen soll, fordert er: Bumsen. Nana geht sofort darauf ein und erklärt, daß sie Lust auf einen »Spastiker-Fick« habe. Sie zieht sich aus und legt sich auf den Boden; die anderen sind verunsichert. Dann liegt Stoffer bei ihr und läßt sich, den »Idioten« spielend, von ihr seinen Schwanz auspacken. Nun sind alle »Idioten« nackt: Henrik steht allein und versucht hilflos zu onanieren. Karen geht durch den Raum und schaut wie aus großer Distanz den anderen zu. Auch Josephine hat sich ausgezogen, doch plötzlich hält sie sich die Ohren zu und flüchtet aus dem Raum, in dem inzwischen die männlichen »Idioten« fröhlich und ungeniert die Frauen antatschen und ausziehen. Susanne, die am Fenster gesessen hat und nicht mitmachen wollte, wird von Stoffer hineingezogen. Nur noch mit ihrem BH bekleidet, läuft sie in den Garten, gefolgt von drei Männern. Schließlich zeigt die Kamera, wieder im Haus, wie sich aus einer Masse lachend ineinander verknäulter Körper drei, vier Paare zusammenfinden und miteinander vögeln: Gruppensex, der aber zum Teil noch den unschuldigen Charme eines Spiels ausstrahlt.

Anscheinend ist hier Trier tatsächlich dem »Keuschheitsgelübde« von »Dogma 95« treu geblieben und hat seine Schauspieler wirklich beim Vögeln aufge-

---

1   Englisches Drehbuch, S.37.
2   Von der Gruppe am Tag nach seinem psychopathischen Anfall organisiert, obwohl Stoffer, wie er selbst sagt, gar nicht Geburtstag hat.

nommen. Damit erfüllte er nicht nur den Anspruch auf Authentizität, sondern auch die Forderung, notfalls »auf Kosten irgendeines guten Geschmacks und ästhetischer Überlegungen« zu inszenieren. In der explizitesten Einstellung, in der mehrere Paare zu sehen sind, zeigt die Kamera wie in einem Pornofilm einen Schwanz der sich in einer Scheide bewegt, allerdings erkennt man nicht, wer das Paar ist.[1] Von dieser Szene schwenkt die Kamera zu Karen, die vollständig angezogen wie eine Fremde am Fenster sitzt und den anderen zuschaut.[2]

Danach folgt die Kamera Jeppe durchs Treppenhaus in das Zimmer, in das sich Josephine zurückgezogen hat. Die folgende sensible Liebesszene steht in extremem Gegensatz zu dem fröhlichen und naturalistisch grob abgefilmten Gruppensex im Erdgeschoß und beweist Lars von Triers Begabung, Emotionssprünge und schockartige Szenenkontraste zu inszenieren: Jeppe setzt sich aufs Bett, während die nackte Josephine verängstigt an der Wand steht. Er schaut sie kaum an, sie kommt zögernd näher, berührt ihn vorsichtig. Er reagiert nicht. Dann sitzt sie neben ihm, ihre Münder nähern sich einander, lachen, berühren sich fast zufällig. Beide scheinen die kleinen körperlichen Sensationen des Sex zum ersten Mal zu erleben. Dann liegt Jeppe auf ihr und schläft sehr zärtlich mit ihr. Am Schluß, bevor sie ihn wieder ganz fest in den Arm nimmt, beginnt Josephine plötzlich zu weinen. – Wir wissen nicht genau was, aber wir spüren, daß hier etwas ganz Besonderes passiert ist. Vielleicht zum ersten Mal hat Josephine, und vielleicht auch Jeppe, es geschafft, jemandem so sehr zu vertrauen und sich so vorbehaltlos fallenzulassen. Beide können ihre Gefühle vielleicht nur in der Rolle der »Idioten« ausleben. Die Szene hat eine ähnliche emotionale Qualität und Kraft wie die »Entjungferungsszene« und andere Liebesszenen zwischen Jan und Bess in BREAKING THE WAVES.[3]

Der immanente Widerspruch und die Undurchführbarkeit der »Dogma«-Ablehnung jeglicher Dramaturgie werden besonders deutlich, wenn man erkennt, wie genau und konsequent Trier sein Drehbuch strukturiert hat. Es genügt eben nicht, die Wahrheit aus den Schauplätzen und den Figuren »herauszuzwingen«, wie es in »Dogma 95« heißt. Obwohl er sein Drehbuch ohne viel Nachdenken »herunterschrieb«[4], hat Lars von Trier sein Buch intui-

---

1   Nach Triers Angaben gab es authentischen Sex und Erektionen unter den Darstellern, in der Hardcore-Szene aber spielten professionelle Pornodarsteller.

2   In Triers Drehbuch verhält sich Karen ganz anders, ihr seelischer Zustand aber scheint derselbe zu sein: Auch sie hat sich ausgezogen und steht steif, mit geschlossenen Armen zwischen den anderen, die sie vergeblich durch Streicheln und Umarmen dazu zu bringen versuchen, sich zu öffnen. Am Ende sitzt sie in einer Ecke und befriedigt sich selbst.

3   Auch Stig Björkman zieht in seinem Text über Die Idioten in »Cahiers du Cinéma« diesen Vergleich: Die »Intimität und Nähe bei den Gesichtern und Körpern (...) erinnern an die intensivsten Szenen in ›Breaking the Waves‹«. Darüber hinaus weist er darauf hin, daß Trier seine im allgemeinen »unruhige und suchende« Video-Handkamera in der Liebesszene zwischen Josephine und Jeppe ausnahmsweise »zur Ruhe kommen läßt«. (A la recherche de l'émotion pure. A propos des »Idiots«. Cahiers du Cinéma Nr. 524, Mai 1998)

4   Trier im Interview im französischen Presseheft. Angabe im englischen Drehbuch: »geschrieben vom 16. Bis 19. Mai 1997«.

Promotion-CD und -Video zu DIE IDIOTEN *mit Musik »from the motion picture«, die im Film nicht vorkommt. Lars von Trier singt mit den »Idioten« »You're a Lady, I'm a Man«.*

tiv dramaturgisch sehr wirkungsvoll aufgebaut. Denn nun, am anderen Morgen, folgt im Film die Zerreißprobe für Jeppe: Josephine wird von ihrem Vater abgeholt. Jeppe drückt seine Gefühle schockierend direkt aus, als er sich verzweifelt vor den Wagen wirft, mit dem Josephine von ihrem Vater weggefahren wird. Dabei kochen die Gefühle hoch, und es kommt zu Aggressionen in der Gruppe. Stoffer will sich um Jeppe kümmern, stößt Katrine zurück und schreit sie an. Das ist der Anfang vom Ende der »Idioten« – weil der Wahnsinn immer öfter Wirklichkeit wird und die Grenzen zwischen Normalität und Wahnsinn unsichtbar werden. Während der Auflösungsprozeß der Gruppe einsetzt und der großmäulige Stoffer fast aus dem Film verschwindet, wird Karen, die sich immer anpassende Mitläuferin, zur zentralen Figur.

Karen
Sie ist der Gegenentwurf zu Stoffer, eine antagonistische Figur, die nur durch ihre Weichheit und Wärme wirkt, aber schließlich so stark ist, daß ihre Kraft über den Zerfall der Gruppe hinausreicht. Nach dem Tod ihres Babys hat sie offenbar sich selbst verloren und läßt sich richtungs- und orientierungslos

durch die Stadt treiben. In der Gruppe lernt sie, wie leicht es ist, in den Augen der Gesellschaft ein anderer Mensch zu werden. Die Gruppe vermittelt ihr Geborgenheit in einer Gemeinschaft, in der sie sich fallenlassen kann, und auch das Gefühl, gebraucht zu werden, sich um jemanden kümmern zu müssen. Stoffer erweist sich bei Karen unbewußt als kluger Analytiker: Beim Waldspaziergang der Gruppe erklärt Stoffer ihr, sie sei zu ihnen gekommen, weil sich vielleicht auch in ihr ein kleiner Idiot befinde, der hinaus wolle und Gesellschaft suche. Dabei legt er ihr väterlich einen Arm um die Schulter und wirkt, mit einem Zigarillo im Mund, wie ein Unternehmer, der einem Anfänger seine Geschäfte erklärt. Karen wehrt sich nicht gegen diese plumpe Vertraulichkeit; ihr Gesicht hellt sich sogar auf, sie ist heiter.

Nach der Begegnung mit den echten geistig Behinderten, die sie mit ihrer Wärme und Liebenswürdigkeit überwältigten, hört die ganze Gruppe plötzlich auf zu spielen. Bei Karen ist es umgekehrt: Sie fühlt sich nicht von der Wirklichkeit in den Schatten gestellt, bei ihr wird durch die bedingungslose, ungeschützte Ehrlichkeit der Mongoloiden eine Schranke geöffnet, eine innere Verklemmung gelöst, so daß es ihr zum ersten Mal möglich wird, »den Idioten in sicj« herauszulassen. Sie sitzt allein am Fenster und verwandelt sich plötzlich in eine kichernde, grimassierende »Idiotin«. In der nächsten Szene sehen wir sie in dieser Rolle im Schwimmbad: Während sie auf dem Rücken im Wasser treibt, zärtlich umsorgt von Susanne und anderen Mitgliedern der Gruppe, bricht sie plötzlich in Schluchzen aus.

Schon vorher hatte Karen einmal plötzlich zu weinen begonnen und war von Susanne getröstet worden. Sie dürfe nicht weinen, meinte Karen, und sich auch nicht so glücklich in der Gruppe fühlen. Darauf widersprach Susanne: »Doch, du darfst glücklich sein.« – Zwei Episoden, die auf ihren psychischen Zustand hinweisen, ihre Angst und die Trauer um ihr totes Baby, von dem aber zu diesem Zeitpunkt weder die Gruppe noch wir Zuschauer etwas wissen.

Die harten »Dogma«-Regeln provozierten bei den Filmemachern handwerklichen Erfindungsreichtum, zum Beispiel wenn sie auf Kunstlicht verzichten mußten: Trier und sein Kameramann nutzten die Lichtverhältnisse am Drehort sehr geschickt, um die Figuren voneinander abzusetzen. Am Schluß, als Karen ihre kleine Ansprache hält, steht sie im fensterlosen Flur des Hauses an eine Wand gelehnt, während die anderen mit ihren gepackten Taschen und Bündeln aus den Zimmern kommen. Die Kamera nimmt die Gruppenmitglieder entweder im weißlichen Gegenlicht oder in einem Misch-Streulicht auf, das durch die Stärke und die Farbtemperatur des Tageslichts der Fenster im Hintergrund bestimmt wird. Karen dagegen steht vor einer monochrom goldbraun gefärbten Wand, so daß ihre Gestalt wärmer und wie von einer Aura umgeben erscheint. Wenn sie dann die anderen mit ihrer offenen Liebeserklärung beschämt und berührt, unterstreicht dieses natürliche ›Lichtdesign‹ ihre Sonderstellung. Karen ist die einzige, die nach dem Scheitern der

Gruppe ihrer gemeinsamen Idee die Treue hält: Sie wird ihrer Familie »ihren Idioten« zeigen. So kehrt sie zu einem letzten Kurzbesuch in ihre bürgerliche Existenz zurück. Die eiskalten Reaktionen ihrer Angehörigen aber zeigen, daß sie diese Existenz schon zwei Wochen zuvor aufgegeben hat, als sie nicht zur Beerdigung ihres Kindes kam. Ihr fast heroischer Akt, mit dem sie beweisen wollte, daß »das alles«, die Gemeinschaft und das Projekt der »Idioten«, doch einen Sinn hatte, scheitert. Die Schwestern und die Mutter sind zwar entsetzt, doch ihr Ehemann gibt ihr einfach eine Ohrfeige, als ob er damit zum Ausdruck bringen wollte: Alles Theater! Auch Susanne, die diese Situation leidend beobachtet, scheint Karens Niederlage zu spüren. Vielleicht ist sie auch nicht mehr stark genug, um mit ihr die geballte Feindseligkeit der Familie zu ertragen. Deshalb sagt sie zu Karen, jetzt reiche es, und führt sie hinaus.

So merkwürdig, offen und unbefriedigend endet der Film. Und das ist das eigentlich Provozierende an DIE IDIOTEN: nicht die wackelnde Kamera, die spartanische Ausstattung, das Improvisieren der Schauspieler, die sperrige Dramaturgie, sondern die Weigerung, dem Drama einen Sinn zu geben und die Geschichte oder wenigstens eine der Geschichten auf konventionelle Weise zu Ende zu erzählen. Trier überläßt uns die Entscheidung, ob wir uns mit dieser neurotisch-empfindsamen Frau, die wie eine Schwester von Bess in BREAKING THE WAVES wirkt, identifizieren oder das ganze »Idiotenspiel« nur als großen idiotischen Witz betrachten wollen, den allein Karen wirklich ernst genommen hat.

Stil

Hier zeigt sich wieder der *double bind* des Filmemachers: Einserseits will er seinem handwerklichen Gespür und seinen eigenen Emotionen nachgeben, andererseits will er den »Dogma«-Regeln folgen. Trier und seine »Dogma 95«-Brüder haben sich vorgenommen, das Leben mit all seinen Spannungen, Alltäglichkeiten und Widersprüchen im Film festzuhalten und wiederzugeben, durch lebendige Charaktere, denen sich auch der Autor unterordnen muß. Genredramatik und Filmtragik, erhebende Finale und Happy-ends wurden in ihrem Keuschheitsgelübde deshalb ausgeschlossen (Regel 8). Trier hat sich daran gehalten. Er schrieb ein Drehbuch über ein Gruppenexperiment, das nur nebenbei einen dramatischen Akt aus einer Lebensgeschichte erzählt, der von Karen.

Obwohl der Film weitgehend Triers Drehbuch folgt und fast alle Szenen mit den wichtigsten Dialogen erhalten blieben, wirkt der Film fast dokumentarisch. Das Besondere sind die Details, die kleinen Abweichungen wie zum Beispiel in der Szene mit Josephines Vater: Während Stoffer und die anderen versuchen, ihn in ein Gespräch zu verwickeln, schaut er plötzlich zu einem Flugzeug auf, das gerade über die Siedlung fliegt – eine offenbar spontane Reaktion und zugleich eine Geste, die unterstreicht, daß der Vater mit der Gruppe nicht kommunizieren will.

Ein solches intuitives natürliches Einbeziehen von zufälligen Elementen war nur möglich, weil Lars von Trier sich mit seinen Schauspielern gemeinsam intensiv auf ihre Rollen und die Dreharbeiten vorbereitete und ihnen das Buch nur als Grundlage zum Improvisieren gab. Über diesen gruppendynamischen Prozeß berichtet Trier, er habe gemeinsam mit den Schauspielern das »Debilisieren« geübt, das »Umschalten zum inneren Idioten«, wobei bald das »normale« Spielen den Darstellern immer weniger Befriedigung verschafft habe. Triers Versuche, Szenen völlig frei improvisieren zu lassen, schlugen aber fehl; den Schauspielern fehlte die Substanz, der Stoff, an dem sie ihre kreativen Kräfte ausprobieren und sich abarbeiten konnten. Trier mußte einsehen: »Improvisation ohne Konzept ist wie Tennis ohne Bälle.«[1] Aus diesem Grund habe sich der Film dem Drehbuch mehr angenähert, als ursprünglich beabsichtigt war.

Interviews

Ganz neu in den Film eingefügt hat Lars von Trier sechs Interviewblöcke, die den Film noch stärker als *mockumentary* erscheinen lassen. Wie ein neugieriger Journalist, der nach längeren Recherchen von den ehemaligen Mitgliedern der »Idioten« mehr über die Gruppendynamik erfahren will, stellt Trier selbst aus dem Off die Fragen. Diese Sequenzen sind reportagemäßig gedreht und geschnitten und offensichtlich vollständig improvisiert. Der Zerfall der Gruppe liegt offenbar schon einige Monate zurück; die Interviews erläutern deren Entwicklung und kreisen vor allem um Karen und ihre Bedeutung für die »Idioten«[2]. Die ehemaligen Mitglieder analysieren in dieser fiktiven Rückschau die Beziehungen und ihre eigene Position in der Gruppe. Damit etabliert Lars von Trier eine weitere Erzählebene, durch die die eigentliche Handlung als Rückblende erscheint. In der dritten eingeschobenen Interviewsequenz wird der Handlung dagegen vorgegriffen, weil an dieser Stelle die enge Beziehung zwischen Josephine und Jeppe noch nicht gezeigt wurde: Josephine wird da von Trier gefragt, ob sie Lust habe, Jeppe mal wieder anzurufen. Warum sie keinen Kontakt mehr mit der Gruppe hat, kann sie nicht sagen.

Skandinavischer Realismus?

An dieser Stelle drängt sich ein Gedanke auf: Hat Trier nicht schon mit BREAKING THE WAVES und jetzt mit DIE IDIOTEN Filme geschaffen, die einem

---

1   Trier im Interview im französischen Presseheft. Eine der wenigen Szenen, die aus der Situation geboren in den Film gelangten, ist die Abfahrt nach der Fabrikbesichtigung, als einer der »Idioten« angeblich aus therapeuthischen Gründen an das Steuer des Busses gesetzt wird und vor den Augen des Fabrikvertreters prompt in eine Ladepalette mit Dämmwolle fährt.

2   Ein Verstoß gegen »Dogma«-Regel 7: Keine zeitliche und geographische Verfremdung (der Film findet hier und jetzt statt).

psychologischen und sozialen Kino-Realismus sehr nahekommen? Jener skandinavischen Stilrichtung, von der er sich am Anfang seiner Karriere so scharf abgegrenzt hatte? Auch Lars von Trier inszenierte in beiden Filmen präzise psychologische Portraits, hier ein Gruppenportrait. – Und fordert »Dogma 95« nicht auch genau das?

Hier liegt das Dilemma des Films: Die Regeln von »Dogma 95« gängeln sowohl den Regisseur als auch den Autor; beide sollen aus der Negation heraus, auf der Basis von Verboten kreativ sein. Lars von Trier wies im Interview mit »Cahiers du Cinéma« darauf hin, daß alle vier »Dogma«-Regisseure einen ähnlichen Weg gegangen sind, um den Anforderungen des Manifests gerecht zu werden: »Es ist sonderbar, daß es in allen Filmen um ein Kollektiv geht. Jeder der vier Filme erzählt die Geschichte einer Gruppe von Leuten. Das ist merkwürdig, zumal wir keinerlei Verabredungen über die Projekte getroffen hatten. Aber vielleicht hat die Idee, der »Dogma 95« zugrundeliegt, diese Art von Geschichten inspiriert.«[1]

Thomas Vinterberg wählte für seinen »Dogma 95«-Film eine radikale Familiengeschichte, Lars von Trier entschied sich auf der Suche nach einem passenden Stoff dagegen für eine Konstruktion. Während Vinterberg in seinem Ensemblestück FESTEN aus der Dramatik des Stoffes seine Schauspieler ihre Figuren entwickeln lassen konnte[2], nimmt Trier in DIE IDIOTEN scheinbar (und nur in den Interviewsequenzen konsequent) die Position eines Dokumentarfilmers ein und und führt auf diese Weise das von ihm erfundene gruppendynamische Experiment vor. Der Film funktioniert als eine Versuchsanordnung, die uns irritieren und fesseln kann, moralische Fragen aufwirft und wie oft bei Trier Grenzen des allgemeinen ›guten Geschmacks‹ überschreitet. Doch es ist ein Gruppenportrait, das uns aber bis auf die bruchstückhaft erzählte tragische Geschichte Karens und die Beziehung zwischen Jeppe und Josephine innerlich nicht tief berühren kann.[3] So entzieht sich Trier doch noch den Identifikationsmustern und der gefühligen Anteilnahme eines »skandinavischen Realismus«. Sein Film strahlt eine ähnliche emotionale Kühle aus, wie es sie auch in THE ELEMENT OF CRIME, EPIDEMIC und EUROPA gab.

Offenbar wird Lars von Trier immer dann besonders abstrakt in seiner Inszenierung und dreht dann besonders kühle Filme, wenn er konsequent vorgegebenen ›Kunstprinzipien‹ oder zu folgen oder seine handwerkliche Meisterschaft zu beweisen versucht.

---

1   Cahiers du Cinéma, Nr. 524, Mai 1998.
2   Auf einem Familienfest enthüllt ein Sohn das schreckliche Geheimnis, daß der Vater früher seine Kinder sexuell mißbraucht und dadurch eine Tochter in den Selbstmord getrieben hat.
3   Der Grund dafür ist aber nicht, daß der dargestellte Gruppenkonflikt eher in die 60er und 70er Jahre als in die Gegenwart paßt. Der weltweite Zulauf der unzähligen Psychosekten widerlegt meiner Meinung nach diesen Einwand.

»Dogma«-Regisseur Thomas Vinterberg als Taxifahrer in seinem Film FESTEN *(mit Gbatokai Dakinah).*

Trier hat selbst auf die Parallele zwischen »Dogma 95« und der Geschichte in seinem Film hingewiesen: Beide Projekte scheitern daran, daß die Teilnehmer ihre eigenen Anforderungen nicht erfüllen können. »Die Moral (des Films) ist, daß man eine Technik – die Technik von ›Dogma‹ oder die Technik der ›Idioten‹ – unendlich lange praktizieren kann, ohne daß etwas dabei herauskommt, es sei denn, man habe ein tiefes und intensives Verlangen und ein Bedürfnis, es zu tun.«[1] Unter den »Idioten« im Film trifft das nur auf Karen zu, beim der Produktion des Films DIE IDIOTEN dürften es einige Personen mehr sein: Außer dem Regisseur und den Schauspielern die wahrscheinlich bescheidene Anzahl von Zuschauern, die etwas von Triers Verlangen nach einer neuen Einfachheit und seinen Spaß an dieser Arbeit nachempfinden können und wollen.

Was für ihn persönlich wichtig ist: Lars von Trier erreichte mit DIE IDIOTEN, der in unmittelbarer Nähe des Hauses seiner Kindheit und seines Wohnorts entstand, eine so große Annäherung an die eigene Persönlichkeit und das Milieu, in dem er aufgewachsen ist, wie mit keinem Film zuvor.

---

1   Trier im Interview im französischen Presseheft.

Die Freude zurückgewinnen
Interview mit Lars von Trier

Film ist Film, und Realität ist Realität, haben Sie vor Jahren im Interview mit Peter Körte gesagt. Meinten Sie, daß man beides nicht zusammenbringen sollte? Oder warum kommt Ihre Heimat Dänemark in Ihren Filmen so gut wie nicht vor?

Das hat ein bißchen mit Geschmack zu tun. Ich möchte, daß Filme von weit her kommen, von einer Filmnation, die nicht auf der Erde ist, sondern irgendwo weit draußen, vielleicht vom Mars.
Aber wenn man älter wird, neigt man doch zu der Annahme, daß die Realität interessanter ist. – Ich glaube sagen zu können, daß meine neueren Filme zur Realität aufgeschlossen haben. Es sind große Schritte von den ersten Filmen, die ich gemacht habe, zu BREAKING THE WAVES, *der näher an der Realität ist, wenn man die Story betrachtet, aber auch wieder weiter von ihr entfernt ist.*

Sie leben gern in Dänemark und in Kopenhagen?

Ja, man lebt hier in Sicherheit. Aber ich liebe Kopenhagen und Dänemark nur, weil ich hier geboren bin. Je älter ich werde, desto stärker empfinde ich ein Gefühl für Heimat und Zuhause. Wenn man jung ist, will man reisen. – Als ich jung war, wollte ich allerdings nur nach Deutschland reisen, das war für mich schon weit genug. Aber im Grunde will man die Welt erobern, wenn man jung ist. Und wenn man älter wird, möchte man am liebsten zu Hause sein. An dem Punkt befinde ich mich jetzt.

Ist nicht auch Ihr Familienleben ein Grund dafür?

Ich habe eher ein Gefühl, wie es die wahre Bedeutung des Begriffes Nostalgie aus-drückt. Das hat damit zu tun, woher man kommt und wo man zu Hause ist. Ich erinnere mich dabei an Tarkowskijs Film NOSTALGHIA. *Dieses Gefühl ist zur Zeit sehr wichtig für mich.*

War Andrej Tarkowskij ein wichtiges Vorbild für Sie?

Ich glaube, es ist offensichtlich, wenn man sich THE ELEMENT OF CRIME *und* BILDER DER BEFREIUNG *ansieht, daß sie sehr stark von Tarkowskij beeinflußt sind. Er hat viele großartige Filme gemacht, aber einen mag ich besonders:* DER SPIEGEL. *Ich glaube, den habe ich 20 oder 30 Mal gesehen. Und der Film hat überhaupt keine Geschichte, die man erzählen könnte. Es ist völlig unmöglich zu sagen, wovon der Film handelt. Aber es ist eine wunderbare, universelle Erfahrung, diesen Film zu sehen. Es*

gibt einige, wenige Filme – wenn man die sieht, verändern sie in gewisser Weise das eigene Leben.

Es gibt im Werk Tarkowskijs ja auch diese Strömung von Religiosität und Philosophie, die man in Ihren Filmen wiederfindet.

Oh ja. Ich stehe sehr in der Schuld von Andrej Tarkowskij. Wie Sie sehen, kommen ja in meinem Film (BREAKING THE WAVES) *auch Glocken vor.*
Ich hatte vor einiger Zeit ein Gespräch mit dem russischen Drehbuchautor Gorenstein. Er glaubt, daß Tarkowskij an Krebs starb, weil er bei den Dreharbeiten zu ANDREJ RUBLJOW *ein Pferd tötete. Im Film fällt ein Pferd Treppenstufen herunter und wird sehr grausam getötet. Und Gott bestrafte Tarkowskij dafür.*

Ihre frühen Filme waren nicht nur von Tarkowskij, sondern auch von der Ästhetik des Stummfilms beeinflußt.

Ja, das waren vor allem deutsche expressionistische Stummfilme, zum Beispiel von Fritz Lang und Friedrich Wilhelm Murnau.

Haben sich Ihre Filme mit Ihrer Einstellung zum Leben verändert?

Meine Einstellung zum Leben ist immer noch dieselbe: Ich habe tödliche Angst vor dem Leben. (lacht) Ja, ich gehe in meiner Arbeit sehr stark von Gefühlen aus. Dabei erweist sich, wie ich mich in einem bestimmten Lebensabschnitt fühle. In meinen Filmen gibt es deshalb tatsächlich große Entwicklungen. Sie spiegeln sehr genau wider, an welcher Stelle meines Lebens ich mich gerade befunden habe. Natürlich gibt es Regisseure wie Carl Theodor Dreyer, der immer denselben Film gemacht hat, mit dem selben Grundthema.

Welcher Film war das?

Es war eine Art Film, der BREAKING THE WAVES *sehr nahe ist: Es geht immer um eine Frau, die zum Opfer wird, aber dann auch selbst, aus ihrem freien Willen ein Opfer bringt. Und nur, weil sie sehr stark ist, kann sie dieses Opfer bringen. Dreyer drehte* JEANNE D'ARC *und viele andere Filme, aber alle erzählen mehr oder weniger genau diese Geschichte, mit Frauen im Mittelpunkt.*

Hatten die Entwicklungen in Ihren Filmen mit neuen Einstellungen zu philosophischen und religiösen Fragen zu tun?
Vielleicht. Aber wenn Sie meine vier Spielfilme ansehen, werden Sie feststellen, daß sie alle extrem religiös sind. In THE ELEMENT OF CRIME *wird zum Beispiel dauernd von Gott gesprochen ...*

Bei BREAKING THE WAVES *fand Lars von Trier im Verhältnis zu den Schauspielern zu einer neuen Gelassenheit. Rechts im Bild Produzentin Vibeke Windeløv.*

An der Oberfläche der Filme war das jedoch kaum erkennbar.

Aber es gibt darin viele Mysterien, viel Mysteriöses. – Ich will damit nur sagen, daß ich jetzt nicht religiöser bin, als ich schon immer war. Ich bin jetzt nur im klassischen Sinn religiöser.

Deshalb frage ich auch danach: Als ich las, daß Sie in die katholische Kirche eingetreten sind und sich mit Ihrer Tochter haben taufen lassen, dachte ich, das sei ein großer Schritt gewesen, der in BREAKING THE WAVES zum Ausdruck kommt. Aber wie Sie sagen, gab es diese ›Unterströmung‹ schon lange davor. Obwohl Sie ja früher Atheist waren ...

Meine Familie und meine Umgebung waren atheistisch. Getauft zu werden, war nicht wichtig für mich. Alle diese kirchlichen Rituale hinterlassen bei mir keinen starken Eindruck, weil ich nicht mit ihnen aufgewachsen bin. Ich halte sie für ziemlich leer. Es interessiert mich auch nicht besonders, was die Priester in der Kirche machen oder was der Papst sagt. Trotzdem fühle ich mich religiös, denke sehr viel darüber nach, bete jeden Tag ... Es hat sich aber nicht plötzlich alles verändert, weil ich mich habe taufen lassen.

Der Katholizismus hat ja im Gegensatz zum Protestantismus schon immer eine starke Faszination auf Künstler ausgeübt – ich denke besonders an die Frühromantiker wie Novalis und Schlegel. Diese Faszination ging nie von der Ideologie und den Glaubenssätzen aus, sondern gerade von den liturgischen Ritualen, die bestimmte Gefühle auslösen und transportieren. Deshalb ...

So sehe ich das auch, aber eher aus einer theoretischen Perspektive. Ich finde den Unterschied zwischen Katholizismus und Protestantismus sehr schön: Wenn in der katholischen Kirche das Heilige Abendmahl gefeiert wird, ißt man nicht Brot, sondern wirklich Fleisch, das Fleisch Jesu. Es ist kein Symbol wie im protestantischen Abendmahl. Und wenn die rote Laterne in einer katholischen Kirche leuchtet, dann heißt das, daß der Heilige Geist wirklich da ist, und nicht nur symbolisch. Ich finde, das ist ein sehr schöner Gedanke. Für mich ist es allerdings sehr schwer, dazu eine Beziehung zu entwickeln.

In katholischen Gottesdiensten gibt es zahlreiche charakteristische Gesten und Geräusche, Glockenläuten, dann wieder lange Pausen ... – Ich habe gerade noch einmal alle Ihre Filme gesehen: In dem Sinn, daß sie mit bestimmten akustischen und visuellen Signalen Gefühle auslösen, funktionieren sie alle wie Rituale und arbeiten mit Ritualen. Zum Beispiel die Hypnose – die suggestive Stimme in EUROPA, die mit magischen Bildern kombiniert ist.

Ja, das stimmt: Es gibt viele Rituale in meinen Filmen. Und die Hypnoseszenen in EUROPA laufen tatsächlich ab wie kleine Zeremonien.

Ist Ihr Verhältnis zu Carl Theodor Dreyer mehr als nur ein ästhetisches, das heißt: die Bewunderung für sein Werk? Im deutschen Presseheft zu BREAKING THE WAVES sprechen sie in einem Dreyer-Zitat vom »Evangelium der Liebe«.

Das bezieht sich auf seinen wunderbaren letzten Film GERTRUD ...

Sie sagten einmal, daß Sie der einzige seien, der den Film mag.

Ja, mehr oder weniger. (lacht) Die Dänen finden ihn schrecklich. – Ja: Ich empfinde eine besondere Verbindung zu Dreyer. In GERTRUD will die Hauptfigur für die Liebe sterben. Sie hatte nicht mehr geheiratet wegen ihrer reinen Liebe, und am Ende des Films sagt sie, nach ihrem Tod solle auf ihrem Grabstein stehen: »Amor Omnia« – »Liebe ist alles«.
Die erste Fassung von BREAKING THE WAVES hatte diesen Titel: »Amor Omnia«. Aber Peter Aalbæk, mein Produzent sagte: »Wir können einen Film nicht ›Amor Omnia‹ nennen. (lacht) Sonst verkaufen wir nicht eine einzige Eintrittskarte.«

Haben Sie durch den Eintritt in die Kirche Ihre Ängste oder einige davon verloren?

Lars von Trier im Gespräch mit Stellan Skarsgård (Jan) und Emily Watson (Bess) bei den Dreharbeiten zu BREAKING THE WAVES

Nein, überhaupt nicht. (Pause) Wenn man sagen könnte: »Ich überlasse alles Gottes Entscheidung«, dann wäre man ein völlig glücklicher Mensch. Das muß wunderbar sein.

Aber das können wir wohl nicht.

Ich fürchte, nein.

Ich habe vor einigen Tagen noch einmal Ihren Diplomfilm BILDER DER BEFREIUNG gesehen und war völlig erstaunt über die Parallelen zu BREAKING THE WAVES. Sind die Ihnen bewußt?

Nein, ich habe den Film lange nicht mehr gesehen.

Am Ende, wenn der Soldat stirbt, fährt die Kamera mit ihm wie bei einer Himmelfahrt nach oben: ein Opfertod.

Ja, das war ein sehr schönes Bild. Sie haben recht: Diese Einstellung ist nicht sehr weit weg von den Glocken im Himmel am Schluß von BREAKING THE WAVES.

Sie sind ja jetzt katholisch: Glauben Sie auch an Wunder?
(nach einer längeren Pause, lächelnd) Ja, ich denke schon.

Sie erzählen in Ihren Filmen oft von Wundern.

Ja, dauernd. – Eigentlich würde ich sagen: Ich glaube nicht an Wunder, ich hoffe auf sie. Aber inzwischen kann ich sagen: Ich glaube an sie. Was nicht bedeutet, daß man, wenn man's braucht, ein Wunder für sich beanspruchen kann. Aber ich glaube daran.

Werden Sie weiterhin in Ihren Filmen von Wundern berichten?

Ja. Ich glaube, in diesem Sinn macht man doch immer wieder denselben Film.

Über Ihre Filme ist sehr oft geschrieben worden, daß sie von Alpträumen erzählen und daß sie ironisch sind. Das trifft bei GEISTER sicherlich zu, aber nicht bei BREAKING THE WAVES. Wenn ich nicht gewußt hätte, daß Sie schon vor sieben Jahren in die katholische Kirche eingetreten sind, hätte ich geglaubt: Das ist der Film, mit dem er diese Entscheidung bestätigt oder bekräftigt.

Ich weiß nicht, woher es kam, aber es geht auf eine Entscheidung zurück, die ich getroffen habe. Lange Zeit habe ich mich mit dem Bösen oder mit den dunklen Seiten des Lebens beschäftigt, und dazu auch die Ästhetik der dunklen Seite des Lebens benutzt. Jetzt wollte ich das Gegenteil tun – was im übrigen nicht so weit entfernt ist.

Noch einmal zurück zur Hypnose in Ihren Filmen: Ich vermute, Sie selbst würden sich nicht hypnotisieren lassen.

Ich würde gern, aber ich traue mich nicht. Das heißt, ich habe sogar extreme Angst davor. Aber es wäre wundervoll.
Ich habe kürzlich mit einem Psychiater gesprochen, der etwas sehr Interessantes macht: eine »Hyperventilationstherapie«. Man atmet eine Stunde lang sehr schnell und hart, dadurch fließt Blut durch einen Teil des Gehirns, der sonst nie richtig mit Blut versorgt wird. Das bedeutet – so jedenfalls ist seine Theorie –, daß man dadurch Kontakt zu Dingen bekommt, die verborgen sind oder die einem vererbt wurden.

Also, Sie lassen sich nicht hypnotisieren, aber in Ihren Filmen werden dauernd Leute hypnotisiert und Sie versuchen, das Publikum zu hypnotisieren. Ist das für Sie eine Methode, mit der eigenen Angst fertigzuwerden?

Vielleicht. Ich erschrecke alle Leute, damit sie sich so fühlen wie ich ... (lacht) Nun: Jede Angst, die man in sich trägt, drückt auch Faszination aus. Ich glaube nicht, daß

Bei den Dreharbeiten zu BREAKING THE WAVES

man vor etwas Angst haben kann, von dem man nicht auch fasziniert ist. Ich habe Angst vor dem Fliegen, ich steige nicht in Flugzeuge. Und trotzdem bin ich fasziniert vom Fliegen, von der Idee des Fliegens. Genauso ist es mit der Hypnose: Ich habe Angst davor, bin aber auch fasziniert davon und verwende sie deshalb in meinen Filmen.

In THE ELEMENT OF CRIME und in EUROPA haben Sie die Kamera ja wirklich wie ein Hypnosependel eingesetzt, um den Zuschauer in die Filme hineinzuziehen.

Ja, ich habe damals sehr viel mit Kamerafahrten und Kränen gearbeitet, aber damit habe ich aufgehört.

Ihre Einstellung zur Filmtechnik hat sich verändert.

Das stimmt. Bei BREAKING THE WAVES *war die Idee, den Film zu genießen, das heißt, die Freude am Leben und am Filmemachen auf die Leinwand zu bringen. Vorher habe ich sehr viel technischere Filme gedreht – die ich nicht missen möchte. Aber wenn man technische Elemente einsetzt, dann will man sie immer weiter perfektionieren. Und an einem bestimmten Punkt wird dann alles so technisch, daß die Freude am Filmemachen verschwindet.*
Deshalb war ein Teil meiner Entscheidung: die Freude zurückgewinnen. Dafür mußte ich die Technik vollständig rausschmeißen. Ich bin sicher, ich werde in

Zukunft wieder etwas mehr Technik einsetzen. Aber so arbeite ich nun mal: Zuerst mußte ich sie radikal loswerden. Deshalb die Handkamera, die uns frei machte.
Diese Freude kann man auch in GEISTER sehen.

Das stimmt. Aber ich muß sagen: Die größte Freude beim Arbeiten mit Schauspielern hatte ich in BREAKING THE WAVES. *Wenn man mit älteren und bekannten Schauspielern arbeitet, ist das manchmal ein extrem hartes Stück Arbeit: Sie haben ihre eigenen Ideen und haben Angst, nicht oft genug ins Bild zu kommen. Diese jungen Schauspieler in* BREAKING THE WAVES *hatten dagegen keinerlei Probleme, mit ihren Kollegen und Kolleginnen zu teilen. Es war eine großartige Erfahrung.*
Normalerweise habe ich große Probleme bei der Arbeit mit Schauspielerinnen. Wir streiten ohne Pause. Bei BREAKING THE WAVES *war es anders. Natürlich lag das auch daran, daß ich mehr zugehört habe. – Das war ein Teil meiner Vorsätze: Zuhören, Hinschauen und etwas dafür Zurückbekommen.*

Sie haben Emily Watson erst die Möglichkeit gegeben, so gut zu spielen.

Ja, aber sie öffnete sich auch so stark. Sie gab sich ganz in meine Hände.
Emily kannte mich ja nicht, deshalb hatte sie zwei Möglichkeiten: Widerstand zu leisten, sich abzugrenzen oder sich ganz in die Sache hineinzuwerfen. Zum Glück hat sie sich für die zweite Möglichkeit entschieden. Und sie hat ihre Arbeit sehr gut gemacht.

Ich finde interessant, daß es auch in Ihren lebensfreudigen Filmen GEISTER und BREAKING THE WAVES, musikalisch ausgedrückt, Dissonanzen gibt ...

Das hoffe ich doch ...

Zum Beispiel in BREAKING THE WAVES die Spannung zwischen der bewegten Handkamera und den fast statischen ›Kapitel-Einstellungen‹, die Sie selbst als den »Blick Gottes« bezeichnet haben. – Was meinten Sie damit?

Zuerst möchte ich etwas zu den Dissonanze‹ sagen. Es gibt ja von Mozart ein »Dissonanzen-Quartett«, das ist wunderbar. Von dem kann man kaum glauben, daß es von Mozart ist. In der Musikgeschichte müßte das eigentlich erst 100 Jahre später kommen. – Meiner Meinung nach sind Dissonanzen eine unheimlich wichtige Qualität, ohne sie würde Vivaldi oder sonst etwas daraus. Ich denke sehr stark an Dissonanzen, wenn ich arbeite. Ja.

GEISTER ist voll von solchen Dissonanzen. Aber sie spielen damit, wie Mozart, und das Ergebnis ist ein sehr unterhaltsames Werk.

Ja, es ist ein bißchen wie die »Zauberflöte«: Genießen, ohne dabei allzu sehr an die Kunst zu denken. Ein Spiel.

Wenn man die Filme von Dreyer, Bergman und von Ihnen anschaut, fragt man sich, ob es eine skandinavische »Schule des Übersinnlichen« gibt.

Aber da gibt es wirklich nur die beiden – gut vorher noch Benjamin Christensen[1] – aber davor und danach ... Keiner hat sich mit dem Spirituellen beschäftigt. Ich glaube nicht, daß das typisch skandinavisch ist. Typisch sind die realistischen Regisseure wie Bo Widerberg und Jan Troell. Ich fühle dagegen eine starke Verbindung zu Dreyer und Bergman. Aber ich würde sie nicht als heitere Menschen bezeichnen. Im Gegensatz zu Widerberg und Troell, die mehr die Botschaft von BREAKING THE WAVES *repräsentieren: das Leben als etwas zu zeigen, das man genießen kann.*

Sind Sie heute ein heiterer, ein fröhlicher Mensch?

Nein, nicht richtig. Ich glaube, daß ich etwas heiterer geworden bin. Aber ich arbeite noch daran. Ich habe eine neue, junge Ehefrau – schon deshalb bin ich heiter.

Nach BREAKING THE WAVES müssen wir aber nicht befürchten, daß Sie nur noch heitere und konventionelle Filme drehen ...?

Im Moment arbeite ich an einem Drehbuch für ein Musical. Ich wollte immer schon ein Musical drehen, bisher war das allerdings finanziell außerhalb meiner Reichweite. Aber jetzt wird es klappen.

Aber darin wird es auch Spannungen und Dissonanzen geben, hoffe ich.

Ich hoffe auch. Es wird sicherlich kein ganz konventionelles Musical werden. – Mal sehen. (lacht)

(Interview im Januar 1997 in Kopenhagen-Lyngby)

---

1   Dänischer Filmregisseur, der vor allem durch seinen expressionistischen Stummfilm HEXEN (Häxan, Schweden 1920/22) bekannt wurde.

Rolle rückwärts, Kopfstand und Schlußsprung
Fragen, unvollständige Antworten, Gedanken und
Assoziationen zu Lars von Trier

Ist Lars von Trier ein Scharlatan?

Scharlatan [it.-fr.] *der*; -s, -e: a) Schwätzer, Aufschneider,
Schwindler; b) Quacksalber, Kurpfuscher.

Nein. Aber er ist ein genialer »Provokateur« (Schepelern), der manchmal sich und
seine Filme für die Öffentlichkeit und die Medien meisterhaft in Szene setzt. Wer
sich darüber ärgert, mag Lars von Trier deshalb als Schwätzer und Aufschneider
ansehen.[1] Für einen Schwindler kann ihn aber nur halten, wer ihm Vorsätze
unterstellt und diese dann in seinen Filmen nicht realisiert sieht. Zum Beispiel
den Vorsatz, er habe mit BREAKING THE WAVES einen religiösen Film drehen
wollen. Ein Quacksalber und Kurpfuscher kann Dr. Trier kaum sein, weil seine
Filme meist die Wirksamkeit seiner Mittel und Methoden beweisen.

Ist Lars von Trier ein Manipulator?

Manipulator, der; -s, ...oren: 1. jmd., der andere zu seinem eigenen Vorteil lenkt
od. beeinflußt. 2. Vorrichtung zur Handhabung glühender, staubempfindli-
cher od. radioaktiver Substanzen aus größerem Abstand od. hinter [Strahlen]-
schutzwänden. 3. Zauberkünstler, Jongleur, Taschenspieler.

Ja, weil alle Regisseure Manipulatoren sind. Sie versuchen uns Zuschauer
durch ihre handwerklichen und künstlerischen Fähigkeiten dazu zu bringen,
in ihren Filmen die Welt so zu sehen, wie sie wollen. Das mißlingt schlechten
Regisseuren und in schlechten Filmen. In mittelmäßigen Filmen kann es
funktionieren, wenn sich Zuschauer und Kritiker mit Wohlwollen auf die
Manipulation einlassen, obwohl sie sie durchschauen. Und es kann auf so
ungewöhnliche Weise gelingen wie in BREAKING THE WAVES, bei dem Kritiker

---

1   Besonders entsetzt war 1992 Marc Fisher, ein Korrespondent der »Washington Post«, als er sich mit
Lars von Trier in Kopenhagen traf. In einer Mischung aus Fassungslosigkeit und Staunen notierte er
stundenlang alle Ungereimtheiten und Widersprüche des Regisseurs. Zu Triers Bekenntnis, sehr
schwer mit Kritik umgehen zu können, wirft der Journalist in seinem Text ein: »You remind yourself
you are talking to an adult.« Und bei Triers Begeisterung über den »Friendly Skies of United«-Wer-
bespot fragt er sich (abschließend): »You are not sure if the Director is serious. Then you realize: He is
very serious. And he is never serious. You say to von Trier: ›You are a seriously pretentious person. And
he says: ›Yes, I am.‹ You bid the Director farewell. You get off the train. You have a strong desire to
wash your face.« (Going to the Edge With Lars von Trier. International Herald Tribune 21.7.92)

Lars von Trier mit seinem Director of Photography *Robby Müller bei den Drehar-beiten zu* BREAKING THE WAVES

(mehr als das Publikum) die Manipulation erkennen, benennen, sich zum Teil dagegen wehren und ihr trotzdem am Ende nicht entziehen können.

Seit seinem Spielfilm EUROPA ist Lars von Trier jedoch ein Manipulator, der davon träumt, die Kontrolle aufzugeben. In BREAKING THE WAVES setzte er alle möglichen technischem Mittel ein, um nachträglich die Fiktion von Natürlichkeit herzustellen. Bei diesem Versuch ähnelt Trier einem Mann, der sich mit äußerster Gedankenanstrengung darum bemüht, an nichts zu denken.

Im Interview für die französische Filmzeitschrift »Cahiers du Cinéma« hat Lars von Trier im März 1998 die sich widersprechenden Impulse genannt, die ihn leiten.[1] Nachdem Stig Björkman ihn nach seiner Hypochondrie gefragt hat (»Sie wird schlimmer und schlimmer ...«), spricht Trier über sein lebenslanges Bedürfnis, Kontrolle auszuüben (»die göttliche Kraft, die uns regiert«), und dann über den schwedischen Schauspieler Ernst-Hugo Järegård (Dr. Helmer in GEISTER), der wie er voller Ängste sei. »Ich habe ihm gesagt: Du kannst dich

---

1   Cahiers du Cinéma Nr. 524. An dieser Stelle breche ich zum ersten Mal meinen Vorsatz vom Anfang und zitiere ›Trier über Trier‹, weil sich in der Beschreibung seiner persönlichen Ängste einige der Widersprüche seines Werkes direkt widerspiegeln.

damit trösten, daß wir dadurch, daß wir Nacht für Nacht das Sterben trainieren, echte Experten sein werden, wenn der Tag dann kommt.« Danach schlägt Trier einen Bogen zu ihrer künstlerischen Arbeit: Järegård bekämpfe seine Lebensangst, wenn er auf der Bühne stehe und dort sein Dasein ganz unter Kontrolle habe. Er selbst, so Trier, bekämpfe seine Ängste, wenn er am Schneidetisch sitze und das Material kontrolliere. Dabei nennt er ausdrücklich BREAKING THE WAVES. Einige Sätze später aber behauptet Trier genauso überzeugt und nachdrücklich, daß der Film »nie so geworden wäre, wenn ich nicht die Kontrolle den Schauspielern überlassen hätte.«[1]

Man sollte das alles nicht als medienwirksames und verwirrendes Geschwätz eines Regisseurs abtun, der sich interessant machen will. Denn dahinter wird ein Grundwiderspruch Lars von Triers erkennbar, eine Selbsttäuschung oder – optimistischer betrachtet – der Versuch, sich selbst an den Haaren aus dem Sumpf herauszuziehen: Ein Manipulator will sich durch Manipulation das Manipulieren abgewöhnen. Allerdings hat Trier durch die Radikalität von »Dogma 95« in einigen Punkten doch Fortschritte gemacht, zum Beispiel durch das Verbot der Nachbearbeitung: »Bei den früheren Filmen habe ich viel Zeit im Kopierwerk verbracht, um genau die Farbtemperatur und die Farbabstufungen zu bestimmen. Und jetzt hatte ich *absolut kein Recht mehr* dazu. (...) Ich brauchte keine Wahl mehr zu treffen. Und ich fühlte mich sehr befreit.«[2]

Und was du momentan siehst, Kuku, ist die unerwartete Rückkehr all dieser klassischen Motive, all die Stylobaten und Schächte und Kapitelle und Friese und Tympana sind wieder da – glücklicherweise in menschlichen Maßen, wenn auch oft auf völlig widersinnige Weise. Als ob irgendwo hoch oben im Weltraum das klassische Ideal explodiert wäre und die Scherben und Splitter jetzt zurück auf die Erde fallen, alles durcheinander, verformt, zerbrochen und aus dem Gleichgewicht.
(Der konservative Kunsthistoriker Themaat zum wißbegierigen kindlichen Helden Quinten über die Präsentation der Postmoderne auf der Biennale in Venedig, in Harry Mulischs »Die Entdeckung des Himmels«)

---

[1]   Daß er dabei trotzdem nicht auf die Kontrolle verzichtete, beweist das oben erwähnte Erlebnis mit Emily Watson und Trier, von dem Vibeke Windeløv berichtete.
[2]   Cahiers du Cinéma Nr. 524.

Ist Lars von Trier ein postmoderner Regisseur?
Und: Was ist ein postmoderner Regisseur?

Zuerst die Antwort auf die zweite Frage: Der postmoderne Regisseur beantwortet eine ›unanswered question‹. Sein Selbstverständnis bezieht er aus der Negation. Er will nicht als
- experimenteller
- avantgardistischer
- sozialkritischer
- politischer
- experimenteller

Regisseur fungieren und funktionieren. Er ist weder Moralist noch Kunstideologe, sondern ein Formalist und Stilist, der für jeden Film nach einer neuen Form und einem neuen Stil sucht. Er sprengt die Filmgenres nicht, sondern nimmt sie langsam auseinander und setzt die Teile auf neue Art wieder zusammen. Der postmoderne Regisseur vereinbart scheinbar Unvereinbares. Er sieht und inszeniert Verbindungen, die andere nicht sehen. Er verehrt die Meister; er weiß, welche bedeutenden Bausteine sie geschaffen haben, aber er hat keine Lust, einen neuen Baustein hinzuzufügen. Der postmoderne Regisseur ist kein Avantgardist; das Projekt der Moderne wird von ihm nicht fortgesetzt. Er kann und will das Gebäude der Filmkunst nicht weiterbauen; er zieht es vor, die Bausteine neu zu kombinieren.

Folgt man dieser persönlichen und vorläufigen Definition von ›Postmoderne‹, dann beantwortet sich die erste Frage von selbst: Ja, natürlich ist Lars von Trier ein postmoderner Regisseur. »Der Inhalt verbirgt sich nicht mehr in der Form der Story, der Plot selbst wird einem Prozeß der Dekonstruktion unterzogen«, schreibt Georg Seeßlen in seinem Buch über David Lynch[1] und definiert dabei auch präzise das Verhältnis zwischen Form und Gehalt zum Beispiel in THE ELEMENT OF CRIME, EPIDEMIC und EUROPA: Die traditionelle Unterscheidung zwischen »Oberfläche« und »Kern« breche zusammen, »(psychoanalytisch gesprochen: zwischen dem manifesten und dem latenten Trauminhalt); nicht, daß das eine endgültig aus dem anderen heraustreten könnte, nur die Hierarchie ist verschwunden; aus einer erzählenden Phase kann abrupt eine surreale Episode entstehen und umgekehrt.« Die klassische »Kinoerzählung als Modernisierungsfabel und Erlösungsmythos« habe abgedankt. »Das Kino glaubt nicht mehr an die große Umwälzung, sucht zugleich aber in den verborgenen Tiefen und den Abgründen das Geheimnisvolle; es klärt nicht mehr auf (auch nicht mehr im Sinne einer klassischen Detekti-

---

1   Alle Seeßlen-Zitate in diesem Abschnitt in: Georg Seeßlen: David Lynch und seine Filme. Marburg: Schüren 1997, S. 137.

Als Regisseur gab Lars von Trier seinen Schauspielern in den letzten Filmen immer mehr Freiheiten, doch als sein eigener Kameramann und in der Montage übte er auch in DIE IDIOTEN *weiterhin die Kontrolle aus.*

verzählung), sondern beschreibt Beziehungen in immer neue Vernetzungen hinein.«

Der postmoderne Regisseur verachtet und mißachtet die Traditionen nur scheinbar, in Wirklichkeit aber schätzt er sie und schöpft in jedem neuen Film oft unbemerkt aus ihnen. Der »Fundus der Filmgeschichte« ist für ihn ein »Steinbruch der Möglichkeiten«, bei dieser Arbeit »verwischen sich auch die Grenzen zwischen Zitat und Fortentwicklung«. Die Grenze zwischen dem Trivialen und der Kunst ist dabei längst gefallen: »Der postmoderne Film benutzt Klischees wie ein Komponist sein Material«.[1]

The World according to Lynch and Trier

»In David Lynchs Filmen scheitert der Versuch, vom Ich auf die Welt zuzugehen, weil es ein ›Draußen‹ offenbar nicht mehr gibt.« (Georg Seeßlen) Lars von Trier hat lange Zeit in seinen Filmen gar nicht erst den Versuch unternommen, ein Ich auf die Welt zugehen zu lassen. Seine Protagonisten waren ganz damit

---

1   Der postmoderne Regisseur kann auch satirisch mit der Tradition umgehen wie der Schweizer Theaterregisseur Christoph Marthaler in seinem Stück »The Unanswered Question«. Mit einem unendlichen klassischen Melodienreigen (»Achtung Klassik!«) und unbarmherzig unterhaltsamen Conferenciers parodiert er die Absurditäten des E-Musik-Betriebs, um im zweiten Teil des Abends dann seine aufgekratzten Zuschauer mit purer, schwieriger Musik des 20. Jahrhunderts zu konfrontieren (Charles Ives, Erik Satie, György Kurtág).

Drei Kameramänner, mit denen Lars von Trier zusammengearbeitet hat: Henning Bendtsen, Robby Müller und Eric Kress (von links).

beschäftigt, in Triers Welten mit ihrer Unruhe (NOCTURNE), ihrer Schuld (BILDER DER BEFREIUNG) und ihren Idealen (EUROPA) fertigzuwerden oder mit ihren Obsessionen und selbstgestellten Lebensaufgaben, was in THE ELE-MENT OF CRIME und EPIDEMIC dasselbe war. Erst in den 90er Jahren begann Trier, sich der Wirklichkeit zu nähern, zuerst nur auf dem für das eigene Ich ›ungefährlichen‹ Gebiet der Fernsehserie (GEISTER), gebrochen und gespiegelt durch Genreelemente. Bei BREAKING THE WAVES, seinem bis dahin unge-schütztesten Film, der kaum verfremdet durch das Genre ›Melodram‹ die Geschichte einer vielschichtigen Persönlichkeit in dieser Welt erzählt, stellte Trier am Ende kurz vor dem Ziel, bevor das eigene Ich berührt werden konnte, ein Umleitungsschild auf, das nach oben zeigt: Diente hier die reale Welt doch nur als Durchgangsstation in den Himmel, der sich auf der Erde in Postkarten-wundern für den Devotionalienhandel offenbart?

In DIE IDIOTEN schließlich startete Trier ein kinematographisches und soziales Wirklichkeitsexperiment, das er in dem Milieu und sogar in der Gegend ablaufen ließ, in der er sein ganzes Leben verbracht hat. Mit einfachen ästhetischen Mitteln wir darin indirekt das eigene Scheitern thematisiert und exekutiert. So könnte man aus dem Scheitern der »Idioten« und ihrer Idee das allgemeine Fazit ziehen: Die Welt will gar nicht, daß das Ich auf sie zugeht, also lassen wir's.

Trier – Dreyer – Tarkowskij

Die beiden großen Vorbilder Lars von Triers, die Meister, deren Filme er studierte und deren Stil er in seinen ersten eigenen Arbeiten nachahmte, wurden in diesem Buch mehrfach genannt. Dabei blieb offen, was Trier und sein Werk im Inneren mit den Filmen Carl Theodor Dreyers und Andrej Tarkowskijs verbindet. Auf der Suche nach einer Antwort, die auch nur eine von vielen möglichen sein kann, bin ich zu ihren Filmen zurückgekehrt und zu Texten, die sich mit ihnen auseinandersetzen. Die wichtigsten Denkanstöße gaben mir dabei der bedeutende Drehbuchautor und Regisseur Paul Schrader und eine neue Lektüre von DER SPIEGEL, jenes Tarkowskij-Films, der Trier nach eigenen Angaben am meisten geprägt hat.

1972 veröffentlichte Paul Schrader seine wissenschaftliche Untersuchung »Tranzendentaler Stil im Film: Ozu, Bresson, Dreyer«[1]. Was Schrader damals über Carl Theodor Dreyer und sein Gesamtwerk schrieb, wirkt in manchen Passagen wie eine Analyse und Charakterisierung der Filme Lars von Triers. Eine nur scheinbar oberflächliche Gemeinsamkeit Triers und Dreyers ist ihre stilistische Vielseitigkeit: »Dreyer war stolz auf die Tatsache, daß er in der Lage war, für jeden seiner Filme einen eigenen Stil zu erschaffen: ›Ein dänischer Kritiker sagte mir einmal: *Ich habe den Eindruck, daß mindestens sechs ihrer Filme sich stilistisch vollständig voneinander unterscheiden.* Das hat mich bewegt, denn das habe ich immer versucht: einen Stil zu finden, der nur für einen einzigen Film gültig ist.‹«[2]

Im Gegensatz zu Bresson und Ozu, die den »transzendentalen Stil«, die schwer zu beschreibende Transformation von Realität in Übersinnlichkeit perfektioniert hätten, sieht Schrader Carl Theodor Dreyer in einem Spannungsfeld zwischen drei Stilen: Erstens dem auf Psychologie und Psychoanalyse beruhenden »Kammerspiel«[3], zweitens dem »Expressionismus«, der die inneren Vorgänge des Kammerspiels nach außen bringt, in grotesken Perspektiven, mythisierenden Bildern und grotesken Dekors und Linienführungen, und erst an dritter Stelle dem »transzendentalen Stil«. Das Zusammenspiel zwischen den beiden erstgenannten Stilen läßt Schrader von Dreyer selbst erklären. Ein Zitat, das man auch als kurze, aber präzise Stilbetrachtung aller Trier-Filme von NOCTURNE bis GEISTER lesen kann:

Abstraktion erlaubt dem Regisseur, den Zaun zu überwinden, mit dem der Naturalismus sein Medium eingrenzt. Sie gibt seinen Filmen die Möglichkeit, nicht nur visuell, sondern auch spirituell zu sein. Der Regisseur muß seine eigene künstlerischen und spirituellen Erfahrungen mit dem Publi-

---

1   Paul Schrader: Transcendental Style in Film: Ozu, Bresson, Dreyer. Berkeley/Los Angeles/London 1972.
2   Schrader, S. 113; Dreyer-Zitat in: »Between Heaven and Hell: Interview with Carl Dreyer by Michel Delahaye«.
3   Im englischen Text deutsch geschrieben.

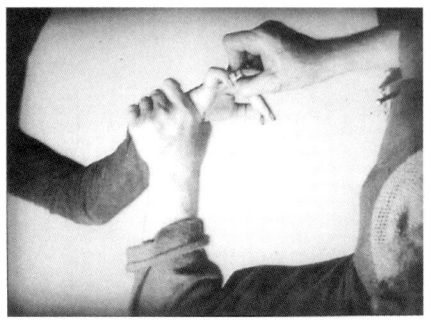

Einzelne Aktionen im Raum: Dynamische Bildkomposition bei Dreyer (LA PASSI-
ON DE JEANNE D'ARC, *links) und Trier* (THE ELEMENT OF CRIME, *rechts)*

kum teilen. Abstraktion gibt ihm die Chance, das zu tun, indem er die
Realität durch seine eigenen subjektiven Interpretationen ersetzt.

So wie Dreyer über den Naturalismus-Zaun des Kammerspiels stieg, durch-
brach Trier in THE ELEMENT OF CRIME durch expressionistisches visuelles
Design und eine Tarkowskijsche Bildsprache die Genre-Grenzen des »Kammerspiels« Detektivfilm. Wie dadurch ein neuer Kultfilm entstehen konnte,
erklärt Schrader, wenn er über Dreyer schreibt: »In der Kombination mit dem
Kammerspiel erfüllt der Expressionismus eine entscheidende Funktion: Er
›abstrahiert‹ sowohl thematisch als auch visuell von der individuellen Psychologie und verwandelt sie in einen allgemeinen Mythos.«[1]

Wenn Schrader die Gründe dafür anführt, daß Dreyer nicht die innere Ruhe,
das Innehalten (»stasis«) und die Konzentration von Ozu und Bresson erreicht,
scheint er gleichzeitig auch das Dilemma und die Wirkungsweise der Filme Lars
von Triers zu beschreiben: Das Werk Dreyers sei geprägt von Uneinheitlichkeit
(»disparity«); seine Filme seien wie eine gotische Kathedrale in »einem unstabi-
len Gleichgewicht zwischen welt-bestätigenden und welt-abgewandten Impul-
sen«[2]. Darin werde der Raum nicht »befriedet«, sondern aufgesplittert und zu
Gegensätzen montiert. Dem Zuschauer werden die Orientierungsmöglichkeiten
genommen, bei Dreyer wie bei Lars von Trier. Und als ob er THE ELEMENT OF
CRIME analysiere, fährt Schrader fort: »Die schräge Orientierung setzt voraus,
daß der Künstler den Raum nicht als Einheit auffaßt, sondern jedes Objekt oder
Teil eines Objekts als eine unabhängige Aktion im Raum ansieht.«[3] Als Beispiel
nennt er eine Einstellung aus LA PASSION DE JEANNE D'ARC, in der ein Wächter,
nur teilweise am linken Bildrand sichtbar, nach links an ihrem Arm zieht,
während Jeanne versucht, sich nach rechts zurückzuziehen, außerhalb der verti-

1   Schrader, S. 118.
2   Schrader, S. 141.
3   Schrader, S. 142.

kalen rechten Linie des Bildkaders. So entsteht eine Spannung, die das Bild emotional zu sprengen scheint. Dreyer teilt den Raum wie ein gotischer Künstler, deshalb, so Schrader, gibt es bei ihm immer mehrere Fokuspunkte und miteinander konkurrierende Linienführungen, während bei Bresson die Spannungslinien eines Bildes immer zu einem einzigen Schwer- und Konzentrationspunkt hinführen.

»His films contain both ›naturalism‹ (pastoral scenes, *Day of Wrath*) and ›style‹ (chiaroscuric interiors, *Day of Wrath*), both the inexpressive abstract line (white walls, *Ordet*) and the expressive abstract line (night interior scenes, *Ordet)*, both humanity in conflict with distorted surroundings (Anne, *Day of Wrath*) and spirituality in conflict with factual surroundings (martyrdom of Marthe, *Day of Wrath*), both frontality (Joan, *Ordet*) and agonized visage (Joan, *Passion*), both the Holy and Unholy feelings.«[1]

Das schreibt Paul Schrader über den Regisseur Dreyer. Dieselben Gegensätze bestimmen aber auch das Werk Lars von Triers: Auch seine Filme enthalten beides, »Naturalismus« und »Stil«. Einerseits alltägliche Szenen wie die komischen Disziplinierungsbemühungen des Onkels in EUROPA oder die Küchenszenen und die deutsche Autobahnfahrt in EPIDEMIC, andererseits den visuellen Stil der ausgeprägten Lichtkontraste (THE ELEMENT OF CRIME, EUROPA). Auch bei Trier gibt es die »nicht-expressive Linie«, zum Beispiel das Wattenmeer am Anfang von MEDEA, auch die expressive Linie (etwa in den Nachtszenen in MEDEA (Jasons Hochzeitszelt, Medea am Feuer). Auch Trier zeigt sowohl Menschlichkeit im Konflikt mit verzerrter Umwelt (zum Beispiel Leo vor den Rückprojektionen in EUROPA) als auch Spiritualität im Konflikt mit der realen Umwelt (Bess' Leidensweg in BREAKING THE WAVES) – Fassade (Medea) und leidendes Angesicht (Bess), Heiliges und heilige Gefühle.

Im Gegensatz zu Bresson, schreibt Schrader, war Dreyer nicht bereit, auf kinematographische Wirkungen und den Einsatz psychologischer Mechanismen zu verzichten, um wirklich einen »transzendentalen Stil« zu realisieren. Auch Lars von Trier entschied sich selbst in seinem ›spirituellen‹ Werk BREAKING THE WAVES im Zweifelsfall immer für die emotionale und filmische Wirkung und verzichtete auf eine indirekt mögliche, aber unsinnliche, unfilmische Darstellung von Transzendenz. Um diesen Umstand bei Dreyer deutlich zu machen, zitiert Schrader aus einer vergleichenden Untersuchung der Jeanne-d'Arc-Filme Bressons und Dreyers:

In DER PROZESS DER JEANNE D'ARC (Bresson) wird jeder Zuschauer allein von der allein erlebten Agonie der Heldin gefesselt. In LA PASSION DE

---

[1]   Schrader, S. 146. Die Filmtitel: DAYS OF WRATH (TAG DER RACHE); ORDET (DAS WORT); PASSION (LA PASSION DE JEANNE D'ARC).

JEANNE D'ARC (Dreyer) wird das Fleisch einer Märtyrerin, die sich für uns einsetzt, verschönert ... Wir, die Zuschauer, werden von der Menge repräsentiert; wir werden, durch unsere Vermittlerin, zu Schauspielern in einem Drama, wie die knieenden Opferbringer in einem mittelalterlichen Schauspiel, mit gefalteten Händen und tränenüberströmten Gesichtern. [1]

Paul Schrader weist mit dem Filmtheoretiker André Bazin darauf hin, daß es in der Bildenden Kunst schon immer den Widerstreit zweier Kräfte gab[2]: des Versuches, mit ästhetischen Mitteln eine spirituelle Wirklichkeit darzustellen, und des, so Schrader, »rein psychologischen« Dranges, eine »Kopie der Außenwelt« (Bazin) herzustellen.[3]

Das Hin- und Hergerissensein zwischen Spiritualität und Emotionalität, zwischen Jenseits (dem außerhalb der Rationalität Befindlichen) und Diesseits (den kinematographischen, psychologischen Effekten und psychischen Affekten), das Schraders Meinung nach Dreyers Filme vom »perfekten« transzendentalen Stil trennt, macht sie und auch die Filme Lars von Triers gerade spannend. In ihrer Uneinheitlichkeit und ihren inneren Spannungen liegt ihre Qualität; es ist der Klang ihrer kreativen Dissonanzen: Die ›ungehörige‹ Verbindung von Übersinnlichkeit und Sinnlichkeit am Ende von DAS WORT, wenn die tote Inge, durch ein religiöses Wunder gerade wieder zum Leben erweckt, sich sofort mit ihrem Mann Michael in einem langen, sinnlich-erotischen Kuß vereinigt[4], erinnert an die unerhörten, tabubrechenden Grenzüberschreitungen und Vereinigungen in den Filmen Lars von Triers: zwischen Widerstandsfilm und Sühnetragödie (BILDER DER BEFREIUNG), zwischen Genrethriller und Zeitgeschichte (EUROPA), zwischen Gespenster-Klamauk

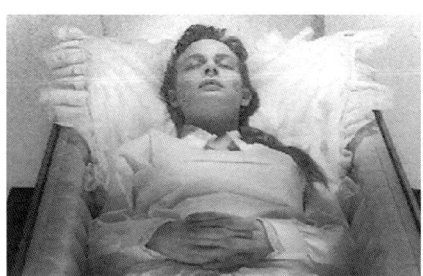

Wunder zwischen Religiosität und Sinnlichkeit in DAS WORT *von Carl Theodor Dreyer*

1   Jean Sémolué: »Passion et Procès (de Dreyer à Bresson)«, Etudes Cinématographiques, Nos. 18-19 (Herbst 1962), S. 106. Zit. n. Schrader S. 125.
2   Schrader, S. 156-157. André Bazin: Ontologie des fotografischen Bildes. In: A. Bazin: Was ist Kino? Bausteine zur Theorie des Films. Köln 1975, S. 22.
3   Schrader und Bazin erinnern beide daran, daß der Wunsch nach realer, objektivierbarer Darstellung zur Erfindung der Zentralperspektive führte; um 1420, dem italienischen Baumeister und Bildhauer Filippo Brunelleschi (1377-1446) zugeschrieben.
4   Schrader, S. 135.

und Spiritualität (GEISTER), zwischen Psychiatrie und Religiosität (BREAKING THE WAVES), zwischen psychologischem Drama und gesellschaftskritischem Rollenspiel (DIE IDIOTEN).

Die inneren Spannungen in den Filmen Dreyers und Triers, in der Handlung (Konfrontation unterschiedlicher Motive) wie bei der Gestaltung der einzelnen Bilder und Einstellungen, werden aufgehoben in einem Montageprinzip, das sie beide mit Andrej Tarkowskij und seiner Ästhetik verbindet. Tarkowskij lehnte die »klassische Montage« und die entsprechenden Theorien Eisensteins strikt ab: Für ihn bedeutete das mechanisch-willkürliche Zusammenfügen unterschiedlicher Einstellungen mit dem Ziel, etwas zum Ausdruck zu bringen, was die Elemente einzeln nicht ausdrücken können, eine »Vergewaltigung« des filmischen Zeitablaufs. Jede Einstellung hat, so Tarkowskij, ihren eigenen »Zeitfluß«, den der Regisseur beim Drehen wahrnehmen und erkennen muß. Montage ist also »eine Form der Vereinigung von Filmteilen unter Berücksichtigung des in ihnen herrschenden Zeitdrucks«[1]. Deshalb entsteht der filmische Rhythmus auch nicht durch die Länge der Einstellungen, sondern durch den »Spannungsbogen der in ihnen ablaufenden Zeit«. Bei der Montage von DER SPIEGEL war Tarkowskij, wie er erzählt, der Verzweiflung nahe, weil es ihm lange Zeit nicht gelang, den Spannungsbogen dieses Films zu finden und damit »das Prinzip des inneren Lebens des abgedrehten Filmmaterials aufzuspüren«.[2]

Schon die Aufmerksamkeit und Genauigkeit, mit der Trier und Dreyer den Rhythmus und die Binnenstruktur jeder Einstellung ihrer Filme gestalten, zeigt, daß auch sie keine Anhänger der Eisenstein-Montage sind. Bei Trier wie bei Dreyer weisen die einzelnen Einstellungen einen »autonomen« Zeitfluß und eine innere Geschlossenheit auf, die im Gegensatz stehen zu den darin vermittelten ästhetischen Spannungen, ihrer »disparity« (Schrader). So unterschiedlich ihre Filme auch sind, in allen ist erkennbar, daß sich Trier und Dreyer wie Tarkowskij immer bemühen, »einen eigenen, individuellen Zeitstrom zu schaffen, in der Einstellung (mein) eigenes Zeitempfinden wiederzugeben, das von träge-verträumten bis zu sich aufbäumenden, überschnellen Bewegungsrhythmen reichen kann« (Tarkowskij).[3]

Der Spiegel

Einige Vermutungen und Überlegungen, warum Lars von Trier den SPIEGEL mehr als alle anderen Filme Tarkowskijs schätzte[4]: Schon vor dem Vorspann führt Tarkowskij eine Hypnose vor, die mit der Handlung des Films in keinem Zusammenhang zu stehen scheint; ein Junge wird von seinem Stottern geheilt.

1   Andrej Tarkowskij: Die versiegelte Zeit. Frankfurt a. M./Berlin 1988, S. 125. Textstelle von Tarkowskij typographisch hervorgehoben.
2   Tarkowskij, S. 124.
3   Tarkowskij, S. 129.
4   SERKALO, UdSSR 1974. Vgl. Kapitel »Die Freude zurückgewinnen« (Interview mit Lars von Trier).

Sein erster fließend gesprochener Satz bezeichnet das autobiographische Moment des Films, das Verhältnis des Autors/Regisseurs zu seiner Vergangenheit: »Ich kann sprechen.«

Vielleicht bewunderte Trier diesen Film besonders, weil Tarkowskij hier konsequenter und stärker als in allen anderen gedankliche Prozesse der Erinnerung, des Träumens und der Reflexion in Bilder und Töne umgesetzt hat. Weil keine einzige Einstellung dieses Films ihr Geheimnis ganz preisgibt, obwohl man, im Gegensatz zu Triers Meinung, die Geschichte des Films sehr wohl erzählen kann.[1]

Bestimmt faszinierte Lars von Trier auch Margarita Terechowa, die in der Doppelrolle als Mutter und Geliebte eine unglaubliche Ausstrahlung hat und so unwiderstehlich, zerbrechlich, erotisch und melancholisch wirkt wie die junge Jeanne Moreau. Ihm selbst gelang es aber erst in seinem fünften Spielfilm BREAKING THE WAVES, eine Schauspielerin (Emily Watson) so natürlich und gleichzeitig so magisch zu inszenieren.

In vielen seiner Filme versuchte Trier Tarkowskijs Vorbild zu folgen und mit unscheinbaren Mitteln, Geräuschen und leisen musikalischen Klängen, seine Bilder ›aufzuladen‹. Wie Tarkowskij ließ er die Kamera durch die auf diese Weise entstehenden ›mythischen Tableaus‹ gleiten, die sich allen rationalen Erklärungen verweigern. Ästhetische Spannungen vermitteln bei beiden Regisseuren auch und gerade einfache, elementare Bilder. Wie von einem Magnet wird die Kamera nicht nur im SPIEGEL immer wieder von Feuer und Wasser angezogen – Elemente, die Tarkowskij in Bild und Ton beschwört: das Feuer im Hof, während der Regen vom Fenster abperlt; der brennende Holzschuppen im Hintergrund und im Vordergrund das vom Dach tropfende Regenwasser. Archaische Bilder, die ins Unterbewußtsein hinein wirken, weil sie Tarkowskij von dort in seinen Film transportiert hat – ein Vorgang, den Lars von Trier auf verschiedene Weise in fast jedem seiner Filme nachvollzog.

Blicke

Natalja, die Ehefrau des Erzählers, sitzt in einer Szene vor einem Spiegel und spricht mit dem unsichtbaren Alexej. Dabei sieht sie ihn durch den Spiegel direkt an: Ihr Blick geht durch die Kamera, und er trifft nicht nur ihren Partner, sondern auch uns und den Regisseur hinter der Kamera, der gleichzeitig Autor und Subjekt der Erinnerungsarbeit ist. Margarita Terechowas Blick in die Kamera spiegelt das komplexe Verhältnis wider, das Lars von Trier zwischen Kamera, Regisseur und uns Zuschauern in BREAKING THE WAVES etabliert. In Tarkowskijs SPIEGEL sind es allerdings Blicke aus der Vergangen-

---

1   Das Hanser-Buch über Andrej Tarkowskij enthält eine genaue und schlüssige Darstellung der Erzählstrukturen des Films (mit der Differenzierung in epische Rückblenden, epische Gegenwart, dokumentarische Rückblenden und Traumsequenzen). S. 123 ff.

heit in die Gegenwart und zurück, die alle auch zu einem großen Traum gehören könnten: Die Mutter, die gerade einem Hahn den Kopf abgeschlagen hat, blickt in die Kamera zu ihrem kleinen Sohn; an seiner Stelle zeigt der Gegenschnitt mit Blickkontakt jedoch einen bleichen jungen Mann, der sich umdreht und zärtlich eine Frauenhand streichelt. Die Kamera bewegt sich zurück, und wir sehen eine schlafende junge Frau, die einen Meter über einem Bett schwebt.

Tarkowskijs rätselhafter, poetischer Stil und Einstellungen wie diese haben Lars von Trier lange Zeit beeinflußt. Nicht nur, weil sie seiner Ablehnung des realistischen Erzählkinos entsprachen, sondern weil er in ihnen den inneren Rhythmus der Einstellungen und den Erzählfluß der Filme Tarkowskijs spürte. So flossen vor allem in Triers frühen Filmen viele handwerkliche Elemente, Zitate und Motive aus DER SPIEGEL ein: Etwa das Telefongespräch im Off mit der begleitenden langen Kamerafahrt durch die Wohnung (NOCTURNE und EPIDEMIC), die eingeschobenen Montagesequenzen mit visuell verfremdetem Dokumentarmaterial sowie Wochenschauaufnahmen mit dramatisierender oder distanzierender Musik (in BILDER DER BEFREIUNG), schließlich die Bearbeitung und der dramaturgische Einsatz des Filmmaterials: die Szenen manchmal in Schwarzweiß, manchmal in Farbe, dann aber meist ausgebleicht, sepia- oder grau-braun gefärbt (in allen Filmen, vor allem in THE ELEMENT OF CRIME, MEDEA und EUROPA).

Identitätswechsel

Lars von Trier beeindruckte offensichtlich auch, wie Tarkowskij die Wohnung des Erzählers als Zeit- und Identitätsmaschine einsetzt. Tarkowskij materialisiert in DER SPIEGEL wie schon vorher in SOLARIS (1972) und später in STALKER (1979) Erinnerungen, läßt Menschen aus der Vergangenheit auftauchen. Trier nimmt dieses Spiel mit der Identität auf seine Art in THE ELEMENT OF CRIME und in EPIDEMIC auf: Im ersten Film verwischen die Grenzen zwischen Täter und Ermittlern, im anderen die zwischen Autor und Hauptfigur (Trier in einer Doppelrolle als Lars und Dr. Mesmer – Protagonisten, die er selbst als Autor ins Drehbuch schrieb). Wie Tarkowskij nimmt uns Trier in diesen Filmen mit der eindeutigen Identität gleichzeitig auch die Sicherheit des zeitlichen Ablaufs und die Gewißheit der Räume. Wer, wessen Stimme zu den suggestiven, irritierenden, poetischen Bildern spricht, bleibt manchmal unklar; im SPIEGEL ist es oft die Stimme Arsenij Tarkowskijs, des Vaters des Regisseurs, der seine eigenen Gedichte rezitiert. Trier folgt der vielschichtigen Arbeitsweise Tarkowskijs, bei der Bilder und Töne in nur assoziativer Abhängigkeit montiert werden, vor allem in BILDER DER BEFREIUNG, MEDEA, EPIDEMIC und EUROPA, indem er die Erzählebenen verschränkt und den Erzähler auf einer nicht rational erklärbaren Position etabliert.

Zitate, zu denen Triers Faszination führte, sind auf die rätselhaften kurzen Sturmböen in DER SPIEGEL zurückzuführen, die Tarkowskijs Auffassung vom Eigenleben und vom Bewußtsein der Natur wiedergeben: Sie kehren wieder in dem Sturm, den Trier am Anfang von THE ELEMENT OF CRIME um das Haus von Osborne toben läßt, dann noch einmal in der Nacht, in der Fisher mit seiner Geliebten kämpft, und am Ende von MEDEA, wenn sich der verzweifelte Jason im aufgewühlten Gras wälzt.

In der letzten Sequenz von DER SPIEGEL entsteht eine Atmosphäre

Rätselhafte Bilder der Seele: Margarita Terechowa in DER SPIEGEL

mit einer namenlosen Traurigkeit und einem schwer bestimmbaren Pathos, wenn die Ehefrau (oder die Mutter) sich weinend abwendet und eine alte Frau (die Großmutter?) mit dem Jungen (Alexej) durch einen satt-grünen Wald geht, die Kamera dann über einen zerborstenen Baum in eine Grube schwenkt, in der versandet Gegenstände der Vergangenheit liegen, offenbar auch das Buch aus einer früheren Waldszene, das der Junge aus der Bibliothek gestohlen hatte. Die Frau schaut wieder in die Kamera und lächelt zwischen Melancholie und Lebensfreude.[1] Die erste Hälfte der letzten Einstellung wird von emotionaler Oratoriumsmusik Bachs begleitet: Die Großmutter geht mit den Kindern weiter über die Felder. Dann ertönt ein Ruf des Jungen, der seine Stimme ausprobieren will; die Musik bricht ab. Eine Pause, in der nur noch leise Geräusche zu hören sind und in der im Zuschauer noch einmal der ganze Film »nachhallen« kann.

---

1   Im Hanser-Buch wird dieser Blick Marias, der Mutter des Erzählers, als ein Blick in eine imaginierte Zukunft interpretiert, in der sie sich selbst als alte Frau mit ihrem Sohn beobachtet (S. 126). Eine eindeutige, aber meiner Meinung nach nicht zwingende Interpretation, die der Offenheit der Bilder Tarkowskijs widerspricht.

Es war Tarkowskijs Werk und vor allem solche Szenen aus DER SPIEGEL, an denen Lars von Trier den intuitiven, nur von Rhythmen bestimmten Umgang mit Bildern und Tönen erlernte, das Schneiden durch Töne, durch Klänge und Geräusche. Unter anderem dieser Film regte ihn an und gab ihm den Mut zu der fließenden, nicht-synchronen, unabhängigen Montage seiner frühen Werke, in der eine Pause oft als wichtiges dramturgisches Mittel diente.

Bei Tarkowskij wie in den meisten Filmen Lars von Triers repräsentiert die Kamera die Richtung der Gedanken, die von alltäglichen Gegenständen der Gegenwart fast immer zu den großen Erinnerungsbewegungen durch die Vergangenheit führen. Im SPIEGEL ist das vor allem der Kosmos der Kindheit des Autors.

In diesem Film wie überhaupt bei Tarkowskij passieren gerade die phantastischsten Dinge nicht in schummriger Atmosphäre, sondern bei hellem Tageslicht, wie in einem klarsichtigen Tagtraum. Es ist das scharf umrissene, aber uferlose Reich des eigenen Bewußtseins, in dem sich alles durchmischt. Tarkowskij hat es wie kein anderer geschafft, dieses diffuse Reich in klare Bilder zu fassen und trotzdem deren mystische Rätselhaftigkeit zu erhalten. Hier hat Trier seinen filmischen Blick geschult, hat viel Handwerkliches gelernt, aber auch jene kinematographische Spiritualität studiert, die ihn auch bei Dreyer faszinierte.

Man könnte den SPIEGEL als Decodierungsmaschine für die Filme Lars von Triers benutzen. Ich habe mir den Film aber bewußt erst am Ende der Arbeit an diesem Buch noch einmal intensiv angeschaut. Denn auch eine zutreffende Interpretation nach dieser Methode wäre nur eine scheinbare Erklärung des Phänomens Lars von Trier.

Wenn man sich auf die Filme Andrej Tarkowskijs nicht einläßt und in ihnen nach klaren Lösungen und Antworten sucht, dann erscheinen sie nur wie komplizierte Formeln und Gleichungen, die nicht aufgehen: Das gilt auch für die Filme Lars von Triers. Er arbeitet immer wie Tarkowskij und Dreyer mit Wirkungen und Effekten, die nicht auf die Dramaturgie und den *plot* zurückzuführen sind. Jeder seiner Filme enthält eine eigene innere Logik, eine Instrumentierung von Gefühlen, dramatischen, visuellen Bewegungen, die eine Eigendynamik haben. Deshalb muß man seine Filme immer auch aus diesem »inneren Druck« (Tarkowskij) der Einstellungen heraus interpretieren. Man kann Lars von Triers Filme ablehnen; sie lassen sich aber nicht einfach erklären und rational erledigen. Die Haltung, mit der man das Werk Lars von Triers am besten wahrnehmen, verstehen und genießen kann, ist eine wache, undogmatische und respektlose Neugierde. Man sollte sich nicht darüber ärgern, daß er seine Kritiker und sein Publikum manchmal auf den Arm nimmt, sondern sich auf das Abenteuer seiner Filme einlassen. Dann spürt man die Energie und Überzeugungskraft eines in seinem Inneren vielleicht wirklich ängstlichen und schüchternen Menschen, eines Regisseurs, dessen

Wahrheit es nicht in seinen Interviews und Statements, sondern wirklich nur im Kino gibt.

> »Wir nehmen an, daß er das geträumt hat?« fragte Onno behutsam.
> »Es gibt Gelehrte, die annehmen, daß er zwar leiblich hierherkam, seine Himmelsreise jedoch eine Vision war.«
> »Und Sie als Dichter, was nehmen Sie an?«
> »Daß es natürlich keinen Unterschied zwischen Traum und Tat gibt«, sagte Ibrahim mit einem Lächeln. »Die Träume eines Dichters sind seine Taten.«
> (Ein Gespräch über den Propheten Mohammed
> zwischen zwei Niederländern und einem Araber in Israel,
> in Harry Mulischs »Die Entdeckung des Himmels«)

Im nächsten Jahr wird Lars von Trier als amerikanische Co-Produktion sein erstes Musical drehen. Es handelt von einer jungen Frau aus Osteuropa, die in Amerika Karriere machen will. Arbeitstitel: »Dancer in the Dark«. Wenn ich an diesen noch nicht gedrehten Film denke, habe ich eine Assoziation, die Erinnerung an einen Videoclip, den Lars von Trier vor einigen Jahren inszenierte. Auf eigentümlich magische Weise bewegen sich darin vor einem Vorhang Gegenstände und Menschen, erscheinen und verschwinden. Trier verwendete dafür keine elektronischen Spezialeffekte, sondern nahm die Hintergrundereignisse in *realtime* auf, während der Sänger vorne zu einem rückwärts gespielten Playbackband agieren mußte. Die scheinbaren Tricks entstanden einfach dadurch, daß die gesamte Szene dann rückwärts wiedergegeben wurde. Dieser so sympathisch anachronistisch hergestellte Clip und die Erfahrung mit seinen Filmen der letzten sechs Jahre geben die wohltuende Gewißheit, daß Lars von Trier kein amerikanisches High-Tech-Musical inszenieren wird. Sein neuer großer Film wird genauso nahe den Taten wie den Träumen des Dichters sein.

Anhang

Filmografie

Turen til Squashland (Reise ins Squashland); Dänemark ca. 1967, Animationsfilm. 8mm, Farbe. Länge: 1 Minute; Regie, Buch, Kamera, Schnitt: Lars Trier.

Nat, skat (Nacht, Schatz); Dänemark ca. 1968. 8mm, Farbe. Länge: 1 Minute; Regie, Buch, Kamera, Schnitt: Lars Trier.

En røvsyg oplevelse (Ein übles Erlebnis); Dänemark ca.1969. 8mm, Farbe. Länge: 1 Minute; Regie, Buch, Kamera, Schnitt: Lars Trier.

Et skakspil (Eine Schachpartie); Dänemark ca. 1969. 8mm, Schwarzweiß. Länge: 1 Minute (Fragment); Regie, Buch, Kamera, Schnitt: Lars Trier.

Hvorfor flygte fra det du ved du ikke kan flygte fra? (Warum vor etwas fliehen, von dem du weißt, daß du davor nicht fliehen kannst?); Dänemar, 1970. 8mm, Farbe. Länge: 7 Minuten; Regie, Buch, Kamera, Schnitt: Lars Trier. Musik: Creedence Clearwater Revival; Darsteller: Hans Skriver (der Flüchtende), Ole Heberg (Mumie).

En blomst (Eine Blume); Dänemark ca. 1971. 8mm, Schwarzweiß. Länge: 7 Minuten; Regie, Buch, Kamera, Schnitt: Lars Trier. Musik: Händel (»Messiah«, Halleluja-Chor); Darsteller: Ole Benzon (Knabe).

Orchidégartneren (Der Orchideengärtner); Dänemark 1977. 16mm, Schwarzweiß. Länge: 37 Minuten. Uraufführung: 6.5.1977, Kopenhagen. Verleih: Det Danske Filmmuseum; Regie, Buch: Lars von Trier. Kamera: Hartvig Jensen, Mogens Svane, Helge Kaj, Peter Nørgaard, Lars von Trier. Schnitt: Lars von Trier. Maske: Ulla Hjorth Nielsen. Ton: Jørgen 'Lyd' Nielsen. Requisite: Erik Wittchen. Skript: Ulla Hjorth Nielsen. Musik: Hanne M. Søndergaard (Flötensolo). Standfotos: Jan Kornum Larsen. Produzent: Lars von Trier. Produktion: Filmgruppe 16.
Darsteller: Lars von Trier (Victor Marse), Inger Hvidtfeldt (Eliza), Karen Oksbjerg (Elizas Freundin), Brigitte Pelissier (das dritte Mädchen), Martin Drouzy (Gärtner), Yvonne Levy (Frau auf Fahrrad), Carl-Henrik Trier (der alte Jude), Bente Kopp (Frau im Film), Jakob Moe (Elizas Kind), Jesper Hoffmeyer (Erzähler).

Menthe – la bienheureuse/Mynte – den lyksalige (Menthe – die Glückselige)
Dänemark 1979. 16mm, Schwarzweiß, französischsprachig. Länge: 31 Minuten. Uraufführung: in geschlossener Gesellschaft, Herbst 1979; Regie, Buch (nach »L'histoire d'O« von Pauline Réage): Lars von Trier. Kamera: Lars von Trier, Hartvig Jensen. Kameraassistenz: Mogens Svane. Schnitt: Lars von Trier. Musik: Erik Satie. Standfotos: Jan Kornum Larsen. Produzent: Lars von Trier. Produktion: Filmgruppe 16.
Darsteller: Inger Hvidtfeldt (mit der Stimme von Brigitte Pelissier – Frau), Annette Linnet (Menthe), Carl-Henrik Trier (Gärtner), Lars von Trier (Chauffeur), Jenni Dick (die alte Dame).

Produktion I ('Der Tod 1 – en klinisk oversigt', 'Der Tod 2: Jeg ser mig selv på et par meters afstand', 'Epilog – ringen sluttes') (Produktion I: 'Der Tod 1 – ein klinischer Überblick, 'Der Tod 2 – Ich sehe mich selbst in einigen Metern Abstand, 'Epilog – der Ring wird geschlossen') ; Dänemark 1979. Video, Schwarzweiß. Länge: 5 Minuten. Uraufführung: Den Danske Filmskole,

Sommer 1980; Regie, Buch: Lars von Trier. Produktion: Den Danske Filmskole. Musik: Alban Berg (Adagio aus der »Lyrischen Suite«, 1926; Orchesterfassung von 1929).

Produktion II; Dänemark 1979. Video, Schwarzweiß. Länge: 10 Minuten. Uraufführung: Den Danske Filmskole, Sommer 1980; Regie, Buch: Lars von Trier. Produktion: Den Danske Filmskole. Musik: Miles Davis (»Round Midnight«, Miles Davis Quintet, 1956). Darsteller: Åke Sandgren (Mann).

Videoøvelse (Monolog) (Videoübung – [Monolog]); Dänemark 1979/80. Video, Schwarzweiß. Länge: 4 Minuten; Regie: Lars von Trier. Produktion: Den Danske Filmskole.

Videoøvelse (Dialog) (Videoübung – [Dialog]); Dänemark 1979/80. Video, Schwarzweiß. Länge: 6 Minuten; Regie: Lars von Trier. Produktion: Den Danske Filmskole; Darsteller: Claus Strandberg (Mann), Lea Brøgger (Frau).

Lars & Oles Danmarksfilm (unvollendet) (Lars und Oles Dänemarkfilm); Dänemark 1979/80. Video, Schwarzweiß. Länge: 24 Minuten; Regie: Lars von Trier, Ole Schwander. Produktion: Den Danske Filmskole.

Produktion III: Marsjas anden rejse; (Produktion III: Marsjas zweite Reise); Dänemark 1980. Video, Schwarzweiß. Länge: 18 Minuten. Uraufführung: Den Danske Filmskole, Sommer 1980; Regie, Buch: Lars von Trier. Produktion: Den Danske Filmskole. Darsteller: Berrit Kvorning (Marsja), Baard Owe (Konsul Mendel).

Produktion IV: Historien om de to ægtemænd med alt for unge koner (Produktion IV: Die Geschichte von den beiden Ehemännern mit den viel zu jungen Frauen); Dänemark 1980. Video, Schwarzweiß. Länge: 12 Minuten. Uraufführung: Den Danske Filmskole, Sommer 1980; Regie, Buch: Lars von Trier. Produktion: Den Danske Filmskole. Darsteller: Baard Owe (Zeppa), Lars Knutzon (Spinelloccio), Gitte Pelle (Filomena, Spinelloccios Ehefrau), Natasja (Zeppas Ehefrau), Kim Eduard Jensen (junger Mann im Auto), Masja Dessau (junge Frau im Auto).

Dokumentarøvelsen (Lolita) (Dokumentarübung [Lolita]) Dänemark 1980. Video, Schwarzweiß. Länge: 4 Minuten. Uraufführung: Den Danske Filmskole, Sommer 1980; Regie, Buch: Lars von Trier. Produktion: Den Danske Filmskole.

Nocturne
Dänemark 1980. 16mm, Schwarzweiß und Farbe. Länge: 8 Minuten. Uraufführung: Juni 1981; Regie: Lars von Trier. Buch: Lars von Trier, Tom Elling. Kamera: Tom Elling. Schnitt: Tómas Gislason. Ton: Henrik Jørgensen. Produktion, Verleih: Den Danske Filmskole; Darsteller: Yvette (mit der Stimme von Annelise Gabolds – Frau), Solbjørg Højfeldt (Stimme am Telefon).
Eine junge Frau kann nicht schlafen. Sie wird in der Nacht von Angstbildern gepeinigt. Schließlich ruft sie eine andere Frau, vielleicht ihre Mutter, an und spricht mit ihr über ihren geplanten Abflug am nächsten Morgen. Im Morgengrauen verläßt sie mit einem Koffer ihre Wohnung und geht davon.

Den sidste detalie (Das letzte Detail)
Dänemark 1981. 35mm, Schwarzweiß. Länge: 31 Minuten.
Regie: Lars von Trier. Buch: Rumle Hammerich. Kamera: Tom Elling. Kameraassistenz: Lars Johanson, Marcel Berga. Schnitt: Tómas Gislason. Ton: Tina Holck. Regieassistenz: Stefan Henszelman. Musik: Alban Berg (»Lulu–Suite«). Standfotos: Hartvig Jensen. Produktion, Verleih: Den Danske Filmskole.

Darsteller: Otto Brandenburg (Danny), Torben Zeller (Frank), Gitte Pelle (Frau), Ib Hansen (Gangsterboss), Michael Simpson (Handlanger).

Befrielsesbilleder (Bilder der Befreiung)
Dänemark 1982. 35mm, Farbe. Länge: 57 Minuten. Uraufführung: Den Danske Filmskole 18.6.1982. Delta 30.6.1982. Erstausstrahlung: Danmarks Radio 22.11.1982.
Regie: Lars von Trier. Buch: Lars von Trier, Tom Elling. Kamera: Tom Elling. Kameraassistenz: Kim Hattesen. Schnitt: Tómas Gislason. Schnittassistenz: Nikolaj Foss. Regieassistenz: Leif Magnusson. Skript: Marie Louise Lefevre, Liselotte Søeborg. Kostüme: Manon Rasmussen. Kostümberatung: Thorkild Tønnesen. Requisite: William Knuttel. Maske: Birthe Lyngsøe. Ausstattung: Søren Skjær. Ton: Morten Degnbol, Iben Haahr. Grip: Eg Norre. Musik: Mozart (Streichquartett C–Dur, KV 465 »Dissonanzenquartett«, 1. Satz, gespielt vom Københavns Strygekvartet) Pierre de La Rue (»Messe«, gesungen vom Vokalensemble »Ars Nova« unter der Leitung von Bo Holten). Standfotos: Hartvig Jensen, Peter Beck Sørensen. Aufnahmeleitung: Per Årman. Produktion: Den Danske Filmskole.
Darsteller: Edward Fleming (Leo), Kirsten Olesen (Esther).
Als die Amerikaner Dänemark befreien, schreibt der deutsche Soldat Leo seiner dänischen Geliebten Esther einen Abschiedsbrief. Er wird Zeuge, wie seine Kameraden in einem Keller einen jungen Widerstandskämpfer foltern und erschießen. Leo begegnet Esther noch einmal in einer einsamen Villa, wo sie mit ihrem neuen Freund, einem schwarzen amerikanischen Soldaten, einen romantischen Abend verbringt. Sie fragt ihn nach seiner Beteiligung an der Ermordung des jungen Dänen; Leo erklärt ihr, daß die SS für dessen Tod verantwortlich sei. Obwohl sie mit dieser Antwort nicht zufrieden ist, lädt ihn Esther ein, mit ihr im Auto aufs Land zu fahren. Am anderen Morgen geht Leo mit Esther im Wald spazieren. Dann überwältigt ihn plötzlich eine Gruppe von dänischen Widerstandskämpfern und amerikanischen Soldaten. Während er von den Männern festgehalten wird, sticht Esther ihm mit einem Holzkeil die Augen aus, wie die Deutschen dem ermordeten dänischen Widerstandskämpfer. Der erblindete Leo irrt durch den Wald. Am Ende schwebt er in einer Art Himmelfahrt nach oben über die Baumwipfel; Esther sitzt allein, nachdenklich und bewegt in ihrem Auto.

The Element of Crime/Forbrydelsens element (The Element of Crime – Spuren des Verbrechens
Dänemark 1984. 35mm, Breitwand, Schwarzweiß (gefärbt) und Farbe. Länge: 103 Minuten. (2818 Meter). Uraufführung: 13.5.1984 (Cannes). Erstausstrahlung: Danmarks Radio 16.1.1987. Deutsche Erstaufführung: 25.5.1985. Verleih: Pandora.
Regie: Lars von Trier. Buch: Lars von Trier & Niels Vørsel. Shooting Script: Lars von Trier, Tom Elling, Tómas Gislason. Drehbuchberatung: Mogens Rukov. Dialogberatung: William Quarshi; Regieassistenz: Åke Sandgren, William Quarshie. Kamera: Tom Elling. Kameraassistenz: Søren Berthelin, Steen Møller Rasmussen. Second-Unit-Regie: Åke Sandgren. Second-Unit-Kamera: Søren Berthelin, Otto Stenov, Lars von Trier. 8mm-Kamera: Niels Nedergaard, Inge Breitenstein, Ole Ross, Jørgen 'Lyd' Nielsen. Beleuchtung: Eg Norre. Beleuchtungsassistenz: Jan Gylov, Flemming Bruhn. Skript: Stine Monty. Schnitt: Tómas Gislason. Schnittassistenz: Jack Thuesen. Ausstattung: Peter Høimark. Kostüme: Manon Rasmussen. Requisite: Tove Robert Rasmussen. Maske: Birte Christensen. Ton: Morten Degnbol, Iben Haahr, Henrik Fleischer, Tómas Gislason. Grip: Otto Stenov. Spezialeffekte: Peter Høimark. Stunts: Lasse Spang Olsen, Ole Jacob Victor. Endfertigung: Palle Nybo Arestrup. Casting: Liz Cassidy. Musik: Bo Holten (Mitglieder des Radiosymfoniorkesteret); Henrik Blichman (Lied »Der letzte Tourist in Europa«; Text: Mogens Dam, übersetzt von Waltraut Andersen, gesungen von Sonja Kehler). Standfotos: John Johansen. Produzent: Per Holst. Produktionsleitung: Per Årman, Susanne Arnt Torp. Produktion: Per Holst Filmproduktion in Zusammenarbeit mit Det Danske Filminstitut (Beratung: Jørgen Melgaard, Christian Clausen); Verleih: Kærnefilm.

Darsteller: Michael Elphick (Fisher), Esmond Knight (Osborne), Me Me Lai (Kim), Jerold Wells (Kramer), Ahmed El Shenawi (Therapeut), Astrid Henning-Jensen (Osbornes Haushälterin), Janos Hersko (Gerichtsmediziner), Stig Larsson (Gerichtsmedizinerassistent), Harry Harper (Portier 1), Roman Moszkowicz (Portier 2), Frederik Casby (weißer Polizist), Duke Addabayo (schwarzer Polizist), Lars von Trier (Mann an der Rezeption, »Schmuck of Ages«), Preben Lerdorff Rye (Großvater des kleinen Mädchen), Camilla Overby (erstes kleines Mädchen), Maria Behrendt (zweites kleines Mädchen), Mogens Rukov (Archivar), Jon Bang Carlsen (wütender Polizist), Leif Magnusson (Hotelgast), Gotha Andersen (Mann, der bei der Osborne-Veranstaltung einen Schuß abfeuert), Niels Vørsel (Zuhörer bei der Osborne-Veranstaltung), Per Holst (Eisenbahnangestellter).

Europa in einer unbestimmten Zukunft: Der Polizeidetektiv Fisher erzählt in Kairo seinem Therapeuten von einer Reise zurück nach Deutschland, wo er in der Stadt, in der er lange als Polizist gearbeitet hat, einen Mordfall untersuchen sollte. Zuerst suchte er seinen Lehrer Osborne auf, dessen Arbeit er immer bewundert hatte. Osborne hatte in seinem Werk »Das Element des Verbrechens« beschrieben, wie ein Polizist durch weitgehende Identifikation mit dem Täter ein Verbrechen aufklären kann. Osborne will jetzt von seinen alten Theorien nichts mehr wissen. Er erzählt Fisher von seiner verstorbenen Frau. Fisher wird von Kramer angerufen, seinem unsympathischen ehemaligen Mitstudenten auf der Polizeischule, der inzwischen Polizeichef geworden ist. Es ist wieder die Leiche eines Mädchens gefunden worden, das Lotterielose verkauft hatte. Am Tatort gerät Fisher in eine brutale Razzia, bei der Kramer Mitglieder einer Sekte festnehmen läßt, zu deren Riten Todesstürze gehören. Fisher und Kramer finden die Schwester des ermordeten Mädchens. Sie erzählt, ihre Schwester habe sich mit einem Mann verabredet, der versprach, ihr viele Lose abzukaufen, wenn sie sich allein mit ihm treffen würde. Schließlich fragt das Mädchen, ob sie nicht eine kleine Figur gefunden hätten – das Kennzeichen des Mörders. Fisher hat tatsächlich einen kleinen Pferdekopf aus Elfenbein gefunden, doch das behält er für sich. Fisher beschwert sich, daß er nicht von den Umständen des Mordes erfahren habe. Kramer teilt ihm mit, daß jetzt er und nicht mehr Osborne sein Chef sei, und warnt ihn davor »aus der Reihe zu tanzen«. In der Polizeistation richtet sich Fisher in Osbornes ehemaligem Büro ein. Er erhält eine Rohrpost mit einer Nachricht an Osborne und Fotos, die zur Akte eines gewissen Harry Grey gehören. Fisher versteht nicht, warum Osborne ihm diesen Mann verschwiegen hat. Er wird zu Osborne gerufen, der wegen eines Anfalls ohnmächtig am Boden liegt, sich aber bald erholt. Als Fisher ihn nach Harry Grey fragt, antwortet Osborne, den gebe nicht mehr. Er erzählt Fisher, was er herausgefunden hat, und gibt ihm das, wie er sagt, einzige Foto Harry Greys: Es zeigt Osborne vor einem brennenden Auto. Der Fall der Lotteriemorde sei abgeschlossen. Er habe, seinen Methoden folgend, die Spur und die Geographie der Verbrechen Harry Greys herausgefunden. Als er ihn habe stellen wollen, sei Harry Grey mit seinem Auto geflüchtet. Dabei sei der Wagen von der Straße abgekommen und in Flammen aufgegangen; Grey sei dabei verbrannt. Fisher erfährt von der Haushälterin, daß Osborne sie heute morgen beauftragt habe, alle seine Papiere und Bücher zu verbrennen. Als Fisher fragt, wann Osbornes Frau gestorben sei, antwortet die Haushälterin, Osborne sei erst vor einem Monat verheiratet zurückgekommen. Seine Frau sei nur eine Woche geblieben und dann weggegangen. Sie habe ein Kind aus einer früheren Ehe zurückgelassen. Unter den Kinderzeichnungen des kleinen Mädchens findet Fisher Blätter aus der Akte von Harry Grey. Er schließt daraus, daß Harry Grey bei Osborne war, um ihn einzuschüchtern und daß er, Fisher, es Osborne schuldig sei weiterzumachen. In seinem Büro bekommt er einen Anruf aus einem Hotel in Halbestadt: Jemand will Herrn Osborne mitteilen, daß der Schrank Harry Greys jetzt geöffnet werden könne. Fisher fährt durch die Nacht nach Halbestadt, in dem Spind in dem heruntergekommenen Hotel findet er jedoch keine Hinweise. Er erfährt nur, daß der Pferdekopftalisman, den er gefunden hat, wegen der Morde inzwischen als Massenartikel an Touristen verkauft wird. Im Bordell des Ortes lernt Fisher die Asiatin Kim kennen. Er fährt zusammen mit ihr zum nächsten Ort, an dem sich Harry Grey aufgehalten hat, nachdem er auf der Gepäckhaube seines VW-Käfers mit ihr geschlafen hat. In Friedingen mietet er sich, der Methode Osbornes folgend, im selben Hotel ein, in dem Harry Grey abgestiegen ist, und nimmt sogar dasselbe Medikament ein. Der Sex mit Kim wird dadurch noch erfüllender, allerdings bekommt Fisher danach unerträgliche Kopf-schmerzen. Später spielt er in einem Rollenspiel durch, wie hier Harry Grey seine mit dem Bus eintreffende Freundin empfangen hat. Auf dem Foto mit dem brennenden Auto erkennt Fisher ein Ortsschild: »Dritten Marsk 3«. Er fährt mit Kim dorthin und versucht vergeblich herauszufin-den, was Grey dort gemacht. Während seiner Abwesenheit wird Kim im Hotel überfallen und leicht verletzt. Durch eine Zeichnung, auf der die Tatorte der Morde zu einem »H« verbunden sind, findet Fisher heraus, daß noch ein Mord aussteht. Harry Grey wird ihn in zehn oder vierzehn Tagen in Halle begehen. Kim versucht ihn dazu zu bringen, Kramer die Arbeit zu überlassen. Doch Fisher will das Motiv des Mörders herausfinden. In einer anderen Stadt, in einem anderen Hotel findet er heraus, daß Kim schon früher mit Harry Grey hier war. Blind vor Wut und Eifersucht schlägt er auf sie ein. Dann rast er allein in seinem VW davon. Zurück in der Stadt beschließt Fisher, das Land zu verlassen und nach Kairo zurückzukehren. Doch während er im Büro seine Sachen packt, bekommt er eine Rohrpost mit dem Brief eines Ehepaars in Halle, das Angst hat, Harry Grey könnte mit ihrer Enkelin, einer Losverkäuferin, Kontakt aufnehmen. In Halle geht Fisher bewaffnet, aber allein mit dem kleinen Mädchen, in eine große Fabrikhalle. Hier hofft er, Harry Grey endlich zu fassen. Sie warten sehr lange in einem kleinen Verschlag. Als die Spannung immer stärker wird und jemand durch die Halle geht, fängt das Kind an zu weinen. Fisher fällt ein Pferdetalisman aus der Tasche auf den Boden. Das Mädchen erschreckt sich furchtbar und zerschlägt mit ihrer Puppe das Fenster der Hütte und beginnt zu schreien. Fisher faßt sie von hinten an den Beinen, zieht sie zurück in den Raum und drückt ihr den Mund zu. Er läßt nicht mehr los; die Beine des Mädchens strampeln eine Zeit lang in der Luft, dann hört die Bewegung auf. Fisher taucht bei einer weiteren Razzia Kramers auf, bei der sich einer der Sektenspringer von einem Turm zu Tode stürzt. Kramer führt Fisher zur Ruine eines Hauses und zeigt ihm die Leiche Osbornes, der sich erhängt hat. In der Nähe steht Kim mit ihrem Kind. Fisher geht hinaus in den strömenden Regen und setzt sich auf einen Hügel. Als er nach einem Geräusch mit seiner Taschenlampe in einem Schacht hineinleuchtet, findet er darin ein lebendes Opossum.

Epidemic

Dänemark 1987. 16mm und 35mm, Breitwand (1:1,66), Schwarzweiß und monochrom. Länge: 106 Minuten (2900 Meter). Uraufführung: Cannes 17.5.1987
Regie: Lars von Trier. Buch: Lars von Trier, Niels Vørsel. Kamera: Henning Bendtsen (35mm), Lars von Trier, Niels Vørsel, Kristoffer Nyholm, Cæcilia Holbek Trier, Susanne Ottesen, Alexan-der Gruszynski (16mm) . Kameraassistenz: Jesper Find (35mm). Schnitt: Lars von Trier, Thomas Krag. Kostüme: Manon Rasmussen. Maske: Søren Hedegaard, Bibbi Bergholdt. Ton: Peter Engleson, Thomas Krag, Niels Vørsel. Grip: Leif Barney Fick, Søren Danielsen. Ausstattung: Peter Grant. Spezialeffekte: Søren Gam Henriksen. Musik: Richard Wagner (Ouverture zu »Tann-häuser«), Peter Bach (Song »Epidemic, we all fall down«; Text: Trier/Vørsel, gesungen von Pia Cohn). Produzent: Jakob Eriksen. Produktionsleiter: Per Årman. Produktion: Element Film in Zusammenarbeit mit Det Danske Filminstitut (Beratung: Claes Kastholm Hansen). Verleih: Zentropa.
Darsteller: Lars von Trier (Lars/Dr. Mesmer), Niels Vørsel (Niels), Claes Kastholm Hansen (Filmberater), Susanne Ottesen (Susanne), Allan de Waal (Erzählerstimme), Ole Ernst (mit der Stimme von Colin Gilders; Arzt in der Mesmer-Geschichte), Olaf Ussing (Arzt in der Mesmer-Ge-schichte), Cæcilia Holbek Trier (Krankenschwester in der Mesmer-Geschichte), Ib Hansen (mit der Stimme von Tony Shines; Arzt in der Mesmer-Geschichte), Michael Gelting (Archivar), Svend Ali Hamann (Hypnotiseur), Gitte Lind (Medium des Hypnotiseurs), Udo Kier (Udo), Jørgen Christian Krüff (Weinspezialist), Jan Kornum Larsen (Zollbeamter), Leif Magnusson (Mann mit den Ratten in der Mesmer-Geschichte), Gert Holbek (Erzählerstimme), Anja Hemmingsen (Mäd-chen aus Atlantic City), Kirsten Hemmingsen (Tante aus Atlantic City), Leif Sabro (Helikopterpi-lot), Michael Simpson (schwarzer Chauffeur und Priester), Mik Skov (Leiche), Thorkild Tønnesen (Mann im Helikopter).

Die beiden Autoren Niels und Lars geben ihr Drehbuch »Der Bulle und die Hure« auf, nachdem der gesamte Text wegen eines Computerfehlers verschwunden ist. Trotzdem müssen sie innerhalb von fünf Tagen ihrem Produzenten ein fertiges Drehbuch vorlegen. Sie beschließen, einen Film mit dem Titel »Epidemic« zu schreiben. Ein Off-Erzähler berichtet von dem zufälligen Zusammentreffen zweier Ereignisse: dem Schreiben des Drehbuchs über eine Epidemie und dem Ausbruch einer wirklichen Epidemie am Tag der Fertigstellung des Drehbuchs. Lars und Niels informieren sich in einem Archiv über historische Seuchen.

Filmszene: Dr. Mesmer, der Held ihres Films, verläßt seine Standesgemeinschaft, die Burg der Ärzte und zieht hinaus ins Land, um mit Aspirin die aufkommende Epidemie zu bekämpfen. Dialog zweier Ärzte: »Doktor Mesmer schämt sich, ein Arzt zu sein.« - »Sagen wir: Er ist ein Idealist.« Ein Arzt im Rollstuhl macht Mesmer ein Angebot: Weil die Regierung aufgrund der akuten Lage und von Fehlentscheidungen zurücktreten werde, könne er ihm den Posten des Ministers für kulturelle Angelegenheiten anbieten. Doch Mesmer lehnt ab. Als er hinausgeht, ruft sein Chefkollege ihm nach, daß er aus dem »Syndikat« der Ärzte ausgeschlossen werde, wenn er jetzt die Räume verlasse. Mesmer wirft seinen Arztkittel einem Kollegen zu und geht davon.

Am zweiten Tag ihrer Arbeit zeichnen die beiden Autoren den Verlauf ihres geplanten Films an eine Wand und diskutieren die weitere Handlung.

Filmszene: Dr. Mesmer gleitet, sich an einer flatternden Rot-Kreuz-Fahne festhaltend, über ein Feld. Irgendwo im Schilf läßt er sich auf den Boden herab. Er schöpft Wasser aus einem Tümpel und wirft mit einer trotzigen Pose die rechte Faust nach oben.

Am dritten Tag fahren die beiden Autoren im Auto nach Deutschland und besuchen in Köln ihren Freund Udo. Der sagt ihnen, daß seine Mutter gestorben sei, und erzählt von der Zeit am Ende des Zweiten Weltkriegs, als seine Mutter mit ihm als Neugeborenem bei einem Luftangriff aus dem Krankenhaus flüchten mußte.

Filmszene: Mesmer und ein Farbiger ziehen im Wasser eines Kanals ein Floß hinter sich her. Der Farbige bereitet eine Zeremonie vor und beginnt zu singen. Später bricht er unter Krämpfen zusammen; Mesmer gibt ihm eine Injektion.

Am vierten Tag besucht Lars Niels im Krankenhaus, wo dieser sich einer harmlosen Operation unterzogen hat. Niels schickt Lars im Interesse ihres Drehbuchs in die Pathologie, wo er einem Freund bei der Arbeit zuschauen darf. Lars gehorcht widerwillig. Ein Arzt, der sich mit einer männlichen Leiche beschäftigt, erzählt von der steigenden Zahl von Fällen, in denen junge Leute die gleiche Art von merkwürdigen Gewebeveränderungen aufwiesen.

Filmszene: Der Farbige steht in einem Priestertalar mit gefalteten Händen bis zum Hals im Wasser, umgeben von Blumenblättern und Zweigen. Mit Mühe spricht er zu Mesmer über die Seuchenopfer, deren Stadtteile schon in Flammen stünden. Er blickt hinauf zu Mesmer, der auf einer überdimensionalen Statue mit muskulösen Menschenkörpern sitzt. Am Ende entladen sich seine Schmerzen in einem furchtbaren, langen Todesschrei.

Am fünften Tag erwarten Lars und Niels ihren Produzenten zu einem Abendessen. Vorher erzählt Niels von Mädchen in Atlantic City, mit denen er vor Jahren Brieffreundschaften eingegangen war, bis sie ihm schließlich lästig wurden. Niels und Lars empfangen ihren Produzenten Claes mit einem Glas Champagner, dann kommt Susanne und bringt das Essen. Nach einer Weile präsentiert Lars ihr kurzes Drehbuch, mit dem Claes überhaupt nicht zufrieden ist.

Filmszene: Mesmer zieht sich an einem Seil durch einen Schacht hinauf an die Erdoberfläche.

Es treffen noch weitere Gäste ein, mit Hilfe derer Claes von der Wirksamkeit des Drehbuchs überzeugt werden soll: Es sind der Hypnotiseur Sven Hamann und sein Medium Gitte. Sven läßt sie unter Hypnose in die Welt des geplanten Films eintauchen und davon erzählen. Während ihres schreckenerregenden Berichts leidet Gitte immer stärker unter den Bildern, die sie sieht. Das Experiment droht außer Kontrolle zu geraten. Sven versucht vergeblich, Gittes Hypnose zu beenden. Plötzlich nehmen die Gastgeber und die Gäste an ihren Körpern dunkle Flecken und Geschwüre wahr: Eine wirkliche Seuche ist ausgebrochen. Bald darauf hat sich das Eßzimmer in einen Ort des Schreckens verwandelt.

Über einer stummen Luftaufnahme des endlosen Bandes einer Autobahn läuft der Abspann und der Titelsong »Epidemic – We All Falling Down«.

Medea
Dänemark 1988. Video, auf Film und zurück auf Video kopiert, Farbe. Länge: 75 Minuten. Uraufführung: Danmarks Radio 1.4.1988.
Regie: Lars von Trier. Buch: Lars von Trier nach Carl Theodor Dreyers und Preben Thomsens Drehbuch. Kamera: Sejr Brockmann. Kameraassistenz: Finn Vest. Farbbestimmung: Sven Nielsen. Grafik: Jens Nordsø. Ausstattung: Ves Harper. Bühne: Bent Torpp. Ausstattungsassistenz: Asbjorn Nielsen, Preben Lundbye. Requisite: Mogens Schwarzberg, Ib Gandrup. Schnitt (Redaktion): Finn Nord Svendsen. Kostüme: Annelise Baily. Maske: Lis Olsen, Birgit Mortensen. Grafik: Jens Nordso. Ton: Henrik Langkilde. Tonassistenz: Michael Kreutzmann. Tongestaltung: Jens Bergstrøm, Henning Engelbach, Jørn Tovgaard. Tonmeister: Henrik Langkilde. Tonschnitt: Thomas Krag. Grip: Peter Munk. Spezialeffekte: Søren Buus. Stunts: Benedicte Rosenkrantz. Helikopterpiloten: Claus Wasserthal, Leif Sabro. Musik: Joachim Holbek (Amatørsymfonikerne unter der Leitung von Kaare Hansen; Mischung: Niels Erik Lund; Einspielung: Bo Lindquist, Ole Guldbrandsen, Eli Hedegaard). Standfotos: Preben Trunshøj. Producer: Bo Leck Fischer. Supervisor: Leon Munkholm. Produktionsassistenz: Vibeke Gad. Redaktion: Finnur Sveinsson. Produktion: Danmarks Radio, TV-Theaterabteilung.
Darsteller: Kirsten Olesen (Medea), Udo Kier (mit der Stimme von Dick Kayso; Jason), Ludmilla Glinska (mit der Stimme von Mette Munk Plum; Glauche), Henning Jensen (König Kreon), Baard Owe (König Aigeus), Solbjørg Højfeldt (Amme), Preben Lerdorff Rye (Lehrer), Johnny Kilde, Richard Kilde (Medeas Kinder), Vera Gebuhr (alte Zofe).
Jason, der mit Hilfe der in ihn verliebten Medea das Goldenes Vlies erlangte, hat sie in sein Land mitgenommen. Dort aber hat er sich von ihr getrennt und sie mit ihren beiden gemeinsamen Kindern zurückgelassen. Medeas Liebe hat sich in Haß verwandelt. Während Jason bei König Kreon um die Hand seiner Tochter Glauche anhält, bereitet Medea ihre Rache vor. Glauche will erst die Ehe mit ihm eingehen, wenn Medea nicht mehr zwischen ihnen steht. König Kreon, der mit Medeas Widerstand rechnet, verweist sie des Landes, gewährt ihr aber einen Tag Aufschub. Bei einer letzten Begegnung mit Jason gibt Medea ihm als Geschenk für Glauche die Hochzeitskrone, die sie vergiftet hat. Nachdem Glauche gestorben ist, vollendet Medea ihre Rache an Jason, indem sie ihre Söhne erhängt. Der sie verfolgende Jason kommt zu spät; Medea flüchtet auf dem Schiff des befreundeten Aigeus über das Meer.

Europa (Europa)
Dänemark 1991. 35mm, Schwarzweiß und Farbe, Scope. Länge: 113 Minuten (3080 Meter). Uraufführung: Cannes 12.5.1991. Deutsche Erstaufführung: 27.6.1991. Verleih: NEF 2.
Regie: Lars von Trier. Buch: Lars von Trier , Niels Vørsel. Shooting Script: Lars von Trier, Tómas Gislason. Regieassistenz: Tom Hedegaard, Elizabeth Frey Harne, Egon Haase. Skript: Linda Daae. Kamera: Henning Bendtsen (Dänemark), Edward Klosinski (Polen), Jean-Paul Meurisse. Zusätzliche Regie: Tómas Gislason. Schnitt: Hervé Schneid. Schnittassistenz: Urszula Lesiak. Ausstattung: Henning Bahs. Ausstattungsassistenz: Gitte Zehngraff. Kostüme: Manon Rasmussen. Requisite: Søren Gam Henriksen. Maske: Isabelle De Araujo. Ton: Per Streit Jensen, Pierre Excoffier, Thomas Krag. Toneffekte: Julien Naudin, Carl Aage Hansen. Beleuchtung: Søren Sørensen, Thomas Neivelt. Grip: Jakob Bonfils. Rückprojektion: Paul Witz. Unterwasserkamera: Mike Valentine. Musik: Joachim Holbek (Dirigent: Kim Helveg). Standfotos: Rolf Konow. Produktionsleitung (Polen): Wieslawa Borecka, Second-Unit-Kamera (Polen): Jacek Stachlewski. Ausstattung (Polen): Andrzej Borecki. Ton (Polen): Elzbieta Hetman, Michal Zarebski. Ausführende Produzenten: Gérard Mital, Gunnar Obel, Patrick Godeau, François Duplat. Producer: Peter Aalbæk Jensen, Bo Christensen. Produktionsleitung: Lene Nielsen. Produktionsassistenz: Lisbet Matz, Isabelle Arcay, Monica Steenberg. Produktionsplanung: Jacob Thuesen. Supervisor: Lars Kolvig, Philippe Guez. Produktion: Nordisk Film in Zusammenarbeit mit Gunnar Obel,

Gérard Mital Productions, PCC, Telefilm GmbH, WMG, Svenska Filminstitutet, Det Danske Filminstitut (Beratung: Georg Metz, Kirsten Bonnén Rask). Mit Unterstützung von Eurimages, Sofinergie, Sofinergie 2, Antenne 2, Canal +.

Darsteller: Jean-Marc Barr (Leo Kessler), Barbara Sukowa (Katharina Hartmann), Ernst-Hugo Järegård (Leos Onkel), Jørgen Reenberg (Max Hartmann), Udo Kier (Larry Hartmann), Eddie Constantine (Colonel Harris), Erik Mørk (Pater), Henning Jensen (Siggy), Leif Magnusson (Arzt), Vera Gebuhr (Lagerassistentin), Else Petersen (alte Assistentin), Dietrich Kuhlbrodt (Eisenbahninspektor), Holger Perfort (Bürgermeister Ravenstein), Anne Werner Thomsen (Frau Ravenstein), Lars von Trier (Jude), Cæcilia Holbek Trier (Dienstmädchen), Janos Hersko (jüdischer Mann), Talia (jüdische Frau), Claus Flygare (Vater des Attentat-Kindes), Erno Müller (Seifert), Benny Poulsen (Stelemann), Hardy Rafn (Mann im Morgenrock), Peter Haugstrup (Piccolo), Ben Zimet, Thadee Lokcinski (alte Männer), Baard Owe (Mann mit Papieren), Michael Simpson, Jon Ledin (amerikanische Soldaten), Jesper Birch (Colonel Harris' Bursche), Max von Sydow (Erzählerstimme).

Kurz nach Ende des Zweiten Weltkriegs trifft der junge Amerikaner Leopold Kessler im halb zerstörten Deutschland ein. Er will als Idealist dabei helfen, die materiellen und seelischen Schäden des Krieges zu lindern. Sein deutscher Onkel besorgt ihm in Frankfurt Arbeit als Schaffner bei der Schlafwagengesellschaft »Zentropa«, für die auch er selbst arbeitet. An seinem ersten Arbeitstag begegnet Leo Katharina Hartmann, der schönen und sehr patriotischen Tochter des Besitzers der Schlafwagengesellschaft, die offensichtlich Gefallen an dem jungen Mann findet. Leo wird zum Essen ins Haus der Hartmanns eingeladen, wo er unter anderem auch Max Hartmann, den Vater Katharinas, Larry, den Bruder und einen Pater kennenlernt. Der amerikanische Colonel Harris, ein alter Freund des Direktors, sagt Leo, man habe über ihn einiges herausgefunden, zum Beispiel, daß er deutscher Abstammung sei und daß er sich unerlaubt von der Truppe entfernt habe. Harris bittet Leo um einen »Gefallen«. Er soll bei der Arbeit die Ohren offenhalten, weil die Alliierten mehr über die Organisation der »Werwölfe« herausbekommen wollen, die Deutsche umbringen, welche für die Besatzungsmächte arbeiten. Katharina erzählt Leo, daß ihr Vater in Schwierigkeiten steckt. Er werde beim Ausfüllen eines Entnazifizierungsfragebogens für Colonel Harris lügen müssen, wenn er seine alte Stellung bei »Zentropa« wiederbekommen wolle. Vor Beginn seiner Arbeit stellt sich Leo auf dem Bahnhof ein Mann mit zwei Kindern als Freund der Familie Hartmann vor und bittet darum, sich um die Kinder kümmern, die auf dem Bahnhof in Köln von jemand abgeholt würden. Leo geht mit den beiden Jungen durch die Kontrolle der amerikanischen GIs und bringt sie ins Dienstabteil. Später erschießt einer der beiden Jungen in einem Abteil den von den Alliierten eingesetzten neuen Bürgermeister von Frankfurt. Bei einem weiteren Besuch Leos der Familie Hartmann trifft ein Jude ein, der vor den Augen von Colonel Harris die angebliche Unschuld von Max Hartmann bezeugt. Katharina gesteht Leo, daß sie selbst ein »Werwolf« sei. Dann korrigiert sie ihr Geständnis: Sie sei »Werwolf« gewesen und habe nur lange Zeit dazu gebraucht, sich »von diesen Leuten« zu lösen. Während Leo und Katharina im Dachgeschoß miteinander schlafen, schneidet sich ihr Vater in der Badewanne die Pulsadern auf, weil er nicht mit einer Lüge weiterleben will. Bei einer seiner Dienstfahrten wird Leo von Katharinas Bruder Larry um Hilfe gebeten. Er führt ihn in einen Waggon, in dem eine Gruppe von Leuten um eine Holzkiste herumsteht. Der Pater informiert Leo, daß wegen des Versammlungsverbots Max Hartmanns Beerdigung heimlich begangen werden müsse. Leo soll den Zug in Darmstadt auf der Strecke anhalten, damit der Sarg ausgeladen werden kann. Leo zieht die Notbremse. Auf einem großen Platz neben der Bahnstrecke liest der Pater eine Messe. Aus einem Militärwagen erklären die Amerikaner über Lautsprecher die Versammlung für aufgelöst und fordern die Übergabe des Sargs, der plötzlich von Hunderten von Händen weitergereicht wird. Maschinengewehrfeuer ertönt. Leo wird in ein Auto gebracht, in dem sich ein unbekannter Mann bei Leo für seine »Hilfe beim Ravenstein-Attentat« bedankt. Monate später, Weihnachten 1945, wird Leo in München vom Pater aufgesucht, der ihn um Nachsicht mit Katharina bittet, weil sie dafür gebüßt habe, ein »Werwolf« gewesen zu sein. Sie habe vor der Organisation flüchten müssen, und das Vermögen ihres Vaters hätten die Amerikaner eingezogen. Der Pater vermittelt Leo ein

Treffen mit Katharina. Als die beiden sich wieder begegnen, flammt ihre Leidenschaft wieder auf. Leo und Katharina heiraten. Doch bald darauf ist Katharina wieder verschwunden, und Leo wird von den Werwölfen erpreßt, für sie einen letzten Einsatz zu leisten. Im Austausch für Katharina soll er eine Bombe zünden, wenn sein Zug über eine bestimmte Eisenbahnbrücke fährt. Während der schicksalshaften Fahrt, auf der Leo seine Schaffnerprüfung ablegen muß, sieht er Katharina wieder und erfährt von ihr, daß sie noch immer ein »Werwolf« ist und ihre nationalistischen Ideale nie aufgegeben hat. Leo kann die Explosion der Bombe nicht mehr verhindern und stürzt mit dem Zug in einen Fluß. Eingeschlossen in einem Abteil, ertrinkt Leo. Seine Leiche wird später von der Strömung ins Meer getrieben.

Lærerværelset (Lehrerzimmer)
Dänemark 1994. TV-Talkshow, 6 Teile à 25 Minuten.
Konzept: Lars von Trier. Regie: Lars von Trier, Rumle Hammerich. Ausstattung/Regie: Simone Grau Larsen, Christian Zethner. Kostüme: Lotte Dardanell. On-line-Bearbeitung: Jannik Vestmar. AVID-Bearbeitung: Sanne Prehn, Pernille Beck Christensen, Tove Jystrup. Vignetter: Rumle Hammerich, Torben Skjødt Jensen. Produktionsleiter: Charlotte Pedersen, Nanna Mailand, Thomas Berg. Produzenten: Ib Tardini, Peter Aalbæk Jensen. Redaktion: Jacob Ludvigsen, Jeppe Juhl, Claus Flygare. Redaktion (TV 2): Mogens Kløvedal, Peter Wolsgaard. Produktion: Zentropa Entertainments ApS für TV 2.
Darsteller: Lehrerkollegium: Klaus Rifbjerg, Jens Kistrup, Jesper Jensen, Sven Holm, Jane Åmund, Peter Hiort, Lone Kühlmann, Sten Hegeler, Poul Erik Carstensen (Hausmeister). Schüler: Søren Gericke, Arne Melchior (30.8.1994), Kurt Thorsen, Tommy Kenter (13.9. 1994), Lotte Heise, Claes Kastholm Hansen (27.9.1994), Lars Brunsborg Larsen, Preben Møller Hansen (25.10.1994), Tøger Seidenfaden, Ulla Dahlerup (8.11.1994), Jarl Friis-Mikkelsen, Michael Meyerheim, Dan Rachlin (28.11.94).

Riget (The Kingdom – Hospital der Geister/Geister)
Dänemark 1994. TV-Serie und Kinofilm. 16mm, Farbe (35mm-Blow-up). Teil 1: Den hvide flok (Die himmlischen Heerscharen). Teil 2: Alliancen kalder (Dein Reich komme). Teil 3: Et fremmed legeme (Ein fremder Leib). Teil 4: De levende døde (Der lebende Tote). Länge der vier Folgen (Dänemark; Arte-Ausstrahlung in fünf Teilen; ORF und 3sat in zwei Teilen): 63 Minuten, 65 Minuten, 69 Minuten, 75 Minuten. Uraufführung: Venedig 6.9.1994. Deutsche Erstaufführung: 15.6.1995. Verleih: Pandora; Erstausstrahlung: 24.11., 1.12. ,8.12., 15.12. 1994 Danmarks Radio-TV; Regie: Lars von Trier, Morten Arnfred. Buch: Lars von Trier, Niels Vørsel. Shooting-Script: Lars von Trier, Tómas Gislason. Kamera: Eric Kress, Henrik Harpelund (Steadicam). Kameraassistenz: Erik Thai-Janzen, Ole Pedersen. Videoeffekte: Søren Buus. Schnitt: Jacob Thuesen, Molly Malene Stensgaard. Kostüme: Annelise Balley. Tonbearbeitung: Per Streit, Hans Møller. Toneffekte: Kristian Eidnes Andersen. Grip: Leif Pedersen. Beleuchtung: Kaj Larsen, Morten Nyboe. Spezialeffekte: Niels Skovgaard, Niels Fly. Beratung: Janus Billeskov Jansen. Stunts: Deni Jordan, Dansk Stunt Action. Musik: Joachim Holbek; gespielt vom Radiounderholdningsorkesteret unter der Leitung von Frans Rasmussen. Standfotos: Henrik Dithmer. Producer: Ole Reim. Produktionssekretariat: Vibeke Aagaard. Externer Producer: Peter Aalbæk Jensen, Ib Tardini. Produktionsassistenz: Ingrid Høybye. Produktionsleitung: Bo Lindquist. Produktionsleitung, Nachbearbeitung: Bo Ehrhardt, Tove Jystrup. Redaktion: Svend Abrahamsen. Produktion: Zentropa Entertainments ApS und Danmarks Radio TV in Co-Produktion mit Sveriges Television, Malmö, WDR, ARTE, The Coproduction Office, mit Unterstützung von GRECO im Rahmen des MEDIA-Programms der Europäischen Union, Nordisk Film- und TV-Fond, Nordic Collaboration Fund.
Darsteller: Ernst-Hugo Järegård (Stig Helmer), Kirsten Rolffes (Frau Sigrid Drusse), Holger Juul Hansen (Einar Moesgaard), Søren Pilmark (Jørgen Krogshøj, 'Krogen'), Ghita Nørby (Rigmor), Jens Okking (Bulder), Birgitte Raaberg (Judith), Baard Owe (Bondo), Solbjørg Højfeldt (Camilla), Peter Mygind (Mogge), Udo Kier (Aage Kruger, mit der Stimme von Erik Wedersøe), Morten

Rotne Leffers (Abwascher, mit der Stimme von Peter Gilsfort), Vita Jensen (Abwascherin, mit der Stimme von Ruth Junker), Henning Jensen (Krankenhausdirektor), Annevig Schelde Ebbe (Mary), Helle Virkner (Frau Mogensen), Paul Hüttel (Dr. Steenbæk), Ole Boisen (Christian), Louise Fribo (Sanne), Otto Brandenburg (Träger Hansen), Laura Christensen (Mona), Mette Munk Plum (Monas Mutter), Lea Brøgger (Marys Mutter), Dick Kaysøe (Leiter der Wache), Henrik Koefoed (Computertomographie-Arzt), Michael Moritzen (Ohrenarzt), Søren Elung Jensen (Mann mit hohem Hut), Holger Perfort (Professor Ulrich), Benny Poulsen (stellvertretender Arzt), Lars Lunøe (Gesundheitsminister), Lene Vasegaard (Gynäkologin), Bente Eskesen (Nachtschwester), Julie Wieth (Kinderkrankenschwester), Annette Kettscher, Birte Tove, Lise Schrøder, Mette Marckmann (Krankenschwestern), Tomas Stender (Schüler), Søren Hauch-Fausbøll (Krankenpfleger), Søren Steen (Träger), Michael Simpson (Mann aus Haiti), Gordon Kennedy (Laborant), Nis Bank-Mikkelsen (Priester), Søren Lenander (junger Mann), Finn Nielsen (Madsen), Claus Nissen (Jensen), Solveig Sundborg (Fräulein Krüger), Else Petersen (alte Dame), Claus Strandberg (Hypnosepatient), Svend Ali Hamann (Hypnotiseur), Tove Maës (Frau Zakariasen), Kurt Ravn (Zakariasens Sohn), Morten Eisner (Mechaniker), Ulrik Cold (Erzählerstimme), Lars von Trier (Präsentator).

Teil 1: Die himmlischen Heerscharen (Den hvide flok)
Im dänischen Reichskrankenhaus geht Unheimliches vor: Eines Abends fährt ein Krankenwagen ohne Fahrer vor und löst sich dann in Luft auf. Am nächsten Morgen hört die bekannte Simulantin Frau Drusse auf dem Weg zu einer Untersuchung im Aufzug ein weinendes Mädchen. Am selben Morgen beginnt der schwedische Oberarzt Helmer, der insgeheim Dänemark und seine Einwohner aus tiefem Herzen haßt, eine Auseinandersetzung mit Dr. Krogshøj, genannt Krogen, weil dieser ohne Genehmigung eine teure Computertomographie angeordnet hat. Dr. Helmer selbst muß gleich mit mehreren Problemen fertigwerden: Chefarzt Moesgaard nötigt ihn, in die geheime Ärzteloge des Krankenhauses einzutreten, wo man ein lächerliches und unangenehmes Ritual absolvieren muß. Seine Freundin, die Ärztin Rigmor, will ihre Gelegenheitsbeziehung in feste Bahnen lenken und Helmer dazu bringen, bei ihr einzuziehen. Schließlich droht ihm auch noch ein Gerichtsverfahren wegen eines Kunstfehlers bei einer Operation, durch den die kleine Mona irreparable Hirnschäden davongetragen hat. Während der Ausbildungsarzt Dr. Bondo bei der Sektion einer Leiche versucht, seine Studenten in den Grundprinzipien der medizinischen Wissenschaft zu unterweisen, denkt der Medizinstudent Mogge, Prof. Moesgaards Sohn, nur daran, wie er die von ihm angebetete Schwester Camilla erobern kann. Zuerst versucht er sie mit einem Leichenkopf zu beeindrucken, dann stellt er sich ihr als Proband im »Schlaflabor« zur Verfügung. Mit Hilfe ihres Sohnes, des Pflegers Bulder, geht die geister- und hypnoseerfahrene Frau Drusse der Stimme nach, die sie gehört hat. Im Aufzugschacht über einem der Fahrstühle sehen die beiden im Mauerwerk den Geist eines weinenden kleinen Mädchens.

Teil 2: Dein Reich komme (Alliancen kalder)
Moesgaard will mit den Spielen und Liedern seiner »Operation Morgenluft« frischen Wind und harmonische Kollegialität in seine Abteilung bringen, was angesichts der Feindschaft zwischen Helmer und Krogen ein schwieriges Vorhaben ist. Helmer läßt sich von Rigmor den Anästhesiebericht der Mona-Operation besorgen, um ihn zu beseitigen können. Widerwillig muß er sich darauf einlassen, einen Patienten zu operieren, der nicht betäubt, sondern hypnotisiert worden ist. Dieser Patient sieht während der Operation das kleine Geistermädchen durch den Raum gehen und hört sie sprechen. Dr. Bondo hat einen Patienten mit einem wissenschaftlich enorm bedeutsamen Krebsgeschwür gefunden, doch die Angehörigen des Sterbenden verbieten eine Organentnahme nach dessen Tod. Deshalb bittet Dr. Bondo seine Logenbrüder um Hilfe. Dr. Krogshøj erfährt von seiner Freundin, Schwester Judith, daß sie ein Kind von einem anderen Mann erwartet. Durch ihre sterbende Freundin Mogensen bekommt Frau Drusse Kontakt zum Reich der Geister. Dann lernt sie eine alte Frau, die Schwester des Geistermädchens, kennen. Von ihr erfährt sie, daß die kleine Mary 1919 von ihrem Vater, dem Arzt Aage Krüger, ermordet wurde. In der Nacht fährt

vor dem Krankenhaus wieder ein führerloser Krankenwagen vor, und die Funkzentrale empfängt eine rätselhafte Funkmeldung, in der von einer »Krankenkutsche« die Rede ist. Gleichzeitig entsteht vor dem Hospital ein Riß im Asphalt, während ein Pfleger auf einem Gang seinen leblosen Hund findet, der ihn plötzlich aus rot funkelnden Augen ansieht.

Teil 3: Ein fremder Leib (Et fremmed legeme)
Frau Drusse versucht, durch die aufgezeichneten Gespräche in der Funkzentrale etwas über den mysteriösen Krankenwagen zu erfahren. Dr. Helmer erfährt von Prof. Moesgaard, daß sich im Archiv des Krankenhauses noch eine Kopie des Mona-Anästhesieberichts befindet. Dr. Krogshøj, der von Mogges »Streich« mit dem Leichenkopf weiß, zwingt diesen dazu, für ihn im Archiv das Anästhesieprotokoll zu besorgen. Dort kann Mogge jedoch nur noch mitansehen, daß Dr. Helmer den Anästhesiebericht mitnimmt. Aber als Dr. Helmer noch einmal zurückkehrt, um den Bericht mit Kaffee unleserlich zu machen, wird er von Frau Drusse und Bulder überrascht. Bei einer Untersuchung wird festgestellt, daß Schwester Judiths Embryo gesund, aber unnatürlich groß ist. Dr. Bondo läßt sich von seinen Logenbrüdern das lange gesuchte Hepato-Krebssarkokom einpflanzen. Frau Drusse und Bulder verfolgen in einem Käfer den fahrerlosen Krankenwagen und demolieren bei ihrer Rückkehr zum Krankenhaus Dr. Helmers Volvo. Schwester Judith läßt sich das Mona-Protokoll auf dem normalen Dienstweg aus dem Archiv bringen. Frau Drusse stellt durch ein Krankenblatt aus dem Archiv fest, daß die kleine Mary nicht durch Tuberkulose, sondern durch giftige Säuredämpfe ums Leben gekommen ist.

Teil 4: Der lebende Tote (De levende døde)
Frau Drusse begräbt zusammen mit Bulder den in einem Glaskolben konservierten Körper der kleinen Mary in einer Baugrube vor dem Krankenhaus. Dr. Krogshøj zwingt mit Hilfe des Mona-Protokolls Dr. Helmer, ihn als seinen Stellvertreter anzuerkennen. Gleichzeitig macht sich Krogshøj Sorgen um seine Freundin, die er durchsichtig wie einen Geist wahrgenommen hat. Dr. Bondo wartet nach seiner Operation auf den Spender einer neuen, gesunden Leber, um seine Krebsleber wissenschaftlich nutzen zu können. Dr. Helmer beginnt sich für Zombies zu interessieren. Er kauft zwei Flugkarten nach Haiti, nimmt aber statt der hoffnungsvollen Rigmor einen schwarzen Pfleger mit auf die Reise. Frau Drusse erfährt in einer Geisterbegegnung mit Mary, daß diese durch skrupellose Giftgasexperimente ihres Vaters Aage Krüger ums Leben gekommen ist. Mogges süße Träume im Schlaflabor scheinen in Erfüllung zu gehen: Schwester Camilla reagiert endlich auf sein Werben. Dr. Krogshøj überzeugt Judith davon, daß eine Abtreibung des übergroßen Embryos das Beste ist. Frau Drusse bereitet eine Beschwörungszeremonie vor, die dem Geist Marys Frieden bringen soll. Als eine Untersuchungskommission des Gesundheitsministers zusammen mit dem Krankenhausdirektor und Prof. Moesgaard die Kellerräume aufsucht, bieten sich ihr eindrucksvolle Szenen: In einem Gang mauert Dr. Krogshøj ein Loch zu, hinter dem Marys Geist eingesperrt werden soll; in der Notstation soll an einem Patienten, Dr. Bondo, der seine Krebsleber noch behalten will, gegen seinen Willen eine Operation vorgenommen werden; in einem Untersuchungsraum wird bei Judith die Abtreibung vorgenommen. Und im Schlaflabor überrascht die Kommission Schwester Camilla und Mogge beim Liebesspiel. In Haiti gelingt es inzwischen Dr. Helmer, sich Zombie-Medizin zu beschaffen, mit der er seine dänischen Widersacher beseitigen kann. Judiths Abtreibung ist mißlungen: Sie bringt unter Schmerzen ein Kind mit dem Kopf von Aage Krüger zur Welt. Am Schluß verabschiedet, wie nach jeder Folge, Lars von Trier als Conferencier die Zuschauer und stellt fest, daß sich die Tore zum Königreich geöffnet haben, und ruft dazu auf, immer bereit zu sein »für das Gute und das Böse«.

Breaking the Waves (Breaking the Waves)
Dänemark 1996. 35mm, Farbe Cinemascope, mit digitalen Videobildern. Länge: 158 Minuten.
Uraufführung: Cannes 13.5.1996. Deutsche Erstaufführung: 3.10.1996. Verleih: Pandora.
Regie: Lars von Trier. Buch: Lars von Trier. Co-Autoren: Peter Asmussen, David Pirie. Regieassistenz: Morten Arnfred. 2nd unit-Regie: Kristoffer Nyholm. Skript: Linda Daae. Buchberatung:

Kirsten Bonnén Rask, Tómas Gislason. Übersetzungen: Jonathan Sydenham. Kamera: Robby Müller (Photographische Leitung), Jean-Paul Meurisse. Kameraassistenz: Pim Tjujermann, Per Fredrik Skiöld, Thomas Holm. 2nd unit-Kamera: Eric Kress. Schnitt: Anders Refn. Ausstattung: Karl Juliusson. Kostümassistenz: Anne-Marie Gudnitz. Requisite: Peter Grant, Simone Grau Larsen. Maske: Jennifer Jorfald, Sanne Gravfort. Ton: Per Streit. Kamera-Spezialeffekte: Jan Weincke. Musik: »All the Way from Memphis« (Mott The Hoople/Ian Hunter), »Blowin' in the Wind« (Tom Harboe, Jan Harboe & Ulrik Corlin/Bob Dylan), »Pipe Major Donald MacLean« (Peter Roderick MacLeod), »In a Broken Dream (Python LeeJackson), »Cross Eyed Mary« (Jethro Tull/Ian Anderson), »Virginia Plain« (Roxy Music), »A Whiter Shade of Pale« (Procul Harum/Keith Reid & Gary Brooker), »Hot Love« (T Rex/Marc Bolan), »Suzanne« (Leonard Cohen), »Love Lies Bleeding« (Elton John/EltonJohn & Bernie Taupin), »Goodbye Yellow Brick Road« (EltonJohn/Elton John & Bernie Taupin), »Whisky in the Jar« (Thin Lizzy/Phil Lynott, Eric Bell & Brian Downey), »Child in Time« (Deep Purple/Jon Lord, Ritchie Blackmore, Ian Gillan, Roger Glover & Ian Paice), »Life on Mars« (David Bowie), »Your Song« (Elton John), »Gay Gordons« (Tom Harboe, Jan Harboe & Ulrik Corlin), »Scotland the Brave« (Tom Harboe, Jan Harboe & Ulrik Corlin), »Happy Landing« (P. Harman) mit der »Siciliana« aus der Sonate BWV 1031 von Johann Sebastian Bach (Arrangement: Joachim Holbek). Musikproduktion: Ray Williams. Kapitelbilder: Per Kirkeby mit Maniputasion (Søren Buus, Steen Lyders Hansen, Niels Valentin Dal). Endfertigungsüberwachung: Tove Jystrup. Standfotos: Rolf Konow. Casting: Joyce Nettles, Rie Hedegaard. Producer: Vibeke Windeløv, Peter Aalbæk Jensen. Produktionsassistenten: Charlotte Pedersen, Tine Grew Pfeiffer, Casper Holm, Nanna Mailand-Hansen, Nynne Oldenburg. Ausführender Produzent: Lars Jönsson. Co-Produzenten: Axel Helgeland, Peter van Vogelpoel, Rob Langestraat, Marianne Slot. Produktionsleitung: Leif Mohlin. Produktion: Zentropa Entertainments ApS in Zusammenarbeit mit Trust Film Svenska AB, Liberator Productions S.a.r.l., Argus Film Produktie, Northern Lights A/S und in Co-Produktion mit La Sept cinéma, Sveriges Television, Media Investment Club, Nordic Film- & Television Fund, VPRO Television, mit Unterstützung von Det Danske Filminstitut (Beratung: Jørgen Ljungdalh), Svenska Filminstitutet, Norsk Filminstitutet, Dutch Film Fund, Dutch CoBo Fund, Finnish Film Foundation zusammen mit Canal +, Danmarks Radio-TV, Icelandic Film Corporation Lucky Red. October Films, Philippe Bober, TV 1000, Villialfa Filmproductions OY, Yleis Radio Tv-1, ZDF/Arte. Darsteller: Emily Watson (Bess), Stellan Skarsgård (Jan), Katrin Cartlidge (Dodo), Adrian Rawlins (Dr. Richardson), Jonathan Hackett (Pastor), Sandra Voe (Mutter), Jean-Marc Barr (Terry), Udo Kier (Mann auf dem Frachtschiff), Mikkel Gaup (Pits), Roef Ragas (Pim), Phil McCall (Großvater), Robert Robertson (Vormann), Desmond Reilly (Mann im Ältestenrat), Sarah Gudgeon (Sybilla), Finlay Welsh (Rechtsmediziner), David Gallagher (Glasgow-Arzt), Ray Jeffries (Mann im Bus), Owen Kavanagh (Mann am Leuchtturm), Bob Docherty (Mann im Boot), David Bateson (Seemann), Callum Cuthbertson (Funker), Gavin Mitchell, Brian Smith (Polizisten), Iain Agnew, Charles Kearney, Steven Leach (betende Männer), Dorte Rømer (Krankenschwester), Anthony O'Donnell, John Wark (Knechte), Ronnie McKellaig (Vorsänger).

In einem Dorf an der britischen Nordseeküste beraten die »Ältesten« einer kleinen Kirchengemeinde darüber, ob die fromme Bess ihren Freund Jan heiraten darf, der auf einer Ölplattform auf dem Meer arbeitet. Die konservativen Kirchenmänner geben nur widerwillig ihre Einwilligung. Sie mißtrauen der Urteilsfähigkeit der naiven und psychisch labilen Bess. Außerdem schätzt man keine Fremden in der abgeschlossenen, puritanischenen Gemeinde, die sogar die von Bess geliebten Kirchenglocken als Zeichen weltlicher Fröhlichkeit ablehnt. Nach der Hochzeit ist Bess überglücklich in ihrer Liebe zu Jan und macht mit Neugierde und Begeisterung ihre ersten sexuellen Erfahrungen. Als Jan nach einiger Zeit wieder einige Wochen zum Arbeiten aufs Meer hinaus muß, bricht Bess vor Verzweiflung zusammen. In der Kirche bittet sie Gott inständig, Jan sofort zu ihr zurückkehren zu lassen. Ihre Gebete werden auf grausame Weise erfüllt, als Jan auf der Plattform einen schweren Unfall erleidet. Im Krankenhaus wird eine vollständige Lähmung festgestellt. Obwohl sich Jans Gesundheitszustand noch verschlechtert, läßt sich Bess nicht entmutigen und bittet Gott nur darum, Jans Leben zu erhalten. Ihre Schwägerin Dodo und Jan sind sich einig, daß es wichtig ist, Bess ein selbständiges Leben und eine neue Beziehung zu ermöglichen. Weil Jan weiß, daß ihre Liebe viel zu groß ist, um ihn aufzugeben, greift er zu einem Trick. Er fordert Bess auf, mit anderen Männern zu schlafen und ihm davon zu erzählen. Nur so könne er seinen Lebensmut erhalten; Bess solle sich dabei vorstellen, daß sie mit ihm, Jan, schlafe. Bess versucht, ihren Widerwillen zu überwinden und Jans Wünsche zu erfüllen. Als es ihr nicht gelingt, den sympathischen Dr. Richardson zu verführen, dem sie vertraut, die ihre erfundenen erotischen Geschichten nicht glaubt, beginnt Bess, sich wie eine Hure den Männern in den Kneipen der Umgebung hinzugeben. Sie ist davon überzeugt, daß sie damit Jans Leben retten kann. Dabei widersteht Bess dem Druck der Menschen ihrer Umgebung, Dodos, Dr. Richardsons und der Mutter, die sie von ihren Wahnvorstellungen abbringen wollen. Schließlich wird sie von den Ältesten aus der kirchlichen Gemeinschaft ausgestoßen und verdammt. Dr. Richardson, der Jans Wünsche nur für krankhafte Phantasien eines Schwerkranken hält, überzeugt Jan davon, daß es das Beste für Bess sei, wenn sie in eine Klinik eingewiesen wird und sie beide sich nie wiedersehen. Jan unterschreibt eine Vollmacht; daraufhin wird Bess von Beamten festgenommen, die sie in die Stadt bringen sollen. Im letzten Moment gelingt ihr die Flucht. Die Mutter hat Bess verstoßen und läßt sie nicht ins Haus, während Dodo bereit ist, sie zu unterstützen. Doch Bess muß ihren Weg allein zu Ende gehen: Sie will für Jan, dessen Zustand noch kritischer geworden ist, nun das größte Opfer bringen. Ganz bewußt läßt sie sich zu einem Schiff bringen, auf dem sie beim ersten Mal nur knapp einer brutalen Vergewaltigung entkommen war. Als Bess später tödlich verletzt ins Krankenhaus eingeliefert wird, kämpfen die Ärzte gerade auch um Jans Leben. Sie stirbt mit dem Gedanken, daß ihr Opfer vielleicht doch vergeblich war. Jan, der sich wie durch ein Wunder erholt hat und mit Krücken sogar wieder laufen kann, sorgt mit seinen Freunden von der Ölplattform dafür, daß die unbarmherzigen Kirchenältesten anstelle von Bess nur einen mit Sand gefüllten Sarg beerdigen. Von einem Schiff aus übergeben sie in der Nacht Bess' Leiche dem Meer. Am nächsten Morgen wird Jan geweckt und an Deck gerufen: Obwohl der Radarschirm kein Echo zeigt, hängen über den Wolken zwei große, läutende Kirchenglocken.

Riget II (Geister II); Dänemark 1997.
Teil 5: Mors in tabula (Mors in tabula). Teil 6: Trækfuglene (Die Zugvögel). Teil 7: Gargantua (Gargantua). Teil 8: Pandæmonium (Pandämonium). Länge: 63 Minuten, 79 Minuten, 76 Minuten, 78 Minuten. Uraufführung: Venedig 5.9.1997. Erstausstrahlung: 10.10., 17.10., 24.10., 31.10.1997 Danmarks Radio-TV.
Regie: Lars von Trier, Morten Arnfred. Buch: Lars von Trier, Niels Vørsel. Kamera: Eric Kress, Henrik Harpelund (Steadicam). Ton: Peter Chr. Hansen. Ausstattung: Jette Lehmann, Hans Chr. Lindholm. Kostüme: Annelise Bailey. Spezialeffekte: Annette Rolfshøj, Lars Kolding Andersen. Schnitt: Molly Malene Stensgaard, Pernille Bech Christensen. Aufnahmeleitung: Ole Guldbrandsen. Endfertigungsüberwachung: Tove Jystrup. Beratung: Janus Billeskov Jansen. Musik: Joachim Holbek; gespielt vom Radiounderholdningsorkesteret unter der Leitung von Peter Ettrup Larsen. Standfotos: Bjarne Hermansen. Producer: Vibeke Windeløv, Svend Abrahamsen. Associate Producer: Peter Aalbæk Jensen, Marianne Slot. Line Producer: Bo Lindquist. Produktionsassistenz: Tine Grew Pfeiffer, Vibeke Aagaard, Nynne Oldenburg. Produktion: Zentropa Entertainments ApS & Danmarks Radio TV-Drama in Co-Produktion mit Liberator Productions S.a.r.l. und mit Unterstützung von Norsk Rikskringkastning, Sveriges Television, Malmö, La Sept ARTE (Unité de Programmes Fictions (Pierre Chevalier), RAI Cinema Fiction, MEDIA-Programm der Europäischen Union.
Darsteller: Ernst Hugo Järegård (Stig Helmer), Kirsten Rolffes (Frau Sigrid Drusse), Holger Juul Hansen (Einar Moesgaard), Søren Pilmark (Jørgen Krogshøj, 'Krogen'), Ghita Nørby (Rigmor), Jens Okking (Bulder), Birgitte Raaberg (Judith), Baard Owe (Bondo), Solbjørg Højfeldt (Camilla), Peter Mygind (Mogge), Udo Kier (Aage Kruger mit der Stimme von Erik Wedersøe und Lillebror (Kleiner Bruder) mit der Stimme von Evald Krog), Morten Rotne Leffers (Abwascher, mit der Stimme von Peter Gilsfort), Vita Jensen (Abwascherin, mit der Stimme von Ruth Junker), Birthe

Neumann (Frau Svendsen, Sekretärin), Henning Jensen (Krankenhausdirektor), Annevig Schelde Ebbe (Mary), John Hahn-Petersen (Nivesen), Erik Wedersøe (Ole), Helle Virkner (Frau Mogensen), Paul Huttel (Dr. Steenbæk), Ole Boisen (Christian), Louise Fribo (Sanne), Otto Brandenburg (Träger Hansen), Laura Christensen (Mona), Mette Munk Plum (Monas Mutter), Stellan Skarsgård (Anwalt), Klaus Pagh (Gerichtsbote), Søren Elung Jensen (Mann mit hohem Hut), Holger Perfort (Professor Ulrich), Benny Poulsen (stellvertretender Arzt), Lars Lunøe (Gesundheitsminister), Klaus Wegener, Timm Mehrens (Ärzte), Tine Miehe-Renard (Nachtschwester), Michelle Bjørn-Andersen (Kinderarzt), Birte Tove, Lise Schrøder, Dorrit Stender Petersen (Krankenschwestern), Michael Simpson (Mann aus Haiti), Nis Bank-Mikkelsen (Priester), Steen Svarre (Mann im Overall), Peter Hartmann (3x34-Mann), Torben Zeller (Mann im Krematorium), Mette Hald (zorniges Kind), Claus Nissen (Madsen), Philip Zandén (Jönson), Kim Jansson (Angestellter Jensen), Claus Flygare (Angestellter Nielsen), Henrik Fiig (Unfallopfer), Birger Jensen (Hausmeister), Cecilie Brask (Therapiepatientin), Jens Jørn Spottag (Rechtsanwalt), Jannie Faurschou (Orthopädin), Vera Gebuhr (Gerda), Bjarne G. Nielsen (neuer Pfarrer), Ingolf David (Toter), Britta Lillesøe (Frau im Bett), Fash Shodeinde (Philip Marco), Thomas Bo Larsen (Falke), Thomas Stender (Student), Anders Hove (Teufelspfleger), Ulrik Cold (Erzählerstimme) und Lars von Trier (Präsentator).

Teil 5: Mors In Tabula (Mors In Tabula)
Dr. Helmer versucht vergeblich, seinen ärgsten Widersacher, Dr. Krogshøj, mit Hilfe einer Tasse vergifteten Kaffees in einen Zombie zu verwandeln. Frau Drusse wird von einem Krankenwagen angefahren und schwer verletzt, nachdem sie das Krankenhaus eigentlich freiwillig und endgültig verlassen wollte. Der Medizinstudent Mogge will die Extratouren des fixenden und dealenden Dr. Krogshøj nicht weiter decken, wird aber von ihm durch ein Video erpreßt, das ihn beim Diebstahl des Leichenkopfs zeigt. Die Studenten Dr. Bondos applaudieren und singen zu seinen Ehren »Gaudeamus igitur«, weil der Mediziner im Interesse der Wissenschaft das Krebsgeschwür in seiner Leber weiter wachsen läßt. Nach einer überraschenden Kontrolle des Generaldirektors, bei der in seiner Abteilung Manipulationen bei der Bettenbelegung festgestellt werden, sucht Dr. Moesgaard im Keller des Hospitals einen Psychotherapeuten auf, um sich seelisch wieder auf die Beine bringen zu lassen. Doch der Therapeuth erweist sich als rabiat arbeitender Scharlatan. Dr. Krogshøj bewegt Judith dazu, endlich ihr gemeinsames Kind anzuschauen. Nach einer kurzen Phase des Widerwillens siegen ihre Muttergefühle, und Judith nimmt den sprechenden Säugling mit dem Männerkopf in Liebe als ihr Kind an. Dr. Helmer operiert Frau Drusse, assistiert von seiner eifersüchtigen, verschmähten Geliebten Rigmor, die in einem Halfter am Bein eine Pistole trägt. Frau Drusse, gerade aus der Narkose erwacht, sieht Unheil auf das Reichskrankenhaus zukommen. Zur gleichen Zeit wetten die Krankenhausangestellten in einem Kellerraum auf die Rennfahrt eines Krankenwagens, hinter dessen Steuer der maskierte »Falke« mit Blaulicht durch die Stadt rast. Frau Drusse stirbt: Ihr Geist verläßt den leblosen Körper, noch bevor sie ihre Visionen zum Wohle des Krankenhauses aussprechen kann. Zur Überraschung Dr. Helmers hat Dr. Krogshøj endlich die für ihn bestimmte Kaffeetasse mit Gift ausgetrunken. Schwester Judith sieht entsetzt, daß ihr Säugling schon fast aus dem Brutkasten gewachsen ist. Mit seinen langen Armen hält er sie plötzlich fest.

Teil 6: Die Zugvögel (Trækfuglene)
Frau Drusse erfährt als Geist in einem Übergangsraum zum Reich der Geister von der kleinen Mary, daß ihre Aufgabe auf der Erde noch nicht erfüllt ist. Die Wiederbelebungsversuche im Operationssaal haben Erfolg: Sie kehrt ins Leben zurück, während in einem anderen Raum der Tod von Dr. Krogshøj festgestellt wird. Dr. Helmer bekommt von dem schwarzen Pfleger, mit dem er in Haiti war, das Gegengift, das Dr. Krogshøj wieder zum Leben erwecken kann. Zwei Polizeibeamte befragen ihn wegen seines Kunstfehlers bei der Operation des Mädchens Mona. Dr. Moesgaard überwindet sich und absolviert seine erste Therapiesitzung, die ihn der inneren Befreiung näherbringt. Die Krankenhausmitarbeiter sind schockiert, als eine weitere Wettfahrt

des Renn-Krankenwagens mit einem Unfall des »Falken« endet. Der Pfleger Bulder bringt auf Wunsch seiner Mutter den berühmten Gehirnchirurgen Philip Marco an ihr Krankenbett. Der Philippine »operiert« Frau Drusse mit der rechten Hand einen Tumor aus dem Kopf, den die Ärzte übersehen haben. Dann reißt er auf dem Gang auch noch Dr. Bondo das wertvolle Krebssarkom aus dem Leib. Doch Marco ist offenbar ein Betrüger: Zur Freude Dr. Bondos befindet sich das Sarkom noch an seinem Platz. Trotzdem entschließt er sich, es herausoperieren und in Sicherheit bringen zu lassen. Christian, ein ängstlicher Medizinstudent, wächst über sich hinaus, um seine Angebetete zu beeindrucken und setzt sich beim nächsten Rennen als neuer »Falke« ans Steuer des Renn-Krankenwagens. Dr. Helmer versucht vergeblich, den scheintoten Dr. Krogshøj vor der Verbrennung im Sarg zu retten und wird dabei von Rigmor niedergeschossen. Frau Drusse hat die Geister in den großen Hörsaal eingeladen, um etwas über ihre eigene Mission zu erfahren. Der Krankenhauspfarrer, der sie dort aufsucht, wird von einem bösen Geist grausam getötet.

Teil 7: Gargantua (Gargantua)
Angeregt durch seine psychotherapeutischen Fortschritte, beschließt Chefarzt Dr. Moesgaard, in der Unfallaufnahme des Krankenhauses seinen beruflichen Elan zurückzugewinnen, muß sich aber sofort um drei merkwürdige Fälle kümmern: Der tot- und schon verbrannt geglaubte Dr. Krogshøj liegt lebendig auf einem Untersuchungsbett, Dr. Helmer muß wegen einer Schußverletzung behandelt werden, und in einem anderen Raum liegt die blutüberströmte Leiche des Krankenhausseelsorgers. Aage Krüger, der verbrecherische Doktor, der einst die kleine Mary tötete und Schwester Judith geschwängert hat, kehrt zurück, um seinen Sohn zu besuchen. In einem Gang der Klinik begegnet ihm Frau Drusse mit einer Freundin und stellt fest, daß er wahrscheinlich der Dämon ist, der den Pastor ermordet hat. Dr. Helmer, der wegen seiner Schußverletzung im Rollstuhl sitzt, muß vor einer Vorladung im Mona-Fall flüchten. Judiths Riesenbaby will sich von seinem Dämon-Vater retten lassen. Der kleine Bruder des toten Mädchens Mary, der wegen seines Wachstums tödlich gefährdet ist, trägt sowohl dämonische als auch menschliche Anlagen in sich und will lieber sterben, als neues Unglück in die Welt zu bringen. Mit seiner Mutter spielt er in einem Rollenspiel sein Leben als Sohn, das er in Wirklichkeit nie erleben wird. Frau Drusse hypnotisiert ihren Sohn Bulder und schickt ihn als geistigen Kundschafter in die Unterwelt des Krankenhauses. Sie findet heraus, daß »Riget« (Reich) ein Anagramm von »Tiger« ist, eine Metapher für den verletzten Tiger, den sie auf mehreren Bildern gesehen hat. Dr. Bondo, dessen Riesensarkom herausoperiert worden ist, kann sich noch nicht entschließen, es im Dienste der Wissenschaft zerschneiden zu lassen. Dr. Helmer hat Mogge, dem er als Prüfer zugeteilt wurde, dazu erpreßt, aus Dr. Krogshøj herauszulocken, wo dieser das Krankenblatt von Mona versteckt hat. Im Aktenarchiv stehen sich die beiden Kontrahenten schließlich gegenüber. Dr. Helmer gelingt es, mit dem belastenden Dokument zu flüchten. Doch als er in der Ärzteloge seinen Erfolg feiern will, erscheint Rigmor und eröffnet ihm, daß sie das Dokument vor ihm aus der Akte genommen hat. Dr. Helmer erkennt seine Niederlage und ist nun bereit, Rigmors Wunsch zu erfüllen und in ihre Wohnung zu ziehen. Christian, der Medizinstudent, bekommt Gewissensbisse, als er einen Mann kennenlernt, der durch seine Krankenwagenwettfahrt schwer verletzt wurde und nun um das Auskommen seiner Familie bangt. »Kleiner Bruder« bittet seine Mutter Judith, ihn von seinem Stützgestell zu befreien und sterben zu lassen. Frau Drusse, Bulder und ein weiterer Pfleger fliegen in einem Sportflugzeug über das Krankenhaus und geraten dabei plötzlich in wilde Luftturbulenzen. Die gehirngeschädigte Mona versucht, mit Hilfe ihrer Buchstabenklötze ihrer Umwelt etwas mitzuteilen, doch niemand nimmt es wahr.

Teil 8: Pandämonium (Pandæmonium)
Dr. Helmer ist voller Freude, als ihm vor dem Krankenhaus sein repariertes Auto übergeben wird. Die Freude läßt nach, als der angebliche Mechaniker ihm als Gerichtsbote die Vorladung zur Mona-Anhörung übergibt, der er bisher entgangen war. Wenige Sekunden später ist sein geliebter Volvo nur noch Schrott, nachdem das Heckstück eines Sportflugzeugs durch das Dach geschlagen ist. Bevor sich Helmer von dem Schreck erholen kann, wird ihm von Rigmor eine weitere

Überraschung bereitet: Sie führt ihn in einen Saal, in dem er von einem Pfarrer sofort mit ihr verheiratet wird. Frau Drusse hat in dem abstürzenden Flugzeug die Geister angerufen, die eigenhändig dafür sorgen, daß das Wrack sanft neben dem Krankenhaus landet. Der Generaldirektor wird bei seinen Kontrollen weiter an der Nase herumgeführt. Dr. Moesgaard gewinnt durch seine neue Selbsterfahrungsgruppe sein inneres Gleichgewicht zurück und plant, sich aus seiner Leitungsfunktion zurückzuziehen. Die Ärztelore lädt Frau Drusse ein, ihre Fähigkeiten als Medium vorzuführen. Doch die hat Wichtigeres zu tun: Sie sucht im Reichskrankenhaus nach dem Teufelsanbeter, der den Dämon Aage Krüger angerufen und ihm sein neues verbrecherisches Wirken ermöglicht hat. Dabei beobachten Frau Drusse und Bulder in einem Gewölbe tief unter dem Krankenhaus eine Teufelsmesse. Schwester Judith begegnet wieder Aage Krüger, der sie davon zu überzeugen versucht, daß er sie und ihren Sohn vor dem Tod retten kann. Dr. Krogshøjs Persönlichkeit hat sich verändert: Am Bett von Mona und im Zimmer von »Kleiner Bruder« spricht er darüber, daß minderwertiges Leben am besten verschwinden sollte. Bulder erweist sich als der gesuchte Halbbruder Dr. Bondos und erklärt sich bereit, ihm die lebensnotwendige Leber zu spenden. Der junge Mann mit dem Down-Syndrom in der Spülküche macht seiner Partnerin einen Heiratsantrag, den diese annimmt. Auf der Suche nach den bösen Kräften in der Klinik stellt Frau Drusse fest, daß ein Dämon in Schwester Camilla gefahren ist. Judith überwindet sich und erfüllt ihrem Sohn seinen Wunsch zu sterben, indem sie ihn von seinem Gestell losschneidet. Dr. Helmer versucht, das Mädchen Mona verschwinden zu lassen, um seinen Kunstfehler zu verbergen, muß aber erkennen, daß die angeblich Schwachsinnige mehr Fähigkeiten hat, als er ahnt. Christian geht auf seine letzte große Fahrt als »Falke«, die er im »Blindflug«, mit beschmierter Windschutzscheibe absolvieren muß. Dabei stößt er frontal mit einem Wagen zusammen, in dem Mogge und die von ihm angebetete Sanne sitzen. Frau Drusse wird im Aufzug von dämonischen Kräften in die Tiefe entführt. Das Krankenhaus versinkt durch eine Stromabschaltung in Dunkelheit. Eine Katastrophe scheint kurz bevor zu stehen. Am Schluß erscheint ein von Moggen herbeigerufener Dr. Jönsson aus Lund, der Grüße an Dr. Helmer übermittelt: von seiner Frau und seinen sieben Kindern.

Lars von Trier verabschiedet sich von den Zuschauern und ruft sie auf, den Fortgang der Ereignisse im Reichskrankenhaus weiter zu verfolgen.

Idioterne (Die Idioten)
Dänemark 1998 Länge: 111' (TV)
Darsteller: Bodil Jørgensen (Karen), Jens Albinus (Stoffer), Anne Louise Hassing (Susanne), Troels Lyby (Henrik), Nikolaj Lie Kaas (Jeppe), Henrik Prip (Ped), Luis Mesonero (Miguel), Louise Mieritz (Josephine), Knud Romer Jørgensen (Axel); Trine Michelsen (Nana), Anne-Grethe Bjarup Riis (Katrine), Paprika Steen (Frau aus der Oberschicht), Erik Wedersøe (Stoffers Onkel), Michael Moritzen (Mann von der Ortsverwaltung), Anders Hove (Josephines Vater), Jan Elle (Kellner), Claus Strandberg (Werksführer), Jens Jørn Spottag (Agenturchef), John Martinus (Mann im Bademantel), Lars Bjarke (Rocker), Ewald Larsen (Rocker), Christian Friis (Rocker), Louise B. Clausen (Rockerin), Hans Henrik Clemensen (Anders, Karens Ehemann), Lone Lindorff (Karens Mutter), Erno Müller (Karens Großvater), Regitze Estrup (Louise, Karens Schwester), Lotte Munk (Britta, Karens Schwester), Marina Bouras (Axels Frau), Julie Wieth (Frau mit zwei Kindern), Kirsten Vaupel, Lillian Tillegreen, Birgit Conradi (Frauen im Kunstunterricht), Albert Wickmann (Mann aus der Oberschicht), Peter Frøge (Mann im Swimming-Pool), Bent Sørensen (Taxifahrer), Jesper Sønderaas, Ditlev Weddelsborg (Männer in der Agentur), Svend Erik Plannthin, Torben Meyrowitsch, Lis Bente Petersen, Palle Lorentz Emiliussen, Axel Schmidt (Mongoloide), Iris Albøge (Pflegerin).
Regie: Lars von Trier. Buch: Lars von Trier. Kamera: Lars von Trier. Regieassistenz: Kristoffer Nyholm, Jesper Jargil, Casper Holm, Edvard Friis-Møller, Ian Hansen. Skript: Caroline Cogez. Standfotos: Jan Schut. Ton: Per Streit. Perchman, John Nielsen, Rene Schröder. Melodica-Spieler: Kim Kristensen. Musik: »Der Schwan« von Camille Saint-Saens; »Vi er dem andre ikke må le ge

med « von Kim Larsen & Eric Clausen. Produktionsleitung: Lene Nielsen, Produktionsassistenten: Tine Grew Pfeiffer, Nynne Oldenburg, Mette Nelund, Casting: Rie Hedegaard
2. Besetzung
Ton: Kristian Eidnes Andersen, John Windbladh. Schnitt: Molly Malene Stensgaard. Drehbuch-
und Schnittberatung: Mogens Rukov. Schnittassistenz: Anne Hovad Fisher, Carsten Søsted.
Avid-Beratung: Pelle Folmer. Postproduction-Koordination: Lene Irgens. Online-Technik:Felt-
wave a/s. 35mm-Blow-up:Hokus Bogus aps; Postproductionsplanung: b&b systems Ltd. Buchhal-
tung: Ann Køj Slemming, Ann Vognsen. Pressebetreuung: Christel Hammer.
Rechtsberatung:Lene Børglum. Koproduzenten: Marianne Slot, Peter Van Vogelpoel, Eric Shut.
Ausführender Produzent: Peter Aalbæk Jensen. Produzentin: Vibeke Windeløv. Produktion:
Zentropa Entertainments2 aps und Danmarks Radio TV (Svend Abrahamsen) mit Liberator
Productions s.a.r.l., La Sept Cinéma, Argus Film Produktie, VPRO Television, ZDF/Arte, mit
Unterstützung von Nordic film and television fund (Dag Alveberg) Cobo fund, in Zusammenarbeit
mit SVT, Drama Canal+ (France), Rai, 3emme cinematografica. Weltvertrieb: Trust Film Sales
aps
In einem feinen Restaurant beobachtet Karen, eine schüchterne junge Frau, zwei offensichtlich
geistig behinderte Männer, die von einer jungen Frau betreut und gefüttert werden. Als sie
anfangen, im Raum umherzugehen und die anderen Gäste anzusprechen, versucht sie der Kellner
hinauszukomplimentieren. Einer der Männer, Stoffer, wendet sich Karen zu, streichelt sie und hält
ihre Hand fest. Karen bietet Susanne ihre Hilfe an und verläßt mit den Dreien das Restaurant. Weil
Stoffer sie noch immer nicht loslassen will, steigt sie mit ihnen in ein Taxi. Dort verhalten sich die
beiden Männer plötzlich normal: Sie haben die Behinderung nur gespielt. Das Taxi bringt sie zu
einer Fabrik, wo sie schon erwartet werden: Eine fröhliche Gruppe scheinbar geistig Behinderter
unternimmt eine Werksbesichtigung. Karen, die unauffällig verschwinden will, wird von einem
der Betreuer dazu aufgefordert, sich ihnen anzuschließen. Am Abend fährt sie mit der Gruppe im
Kleinbus zu deren Haus. Karen ruft ihren Freund an, als dieser den Hörer abnimmt, sagt sie jedoch
kein Wort. Sie beginnt zu weinen. Karen bleibt bei der Gruppe und erfährt, daß es sich bei den
»Idioten« um ganz unterschiedliche Menschen handelt, die sich zum Ziel gesetzt haben, durch die
möglichst perfekte Nachahmung geistig Behinderter »den Idioten in sich zu entdecken« und zum
Kern ihrer eigenen Identität vorzudringen. Sie sprechen nach jedem ihrer »Auftritte« über die
Glaubwürdigkeit ihrer Darbietung, wobei Stoffer, der in der Gruppe die Rolle des Meinungsfüh-
rers beansprucht, die anderen besonders harsch kritisiert. Katrine, die vor einiger Zeit die Gruppe
verlassen hat, kehrt zurück. Axel glaubt, daß sie nur wegen ihm gekommen ist und macht ihr klar,
daß er im Gegensatz zu ihr kein Liebesverhältnis wünscht. Stoffer entscheidet, daß sie bleiben
kann, wenn sie ernsthaft bei den Aktionen mitmachen will. Am nächsten Tag, als die Gruppe
zusammen ein öffentliches Hallenbad besucht, wird Karen die Rolle einer Betreuerin übertragen.
Die meisten Badegäste reagieren unsicher und ängstlich auf die geistig behinderten Besucher. In
der Frauendusche, in der Susanne und Karen die Männer abseifen, beobachten zwei junge Frauen
peinlich berührt, aber auch belustigt, wie einer der »Idioten«, Stoffer, eine Erektion bekommt.
Karen ist irritiert und verunsichert. Die Gruppe macht einen Ausflug in den Wald, wo die
»Idioten« Zweige sammeln, die Umgebung erkunden und auf einem kleinen Sprunghügel Skispringen spielen. Im Haus bastelen die »Idioten« primitive Weihnachtsgestecke, die Stoffer und
Susanne als Betreuer mit einigen »Idioten« an den Haustüren der Siedlung zu verkaufen versuchen. An einem Morgen muß Stoffer seinen Onkel, den Besitzer des Hauses, abwimmeln. Der ist
gekommen, um nachzuschauen, ob sein Neffe wie vereinbart den Verkauf des Anwesens vorbereitet. Stoffer gibt die Mitglieder der Gruppe als Handwerker aus, die kostenlos die notwendigen
Reparaturarbeiten erledigen würden. Stoffer schreckt ein Ehepaar, das der Onkel geschickt hat,
vom Kauf des Hauses ab, indem er die angeblich in der Nachbarschaft wohnenden »Idioten«
vorstellt. Susanne bringt mit einer Freundin eine Gruppe von Down-Syndrom-Männern und
–Frauen zum Kaffeetrinken in den Garten mit. Außer Stoffer fühlen sich alle Mitglieder der
Gruppe emotional angesprochen von deren Offenheit und Freundlichkeit; Karen ist so bewegt von
der spontanen Zuneigung eines jungen Mannes, daß sie zu weinen beginnt. Axel kehrt kurz in sein

bürgerliches Leben als Werbetexter zurück, um seinen Job nicht zu verlieren. In seiner Agentur wird er plötzlich mit Katrine konfrontiert, die sich als potentielle Großkundin ausgegeben hat und ihn nun um seinen Job zu bringen droht. Erst als Axel ihr seine Kreditkarte überläßt, zieht sie sich zurück. Beim Besuch einer Kneipe läßt Stoffer Jeppe als »Idiot« allein mit einer Gruppe von Bikern zurück, mit denen offensichtlich nicht zu spaßen ist. Jeppe muß auch auf der Toilette seine Rolle weiterspielen und sich von den Bikern beim Pinkeln helfen lassen. Ein Mitglied des Bezirksrats erscheint und versucht Stoffer durch Geldversprechungen dazu zu bewegen, mit den »Behinderten« in einen anderen Stadtteil zu ziehen. Stoffer vertreibt ihn, indem er ihm eine wilde Szene vorspielt, in der Axel durch eine Autobatterie eine »Schocktherapie« verabreicht werden soll. Als der Mann panisch die Flucht ergreift, bekommt Stoffer offenbar einen echten Anfall. Als die Mitglieder der Gruppe ihn zu beruhigen versuchen, wird er gewalttätig und muß von den anderen schließlich sogar an seinem Bett festgebunden werden. Am nächsten Tag wird für Stoffer, der wieder ganz normal reagiert, eine Geburtstagsparty vorbereitet. Als das Fest losgeht, wünscht sich Stoffer statt eines Gesellschaftsspiels Sex und versucht gleich damit anzufangen. Aus einer fröhlichen Jagd durch den Garten und zärtlichen Balgereien entwickelt sich zwischen den »Idioten« und ihren »Betreuerinnen« Gruppensex. Nur Josephine läuft in Panik nackt davon. Jeppe folgt ihr zögernd in ein Zimmer im ersten Stock, wo sich zwischen den beiden eine scheue und tief empfundene Liebesszene entwickelt. Am anderen Morgen, während des Frühstücks vor dem Haus, trifft Josephines Vater ein, um seine Tochter abzuholen. Obwohl sie ihm sagt, daß sie in der Gruppe glücklich sei, kann sich Josephine seinem psychischen Druck nicht entziehen und läßt sich von ihm wegfahren. Jeppe bricht in einem psychischen Anfall zusammen. In einer erhitzten Diskussion wirft Stoffer den anderen vor, nicht mit echter Überzeugung und Hingabe, »den Idioten zu spielen«. An ihrer Arbeitsstelle oder zu Hause, vor Menschen, die sie kennen, seien sie zu feige dazu. Die anderen widersprechen. Durch Flaschendrehen ermittelt, wer als erster seine Entschlossenheit beweisen muß. Der Flaschenhals zeigt auf Axel. Doch der will sein Familienleben und seinen Job nicht aufs Spiel setzen und erklärt seinen Austritt aus der Gruppe. Es wird noch einmal gedreht: Henrik muß gehen. Während die Mitglieder der Gruppe kritisch zuschauen, hält er in einer Schule vor alten Damen einen Kunstgeschichtekurs ab. Doch Henrik bringt es nicht fertig, vor diesem Auditorium den Idioten zu spielen; auch er steigt aus. Die Gruppe löst sich auf: Im Haus packen alle ihre Sachen, während Stoffer scheinbar desinteressiert in einer Ecke sitzt. Bevor sie auseinandergehen, spricht Karen noch einmal zu allen Gruppenmitgliedern. Das Zusammensein mit ihnen sei eine der besten Erfahrungen ihres Lebens gewesen und mit einer Ausnahme habe sie niemanden bisher so geliebt. Sie erklärt, daß es jetzt an ihr sei, zu Hause den Idioten zu spielen, und bittet Susanne, sie am folgenden Tag zu ihrer Familie zu begleiten. Karen wird in ihrer Familie wie eine Fremde empfangen. Auch Karens Ehemann Anders würdigt seine Frau kaum eines Blickes. Ihre Schwester sagt Susanne, sie alle hätten geglaubt, daß Karen tot sei. Sie erfährt, daß Karens Baby gestorben ist und Karen vor zwei Wochen vor der Beerdigung davongelaufen ist. Beim Kaffeetrinken, in einer Atmosphäre angespannter Stille, beginnt Karen den Idioten zu spielen. Niemand sagt ein Wort. Plötzlich steht Anders auf und schlägt Karen ins Gesicht. Nach einem Schreckensmoment spielt sie ihre Rolle weiter. Doch als Susanne sie auffordert, mit ihr zu gehen, läßt sich Karen schweigend von ihr hinausführen.

Musikvideos

Elevator Boy
Dänemark 1983. Regie: Vladimir Oravsky, Lars von Trier. Produktion: Jeff Varab, Jakob Stegelmann für Laid Back. Darsteller: Laid Back.

Bakerman
Dänemark 1990. Regie: Lars von Trier. Produktion: Fortunafilm (Peter Aalbæk Jensen) für Laid Back und BMS-Ariola. Darsteller: Laid Back.

Highway of Love
Dänemark 1990. Regie: Åke Sandgren. Konzept: Lars von Trier. Produktion: Fortunafilm (Peter Aalbæk Jensen) für Laid Back und BMS-Ariola. Darsteller: Laid Back.

Bet It On You
Dänemark 1990. Regie: Lars von Trier. Produktion: Fortunafilm (Peter Aalbæk Jensen) für Laid Back und BMS-Ariola. Darsteller: Laid Back.
Change
Frankreich 1992. Regie: Lars von Trier. Produktion: für Manu Katche. Darsteller: Manu Katche.
Danas Have
Dänemark 1992. Regie: Lars von Trier. Produktion: für Kim Larsen. Darsteller: Kim Larsen.
Leningrad
Dänemark 1992. Regie: Lars von Trier. Regieassistenz: Kristoffer Nyholm. Produktion: für Kim Larsen. Darsteller: Kim Larsen.
The Shiver
Dänemark 1994. Regie: Lars von Trier. Produktion: Zentropa. Musik: Joachim Holbek. Darsteller: Lars von Trier mit Ausschnitt aus »Riget«.

Werbeclips und Werbefilme

Gateway to Europe – Copenhagen Airport
Dänemark 1985. 16mm, Farbe. Länge: 20 Minuten.
Regie, Buch: Lars von Trier. Kamera: Marcel Berga. Kameraassistenz: Jens Schlosser. Beleuchtung & Grip: Jimmy Leavens. Ton, Schnitt: Peter Engleson. Schnittassistenz: Thomas Krag. Producer: Torsten Bløndal. Produktion: SAGA Video og Kortfilm for SAS.
Darsteller: Tom McEwan, Søs Egelind.
Arbejderen og bonden (Der Arbeiter und der Bauer)
Dänemark 1989. Länge: 13 Minuten.
Regie: Lars Trier. Buch: Lars Trier, Claus Flygare. Produktion: Nordisk Film Commercial for Nærings– og Nydelsesmiddelarbejderforbundet.
Darsteller: Tommy Kenter (Arbeiter), Kurt Ravn (Bauer), Lars Trier (Briefträger).
Sauna (alternativer Titel: Gå i bad med Ekstra Bladet)
Dänemark 1986. Regie, Konzept: Lars von Trier. Kamera: Tom Elling. Produktion: Wibroe, Duckert & Partners A/S für Ekstra Bladet.
Darsteller: Margrethe Koytu (Saunaaufseherin).
Hypnose
Dänemark 1986. Regie, Konzept: Lars von Trier. Produktion: Wibroe, Duckert & Partners A/S für Ekstra Bladet.
Michael Laudrup skriver for Ekstra Bladet (Michael Laudrup schreibt für Ekstra Bladet)
Dänemark 1986. Regie, Konzept: Lars von Trier (reelt instrueret af – tatsächlich inszeniert von Åke Sandgren). Produktion: Wibroe, Duckert & Partners A/S für Ekstra Bladet.
Calberson
Dänemark 1988. Regie: Lars von Trier. Produktion: Jesper Jargil Film für Calberson (Frankreich).
Jyllands-Posten
Dänemark 1988. 14 Episoden.
Regie: Kristoffer Nyholm. Konzept, Storyboard: Lars von Trier. Produktion: Kaerne Film (Per Holst Film) für Jyllands-Posten (TV33).
PFA-pension
Dänemark 1989. Regie, Konzept: Lars von Trier. Produktion: Jesper Jargil Film für PFA-pension.
Voksne mennesker (Erwachsene Menschen)
Dänemark 1990. 26 Episoden (10 nachweisbar).
Regie, Konzept: Lars von Trier. Produktion: Nordisk Film Commercial für Irma. Darsteller: Niels Sleimann (Per), Michelle Bjørn-Andersen (Camilla), Kim Jansson (Kurt), Margrethe Koytu (Pers Mutter), Pauline Rehne (Camillas Freundin).
Bilka
Dänemark 1991. 20 Episoden à 30 Sekunden und ein nicht verschicktes »Geburtstagsspecial« von 3 Minuten.

Regie: Jesper Jargil. Konzept: Jesper Jargil, Lars von Trier. Produktion: Jesper Jargil Film für Bilka. Darsteller: Søren Pilmark.

Dirigent
Dänemark 1991. Regie: Lars von Trier. Produktion: für Arhus Stifttidende.

Sony-party
Deutschland 1992. Regie: Lars von Trier. Produktion: für Sony Music. Musik: Toto.

Taffel Western
Dänemark 1992. Regie: Lars von Trier. Produktion: für Taffel.

Timian (Thymian)
Dänemark 1992. Regie: Lars von Trier. Produktion: Saatchi & Saatchi für Politiken.

Eksperimentet (Das Experiment)
Dänemark 1993. Regie: Lars von Trier. Produktion: Saatchi & Saatchi für Politiken.

Sega
Frankreich 1993. 4 Episoden. Regie: Lars von Trier. Produktion: für Sega.

CNP assurances
Dänemark 1993. Regie: Lars von Trier (nach vorgegebenem Konzept). Assistenz: Morten Arnfred. Kamera: Jean-Yves Escoffier.Produktion: für CNP Assurances (Frankreich).

The Eskimo
Dänemark 1994. Regie: Lars von Trier.

Ekstra Bladet
Dänemark 1996. 6 Episoden. Regie, Konzept: Lars von Trier. Produktion: für Ekstra Bladet. Darsteller: Ernst-Hugo Järegård.

Lars von Trier in weiteren Funktionen
Hauptrolle als Schauspieler in der TV-Serie: *Hemmelig sommer* (Heimlicher Sommer) von Thomas Winding (Danmarks Radio 1969, 1-4).
Nebenrollen in *Kaptajn Klyde og hans venner vender tilbage* (Kaptän Klyde und seine Freunde kehren zurück) von Jesper Klein und Per Holst (1980) und in *En verden til forskel* (Eine völlig andere Welt) von Leif Magnusson (1989).
Praktikant bei *Kundskabens træ* (Baum der Erkenntnis) von Nils Malmros (1981).
Produktionsassistent bei *Det parallelle lig* (Die parallele Leiche) von Søren Melson und Hans Erik Philip (1982).

Bibliographie

Literatur zu Lars von Trier

Peter Schepelern: Lars von Triers Elementer. En Filminstruktørs Arbejde. København 1997.

Interviews/Portraits in Zeitungen und Zeitschriften

Stig Björkman: L'hôpital et la charité. Entretien avec Lars von Trier. Cahiers du Cinéma Nr. 524, Mai 1998.

Samuel Blumenfeld: Lars von Trier, cinéaste. »Mon film est un plaidoyer en faveur de l'anormalité«. Le Monde, 22.5.98.

Marc Fisher: Going to the Edge With Lars von Trier. International Herald Tribune, 21.7.92.

Gunter Göckenjan: Von der Nazi-Ästhetik fasziniert. die tageszeitung, 27.7.91.

Howard Hampton: Wetlands. The kingdom of Lars von Trier. In: Film Comment 31 (6), New York 1995.

Peter Körte: Im Kino rund um die Welt reisen. epd Film, 7/91.

Hans Messias: Geschichten in Trance. Das suggestive Kino des Lars von Trier. In: film-dienst 15/91.

Christian Schröder: Das Gute siegt. Udo Kier, Schauspieler. Tagesspiegel, 11.7.97.

Anke Sterneborg: Spielplatz eines vernünftigen Phantasten. Der Tagesspiegel, 14.7.91.

Philippe Vecchi: Lars von Trier: Compartiment Europe, 13.8.90.

Mark van de Walle: »Heaven's Weight«. In: Artforum 35 (3), New York 1996.

Deutsches Presseheft »Europa«: Interview mit Lars von Trier.

Kritiken (Auswahl)

zu »Medea«:
Kerstin Decker: Echter als das Original. Tagesspiegel, 10.7.97.

zu »Europa«:
Verena Lueken: Bei zehn bist du tot. Frankfurter Allgemeine Zeitung, 28.6.91.
Fritz Göttler: Eine Hochzeit von Himmel und Hölle. Süddeutsche Zeitung, 29.6.91.

Zu »The Kingdom« / »Geister I«:
Michael Althen: Die Nebel der Wissenschaft. Süddeutsche Zeitung, 22.7.95.
Patrick Bahners: Das total verrückte Krankenhaus. Frankfurter Allgemeine Zeitung, 20.7.95.
Kevin Thomas: »Kingdom«: Imaginative, Hilarious Satire. Los Angeles Times, 10.11.95.

Zu »Geister II«:
Cédric Anger: L'étrangeté règne. A propos de »The Kingdom« (L'Hôpital et ses fantômes). Cahiers du Cinéma Nr. 524, Mai 1998.
Birgit Glombitza: Die Quadratur des Leibes. tageszeitung, 13.11.97.
Günter H. Jekubzik: Gelb, dreckig, unterhaltsam. film-dienst 25/97.
Lutz Kinkel: Schwindelerregender Spuk. Mannheimer Morgen, 23.5.98.
Sven Sonne: Vollkommen von der Leine. Tageszeitung, 23.5.98.
Mechthild Zschau: Grandioser Grusel. Süddeutsche Zeitung 25.5.98.

Zu »Die Idioten«
Samuel Blumenfeld: Les mille et une manières de jouer au débile dans un village. Le Monde, 22.5.98.
Stig Björkman: A la recherche de l'émotion pure. A propos des »Idiots«. Cahiers du Cinéma Nr. 524, Mai 1998.
Pia Horlacher: Filmfestival Cannes: Tales told by idiots? Neue Zürcher Zeitung, 25.5.98.

Andreas Kilb: Eine Ewigkeit und ein Film. Die Zeit, 28.5.98.
Thomas Kniebe: Glamour und Gedächtnis. Süddeutsche Zeitung, 23.5.98.
Peter Körte: Die Idioten des Nordens. Frankfurter Rundschau, 23.5.98.
Hanns-Georg Rodek, Holger Kreitling: Der Idiot der Film-Familie. Die Welt, 22.5.98.
Peter Steinhart: Wohltuende Unruhe. Rheinische Post, 23.5.98.

Texte und Quellen:

Peter W. Jansen, Wolfgang Schütte (Hg.): Andrej Tarkowskij. Reihe Film 39. München/Wien 1987.
Lars von Trier: Idioterne. Manuskript og dagbog. Dänemark 1998. (dänisches Drehbuch und Tagebuch zu »Die Idioten)
Lars von Trier: Journal de tournage (extraits). Cahiers du Cinéma Nr. 524, Mai 1998. (französische Buchfassung: Lars von Trier: Journal intime. Alpha Bleue, 1998)
Lars von Trier: Dogma 2: The Idiots. Screenplay. liberator Productions, Paris, (datiert) 22.6.97.
Lars von Trier, Thomas Vinterberg: Dogma 95. Kopenhagen 13.3.1995.
Lars-Olav Beier: Respektvolle Nähe, pulsierende Lebendigkeit. Die bewegende Kamera in »Breaking the Waves« (Vortragsmanuskript). Vortrag auf der Tagung »Kamerastile im aktuellen Kino«, Marburg 9.3.1997, erscheint demnächt in dem von Karl Prümm herausgegebenen Band »Kamerstile«: Marburg 1998, Schüren.
Thomas Beyer: Zur Handkamera im Spielfilm. Magisterarbeit an der Ruhr-Universität Bochum, Fakultät für Philologie, Institut für Film- und Fernsehwissenschaft 1997.
Raymond Carney: Speaking the language of desire. The films of Carl Dreyer. Cambridge/New York/Melbourne 1989 (Cambridge University Press).
Carl Theodor Dreyer: »Colour and Colour Films«. In: Harry M. Geduld (Hg.): Film Makers on Film Making. Bloomington, Indiana, USA 1967.
Ib Monty: Carl Th. Dreyer. Ein Portrait seiner Persönlichkeit. In: Hamburger Filmgespräche III. hg. von der Hamburger Gesellschaft für Filmkunde e.V. Hamburg 1967.
Maria Ratschewa: Die messianische Kraft der Bilder. Das Phänomen Andrej Tarkowskij. In: Hans Günther Pflaum (Hg.): Jahrbuch Film 82/83. München/Wien 1982.
Eva M. J. Schmid: Nostalghia/Melancholia. Ein interpretatorischer Versuch zum Verständnis von Andrej Tarkowskijs sechstem Film. In: Hans Günther Pflaum (Hg.): Jahrbuch Film 83/84. München/Wien 1983.
Paul Schrader: Transcendental Style in Film: Ozu, Bresson, Dreyer. Berkeley/Los Angeles/London 1972 (University of California Press).
Georg Seeßlen: David Lynch und seine Filme. Marburg: Schüren 1997.
Andrej Tarkowskij: Die versiegelte Zeit. Frankfurt a. M./Berlin 1988.
The Kingdom. Englisches Presseheft, 1994.
The Kingdom II. Englisches Presseheft, 1997.
Dogma 95. Vielfach veröffentlicht, auf englisch u.a. in »The Celebration« (englisches Presseheft) 1998.
The Celebration. Every family has a secret. Englisches Presseheft zu Thomas Vinterbergs Film »Festen«. Internationale Filmfestspiele Cannes 1998.
Les Idiots. Französisches Presseheft zu Lars von Triers »Idioterne«. Internationale Filmfestspiele Cannes 1998.

Weitere verwendete Literatur (Auswahl):

Michail A. (Akzente über dem C:‘ von) Cechov: Die Kunst des Schauspielers. Stuttgart 1990.
Ulrich Gregor: Geschichte des Films nach 1960 / 3. Hamburg 1983.
Grimms Märchen. Bindlach 1988.
Michael Lachmann / Hauke Lange-Fuchs: Film in Skandinavien. Dänemark – Finnland – Island – Norwegen – Schweden. Berlin 1993.

Harry Mulisch: Die Entdeckung des Himmels. Reinbek bei Hamburg 1995.
Die Bibel (nach der deutschen Übersetzung Martin Luthers). Stuttgart 1966.

Filme und TV-Beiträge über Lars von Trier und Carl Theodor Dreyer
Marie Berthelius, Roger Narbonne: Promotioncassette für »Europa«. Nordisk Film u.a. 1991.
Stig Björkmann, Frederik von Krusenstjerna: Tranceformer. AB Memfis Film (Schweden)/Sveriges Television Dokumentär/Schwedisches Filminstitut/Film i Väst/Dänisches Filminstitut/Danmarks Radio 1997.
Achim Forst: Ironie und Gottessuche – Das Kino des Lars von Trier. ZDF/3sat 1997.
Christiane Habich, Reinhard Wulf: Kinomagazin: Carl Th. Dreyer und »Gertrud«. WDR 1994.

Kauf-Cassetten
Carl Theodor Dreyer: Tag der Rache (Vredens Dag / Dies Irae, Dänemark 1943) atlas film 4820 (Taurus Film, München 1996).
Carl Theodor Dreyer: Das Wort (Ordet, Dänemark 1954) atlas film 4818 (Taurus Film, München 1996).
Carl Theodor Dreyer: Gertrud (Dänemark 1964) atlas film 4819 (Taurus Film, München 1996).

Dogma 95

DOGMA 95 is a collective of film directors founded in Copenhagen in spring 1995, DOGMA 95 has the expressed goal of countering »certain tendencies« in the cinema today.
DOGMA 95 is a rescue action!
In 1960 enough was enough! The cinema was dead and called for resurrection. The goal was correct but the means were not! The new wave proved to be a ripple that washed ashore and turned to muck.
Slogans of individualism and freedom created works for a while, but no changes. The wave was up for grabs, as were the directors themselves. The wave was never stronger than the men behind it. The anti-bourgeois cinema itself became bourgeois, because the foundations upon which its theories were based was the bourgeois perception of art. The auteur concept was bourgeois romanticism from the very start and thereby ... false!
To DOGMA 95 cinema is not individual!
Today a technological storm is raging, the result of which will be the ultimate democratisation of the cinema. For the first time, anyone can make movies. But the more accessible the media becomes, the more important the avant-garde, it is no accident the phrase »avant-garde« has military connotations. Discipline is the answer ... we must put our films into uniform, because the individual film will be decadent by definition!
DOGMA 95 counters the individual film by the principle of presenting an indisputable set of rules known as THE VOW OF CHASTITY.
In 1960 enough was enough! The movie had been cosmeticised to death, they said; yet since then the use of cosmetics has exploded.
The »supreme« task of the decadent film-maker is to fool the audience. Is that what we are so proud of? Is that what the »100 years« have brought us? Illusions via which emotions can be communicated? ... By the individual artist's free choice of trickery?
Predictability (dramaturgy) has become the golden calf around we dance. Having the character's inner lives justify the plot is too complicated, and not »high art«. As never before, the superficial action and the superficial movie are receiving all the praise.
The result is barren. An illusion of pathos and an illusion of love.
To DOGMA 95 cinema is not illusion!
Today a technological storm is raging of which the result is the elevation of cosmetics to God. By using new technology anyone at any time can wash the last grains of truth in the deadly embrace of sensation. The illusions are everything the movie can hide behind.
DOGMA 95 counters the film of illusion by the presentation of an indisputable set of rules known as the VOW OF CHASTITY.

THE VOW OF CHASTITY:
I swear to submit to the following set of rules drawn up and confirmed by DOGMA 95:
1. Shooting must be done on location. Props and sets must be brought in (if a particular prop is necessary for the story, a location must be chosen where this prop is to be found).
2. The sound must be never be produced apart from the images or vice versa. (Music must not be used unless it occurs where the scene is being shot.)
3. The camera must be hand-held. Any movement or immobility attainable in the hand is permitted. (The film must not take place where the camera is standing; shooting must occur where the film takes place).
4. The film must be in colour. Artificial lighting is not acceptable. (If there is too little light for exposure the scene must be cut or a single lamp be attached to the camera).
5. Optical work and filters are forbidden.
6. The film must not contain superficial action. (Murders, weapons, etc. must not occur).

7. Temporal and geographical alienation are forbidden. (That is to say that the film takes place here and now).

8. Genre movies are not acceptable.

9. The film format must be Academy 35 mm.

10. The director must not be credited.

Furthermore I swear as a director to refrain from personal taste I am no longer an artist. I swear to refrain from creation a »work«, as I regard the instant as more important than the whole. My supreme goal is to force the truth out of my characters and settings. I swear to do so by all the means available and at the cost of any good taste and any aesthetic considerations.

Thus I make my VOW OF CHASTITY.

Copenhagen, Monday 13 March

Lars von Trier

Thomas Vinterberg

Bildnachweis

Zentropa, Rolf Konow/Zentropa, Nimbus Film, Lars Høgsted, Privatarchiv Achim Forst

Kino in Worten

Daniel Kothenschulte
Nachbesserungen am amerikanischen Traum
Der Regisseur Robert Redford
192 S., Pb., zahlr. Abb., DM 28,- (ÖS 204/SFr 26,-)
ISBN 3-89472-307-6

In Redfords Regiearbeiten verbinden sich
soziale Interessen und ein kritischer Blick
auf amerikanische Verhältnisse mit
einem unaufdringlichen Romantizismus.

„eine spannende Analyse"
Focus

Annette Kilzer/Stefan Rogall
Das filmische Universum
von Joel und Ethan Coen
192 S., Pb., zahlr. Abb.
DM 28,- (ÖS 204/SFr 26,-)
ISBN 3-89472-306-8

„ein unverzichtbares Coen-
Kompendium."
Cinema

„lesenswertes Buch ...
ein absolutes Muß"
Westfalen-Blatt

Irmbert Schenk (Hrsg.)
Filmkritik
Bestandsaufnahmen und Perspektiven
Mit Beiträgen von Norbert Grob, Peter W. Jansen
Klaus Kreimeier, Mariam Niroumand und vielen anderen.
208 S., Pb., zahlr. Abb., DM 28,- (ÖS 204/SFr 26,-)
ISBN 3-89472-308-4
„aufschlußreich und notwendig"
Screenshot

SCHÜREN Deutschhausstraße 31 • 35037 Marburg
Fon 06421/6 30 84 • Fax 06421/68 11 90